헤리티지 대한민국의 유산

차례

헤리티지 프로젝트 소개
HERITAGE

대한민국의 새로운 재건을 꿈꾸는 사람들의 모임, 헤리티지 출판팀입니다. 저희팀은 역사 속 뒤안길로 잊혀져버린 대한민국의 유업을 되돌아보고 암담한 현실 속에서도 믿음으로 씨앗을 뿌린 선각자들의 정신과 그들의 메시지를 다음세대에게 전달해야 한다는 사명감에서부터 시작되었습니다. 출판업 관련 경력 전무, 3개월이라는 촉박한 일정 등 불가능해보이기만 했던 상황 속에서 때로는 좌절하기도 하고 많은 부담감에 짓눌려 눈물 짓기도 했지만, 세월을 관통하는 선각자들의 강력한 도전의 메세지를 곱씹으며 많은 헌신과 노력 끝에 성공적으로 출판을 마무리 할 수 있었습니다. 과거 대한민국의 선각자들이 걸어왔던 여정을 더듬거리며 그려왔던 지난 3개월은, 돌아보면 선명한 지표를 따라 걸었던 순례길이 아니었나 생각됩니다. 단순히 책의 완성 이외에도 서로 깎여나가고 조각되며 한 개인이 더욱 완성되가는 경험이었고 또한 대한민국의 새로운 미래를 발견할 수 있는 시간이었습니다. 저희가 발견하고 대한민국의 유산, 헤리티지에 담아낸 과거 선각자들이 바라본 그 너머의 미래가 지금을 살아가고 있는 대한민국의 청년들에게도 심겨지길 소망합니다.

왕재윤 / 팀장

역사 속에 잊혀진 대한민국의 유업들을 되돌아보면서 지금 우리 안에 먼저 회복되어야 할 원형이 무엇인지를 발견할 수 있는 시간이었습니다. 희망없는 시대에 희망을 보았던 선구자들의 정신이 담겨있는 이번 '대한민국의 유산, 헤리티지' 라는 책을 통해 대한민국의 새로운 미래를 꿈꾸는 청년세대들이 일어날 수 있기를 소망합니다.

김미소 / 부팀장

'대한민국의 유산, 헤리티지' 출판에 참여하여 대한민국 탄생의 역사를 되짚고, 한강의 기적을 경험한 원로들을 인터뷰하면서 선진들의 희생의 씨앗이 헛되지 않음을 봅니다. 이 세대가 자유를 누릴 수 있도록 희생의 씨앗을 심어주신 분들께 감사드리며, 이를 잇는 세대이자 전하는 세대가 될 것을 약속합니다.

이병헌 / 작가팀

역사의 뒤안길에 방치 되어 있었던 대한민국의 기억을 감히 적어 내려갔습니다. 그리고 대한민국을 심었던 자들의 지문이 느껴지는 기록들을 보며 큰 짐으로만 생각했던 통일이 가장 큰 열쇠인 것으로 확신하게 되었습니다.

HERITAGE

이지현 / 작가팀

이 책을 준비하면서, 참 많은 '회복'이 있었습니다. 부르심의 회복, 소망의 회복, 열정의 회복, 도전의 회복, 대한민국의 유산의 회복 '복음통일, 선교한국'! 통일의 문은 이미 열렸습니다! 믿음의 눈을 들어 통일 시대 이후를 준비할 리더들이 이 책을 통해 일어나길 소망합니다!

조하영 / 작가팀

이제껏 돌아보지 못했던 대한민국 건국에 이바지한 선조들이 뿌려놓은 씨앗들에 대해 온전히 생각할 수 있는 시간이었습니다. 한없이 가벼운 마음으로 생각했던 이 나라의 건국과 밟고 있던 이 땅의 무게가 새삼 무겁게 다가왔습니다. 나와 같은 생각을 하던 지금의 MZ세대들이 이 책을 통해 더 많이 깨어날 수 있길.

김다비다 / 작가팀

제가 누리는 이 대한민국이 거저 주어지지 않았다는 것을 알고난 후의 삶은 이전의 것과 사뭇 다르게 느껴집니다. 과거 선각자들의 행보와 자유의 가치를 "앎"으로서 제 삶에 많은 변화가 찾아왔습니다. 이 귀중한 가치를 다음세대가 또한 깨닫고, 기꺼이 지켜나갈 수 있기를 소망합니다.

이주현 / 리서치팀

우리가 경험해보지 않았던 그 시절. 우리 선조들이 지켜낸 대한민국. 그 발자취를 따라가는 시간이었습니다. 부모님들이 품으신 나라를 사랑한 그 마음이 우리 청년들이 살아가는 그 시간 속에 잊혀지지 않고 이어나가길 바랍니다.

김송현 / 인터뷰팀

믿음의 선조들을 통해 작은 일들을 성실하게 행함으로써 큰 일들을 이루고, 약해 보이는 것들을 통해 세상의 강한 것들을 무너뜨리며, 진리를 위해 고난받는 것이 최고의 승리를 일구어내는 불굴의 용기임을 알게 되었습니다.

김지윤 / 리서치팀

하나님의 기적으로 나는 지금 대한민국에서 자유를 누리며 살고 있다는 것을 두 눈으로 보게 되었습니다. 이 책을 읽는 모두가 과거를 제대로 알게 될 뿐만 아니라 가슴벅찬 미래 역시 보이는 눈이 열리길 기도합니다.

양명희 / 첨삭팀

맛집탐방, 카페투어, 공부, 직장생활 등 평범한 일상생활이 많은 이들의 땀과 헌신 덕분이라는 걸 알게 되었습니다. 빠른 경제성장의 기적보다는 그로 인한 아픔에만 치중하여 주어진 자유를 당연시 여기며 대한민국을 자랑스러워하지 않았던 것을 반성합니다. 우리의 자유가 후대에도 지켜지길 바라며, Freedom is not free!

서주은 / 디자인팀

아무것도 보이지 않는 환경 가운데 희망의 씨앗을 심은 선조들이 있었기에 지금의 대한민국이 있다는 것을 알게 되어 감사한 시간이었습니다. 과거의 아픈 기억들은 매듭짓고 잊지 말아야 할 자랑스러운 대한민국을 기억하며 새로운 유산들이 열매 맺히기를 기대합니다.

이하은 / 인터뷰팀

우리가 누리는 모든 것이 선조의 피와 땀으로 일구어졌음을 알았습니다. 그 피와 땀 늘 가슴 속에 기억하겠습니다.

오늘 당신은 어떤 씨앗을 심겠습니까?
오늘 당신이 심은 씨앗이 대한민국의 미래가 됩니다.

이야기의 시작
INTRO

마스크 속 답답한 공기를 끌어마시며
버스 손잡이에 하루의 무게를 지탱할 때면

꼬리무는 어두운 생각을 밀어내고
손바닥 위의 작은 화면에 모든 것을 의지하고 싶다

작은 화면 안의 세계는

모든 것들이 모든 것들과 갈등하고 있다.

혁명을 다시 또 혁명하며
그들이 살았던 과거를 두고 싸우는
그들만의 대립 안에,

내가 앞으로 살아야 할
미래의 국가에 대한 청사진은 존재하지 않는다.

화면 밖 내가 살아야 할 하루 안에는

스스로 뒤집고 나오기 어려울 만큼

두터운 무기력과 무게가 나를 압도한다.

먹고 사는 생존의 과제 앞에서
정의나 공정과 같은 주제는 나에게 주제넘는다.
국가의 문제를 슬퍼하기에는
내 삶의 무게와 하루가 더욱 아프고 슬프다.

120년 전 조선의 감옥에서 사형집행을 기다리던

한 청년도 똑같은 고민에 휩싸였다.

누구도 거스를 수 없어 보이는

압도당하는 역사적 흐름 앞에

명을 다해가는 나의 조국 앞에

'나'라는 한 개인이 가질 수 있는 소망이 있을까.

나의 생존이 버거운 이 때에 이 길이 정말 맞는 길일까.

시간이 흘러

독립운동가, 상해임시정부 초대대통령,

대한민국의 초대대통령이 된 그는

그때를 돌아보며

오늘을 살아가는 청년들에게 이렇게 묻는다.

조선은 가졌으나,

대한민국이 가지지 못한 기회가 무엇인가

나는 꿀 수 있었으나,

당신은 꾸지 못할 꿈이 무엇인가

이 책은 보이지 않는 것들을 보고,

믿기지 않는 것들을 믿고,

그리하여 조선에서 대한민국을 꿈꾼

사람들의 이야기이다.

선명한 이미지를 심으면

미래는 만들어진다

조선에서 대한민국을 상상하거나 꿈꾸는 것이
얼마나 어려운 일이었는지

건국의 어려움을 이해하기 위해서는
조선의 민낯을 직면할 필요가 있다.

1장
건국의 새벽

1장
건국의 새벽

사진 속 경복궁 근정전을 바라보면 조선 궁궐과 북한산이 아름답게 어우러진 모습이지만, 어딘지 모르게 쓸쓸함과 어둠이 느껴진다. 그 이유는 이 사진을 찍은 곳이 조선의 주권을 강탈한 조선총독부 옥상이기 때문이다. 일본은 조선의 상징인 광화문을 이전하고 경복궁 바로 앞, 그 자리에 조선총독부 청사를 건립하였다. 그 위용 있는 총독부 건물 뒤에 숨어버린 경복궁의 텅 빈 광장은 외롭고, 처마 밑 그늘은 더욱 어둡게 느껴진다. 그러나 조선 왕조의 무능은 그보다 더 어두웠다.

비전이 없는 민족은 망한다. 큰 기적이 일어나기 위해서는, 마치 여인에게 아기가 잉태되듯 민족의 소수의 사람들에게 큰 꿈이 심기고 환상이 잉태되어야 한다. 보이지 않는 것을 보고, 믿기지 않는 것을 믿으며, 암울한 조선에서 대한민국을 꿈꾼 사람들이 있었다. 아무것도 보이지 않는 칠흑 같은 어둠 속에서 선명한 이미지를 그리며 씨앗을 심는 자들이 있었다.

조선총독부청사 옥상에서 바라본 경복궁 근정전의 모습이다
This is the view of Geunjeongjeon Hall of Gyeongbokgung Palace from the rooftop of
the Chosun Governor-General Building.

조선에서 대한민국을 상상하거나 꿈꾸는 것이 얼마나 어려운 일이었는지 건국의 어려움을 이해하기 위해서는 조선의 민낯을 직면할 필요가 있다.

아침 조(朝), 고울 선(鮮). 조선이라는 이름은 '고운 아침', 혹은 '고요한 아침'이란 뜻이다. 흔히 미디어에서는 조선이 이름처럼 평화롭고 아름답게 묘사되곤 한다. 하지만 구름으로 차일 삼고 산으로 병풍 삼고 들꽃으로 자리 삼는 동화 같은 이미지는 극히 일부의 모습일 뿐이다.

조선의 봉건적인 모습은 새로운 시대를 틈사이로 엿본 소수의 선각자들의 마음을 얼어붙게 만들었다. 그와 함께 조선을 둘러싼 열강들 사이에서 빠르게 변화하는 국제 정세는 조선을 삼키고 있었다. 그로 인해 조선은 국권을 상실했다. 왕실과 지도자는 무능하고, 백성들은 무지했으며, 지식인들은 당파에 따라 갈라졌다. 선각자들이 건국을 기다리는 새벽은 무척 어둡고 길었다.

함경남도 안변군에서 촬영된 백정부부가 마주 앉은 모습이다
It is the appearance of the butcher couple in Anbyeon-gun, Hamgyeongnam-do, in the Japanese colonial era.

자국민의 절반이 노예인 국가

조선시대는 전 인구의 30% 이상이 노비 신분이었던 것으로 추산된다. 임진왜란과 병자호란의 두 차례 큰 전쟁을 겪고 난 17세기에는 노비가 인구의 절반을 차지한 때도 있었다.1) 노비라는 단어에서 '노'(奴)는 남성 노예, '비'(婢)는 여성 노예를 말한다. 노비는 평생 주인에게 신분상으로 예속되었다. 법적으로도 노비의 거래는 '소와 말의 거래와 관련한 법률'에 포함되어 있어서 그 처지가 가축과 다를 바가 없었다. 거래 가격은 사람이 소·말 보다 훨씬 쌌는데, 노비 세 명이 말 한 마리 값에 불과했다. 학대를 견디다 못해 도망하는 노비들도 많았기 때문에 현상금을 노리고 도망간 노비를 추적하는 '인간 사냥꾼'도 등장했으며 이들을 '추노 꾼'이라고 불렀다.

이렇게 노비의 비중이 높았던 이유는 세종 때부터 시행된 '일천즉천'과 '노비종모법' 때문이다. '일천즉천'이란 부모 중에서 한쪽이 노비이면 그 자식도 노비가 되는 것이며, '노비종모법'이란 아이는 어머니의 신분을 따라야 한다는 뜻이다. 굳이 어머니의 신분을 따르게 했던 이유는 노비 남성과 평민 여성이 혼인하기보다, 노비 여성과 평민 남성이 혼인하여 아이를 낳는 경우가 훨씬 더 많았기 때문이다. 여성 노비들은 주인에게 겁탈당해도 불평할 수 없었고, 심지어는 양반인 주인이 노비를 죽여도 큰 문제가 되지 않던 사회였다. 우리나라의 노비제도는 고대 사회로부터 1894년 갑오개혁으로 폐지할 때까지 오랜 시간 존재했다.[2]

중국이나 일본에도 노비가 존재했지만 중국은 송나라 때 법으로 철폐되었고, 일본도 전국시대를 거치면서 사라졌다. 노비가 완전히 없어진 것은 아니지만, 채무관계 등의 경제적 형편으로 벌어지는 사적인 영역에 속했고, 국가에서 노비제에 개입하지는 않았다. 더욱이 조선처럼 노비가 세습되지 않았다. 같은 시기의 미국이나 영국 등은 다른 나라를 점령하는 과정에서 전쟁 포로를 노예로 삼았다. 하지만 조선은 자기 민족을 노예로 삼았던 사실상 노예제도가 근간인 국가였다.

외국인들의 눈에 비친 조선인의 모습

1876년 일본과 강화수호조약을 맺고 국교를 체결한 이후 미국, 영국, 프랑스, 독일, 러시아 등 세계의 열강들과 잇달아 수교하자 '금단의 땅'으로 불리던 조선에도 외국인의 발길이 이어졌다. 이때 조선을 찾은 외국인들은 '조선 여행기'를 남겼는데, 그중에서도 가장 유명한 책이 1894년 일본인 혼마 규스케의 조선 정탐록인 『조선 잡기』와 1897년 영국인 여행가 비숍 여사가 쓴 『조선과 그 이웃나라들』(Korea and Her Neighbors)이다.

1893년 조선에 온 혼마 규스케는 행상차림을 하고 부산에서부터 서울을 거쳐 황해도에 이르기까지 한반도의 남부와 중부지방을 1년 동안 여행하며 당시 조선의 적나라한 모습을 글로 담아냈다. 그는 조선 양반들을 보면서 이렇게 말했다.

> 조선의 양반이 소일하는 모양은 실로 한가해 보인다. 일출부터 일몰까지 아무 일도 하지 않고, 다만 담뱃대를 물고 방에 누워 있을 뿐이다. 그래도 재산가의 대부분은 양반 종족이다. 이것은 대개 관리가 되어 서민으로부터 난폭하게 거두어들이기 때문이다. 속담에 말하기를, 관리가 되면 3대가 앉아서 먹을 수 있다고 한다. 가장 큰 부를 얻을 수 있는 것은 지방관이 되는 것이다. 그러므로 대신이 된 자도 지방관이 되기를 간절히 바란다고 한다. 아아, 저들이 어찌 응보가 없기를 바라겠는가.3)

"아아, 저들이 어찌 응보가 없기를 바라겠는가."하는 마지막 문장으로 미루어, 일본인 정탐꾼이 자기 본분을 잊어버리고 동정어린 시선을 보낼 만큼 조선인들의 삶이 비참했음을 알 수가 있다. 그렇게 혼마 규스케는 여행을 마치면서 "지금은 조선의 기백이 완전히 죽었다. 일본은 조선을 잡을 수 있다." 는 말로 조선 여행기를 정리하였다.

조선인들은 게을렀을까

조선 사회의 가난과 게으름을 이해하려면 먼저 조선의 사유재산 제도에 대해 살펴보아야 한다. 조선은 왕정 체제로 모든 국가 재산은 왕의 소유이고 그 아래 양반, 중인, 상민, 천민이 있었다. 이 중에 천민에 속한 노비들은 재산을 축적할 수가 없었다. 노비는 1년 내내 쉬지 않고 일해도 급여가 없었기 때문에 일과 삶에 대한 의욕이 없었다. 자신의 것이 없었던 노비들의 삶을 들여다보면 이들이 빌어먹기를 부끄러워하지 않는 이유를 찾을 수 있다.

혼마 규스케는 조선 사람이 일하는 모습을 보면 화가 치밀었다고 한다. 일본의 목수라면 반나절 만에 끝낼 일을 조선의 목수는 3, 4일이나 걸리는 게 보통이었기 때문이다.

> 이들은 시간에 쫓기지 않기 때문이다. 느리게 사는 삶이 책망할 만한 것은 아니지만 태평하고 느러터진 행동을 외국인이 보면 분명 화가 치밀어 오르는 것은 어쩔 수 없다.3)

그러나 여행가 비숍 여사가 쓴 《조선과 그 이웃 나라들》이라는 책에 묘사된 조선인의 모습은 전혀 달랐다. 한반도 북쪽 연해주에 살고 있는 조선인들은 한반도의 조선인들과는 완전히 상반된 삶을 살고 있었다. 연해주의 한인촌에서 생활하던 조선인들의 삶은 유복했으며 아주 검소하고 근면하며 다른 연해주 사람들에 비해 태도나 성품이 좋았다.

연해주에 거주하던 조선 사람들은 한반도의 조선 사람들과 왜 이런 차이를 보인 것일까? 당시 조선에서는 노동을 천한 것으로 여겼다. 또한 열심히 일을 해도 내 것이 되는 것은 거의 없었기 때문에 노동에 대한 가치가 자연스럽게 사라져갔다. 그래서 주인의 감시가 조금만 소홀해지면 그들은 게으름을 피우기 일쑤였고, 이러한 노비들의 행동을 태만하다 하여 주인들은 매질했다. 하지만 한반도를 떠난 타국의 조선인들은 달랐다. 조선 밖에서는 일 한 만큼 노동의 결과를 얻을 수 있었고, 노력하면 자신의 재산을 늘리며 부를 쌓을 수 있었기 때문이다. 여기서 비숍 여사는 조선인에 대한 편견이 깨졌는데, 조선인에 대해서 이렇게 기록했다.

> "그들은 절대 게으르지 않았다.
> 다만 조선에 살아서 게을렀던 것이다."

초근목피 (草根木皮, 풀뿌리와 나무껍질)

대한민국은 자랑스러운 음식 문화를 지니고 있다. 비빔밥, 떡볶이, 김치 등 이제는 한국 음식이 한류와 함께 세계인의 입맛을 사로잡고 있다. 그런데 한국 음식에는 유독 '탕'이 많은 점을 발견할 수 있다. 설렁탕, 갈비탕, 곰탕, 추어탕 등 많은 종류의 탕 요리가 우리의 대표 음식이 된 배경에는 어떤 사연이 있을까?

먹을 것이 없어 아무것이나 닥치는 대로 구해 연명하는 경우를 지칭할 때 "초근목피(풀뿌리와 나무껍질)로 끼니를 때운다."라고 말한다.

조선 사람들은 흉년이 들면 배고픔을 해결하기 위해 주변에 있는 산으로 올라가서 먹을 수 있는 풀이나 나무를 캐서 먹었다. 배고픔과 가난은 한국의 나물 음식을 발달시켰다. 산에서 나는 가능한 모든 종류의 나물을 먹기 위해 질기고 쓴 나물들을 조리하는 다양한 방법이 고안되었다. 해외에서는 독초로 인식되는 쑥이지만, 조선의 어머니들은 길가다가 쑥을 발견하면 가던 길을 멈추고 모조리 뜯어서 된장국에 넣어 먹거나 떡을 만들어 먹는다. 우리나라처럼 나물의 종류가 다양하고 다양한 조리법을 사용하는 나라는 드물다.

또한 식구는 많지만 먹을 것이 부족하기에 솥에다가 재료는 조금 넣고 물을 가득 넣어 탕이나 국으로 끓여 먹었다. 예를 들어 닭 한 마리를 8인 가족이 배불리 먹을 수는 없었지만, 솥에 물을 넣고 기타 재료를 닭과 함께 넣고 끓이면 양은 3~4배 넘게 불어난다. 배고픔으로부터 벗어나기 위한 처절했던 생활 방식의 산물이 '국'과 '탕' 요리인 것이다.

이렇듯 조선의 가난함이 오늘날 대한민국의 다양한 음식 문화를 발전시켰다.

절망적인 성차별과 아동학대

조선에서의 여성은 인권이 없었다. 특히 여성 노비들은 흔히

전라남도 보성 벌교에서 촬영된 여인의 모습이다. (1914)
This is the view of a woman taken at Beolgyo in Boseong, Jeollanam-do.

'짐', 혹은 '물건'으로 취급받았다. 노동의 효율이 떨어지고 질병에 대한 노출이 큰 여성 노비는 남성 노비에 비해 가치가 없었다. 그러나 여성 노비는 아이를 출산할 수 있었기에 양반들은 자신의 재산이던 노비들을 생산하기 위해 여성 노비들을 강제로 임신시켰다. 사랑의 감정이 철저하게 배제된 강제혼인을 통해 여성노비들을 그저 아이를 출산하는 역할로 사용했다.

삼종지도(三從之道)와 칠거지악(七去之惡)

삼종지도란 "여성은 어릴 때는 아버지를, 결혼 이후에는 남편을, 남편이 죽으면 자식을 따라야 한다."는 뜻으로 여성을 평생 남성에게 종속되도록 규정한 무거운 족쇄였다. 조선 사회는 여성을 스스로 생각하고 실천할 능력이 없는 존재로 판단했다.

'남자를 따르는 자'의 역할이 부여된 여성은 자신의 생각을 고집하지 않고 남편에게 순종하는 것을 최고의 미덕으로 여겨야 했다. 반면에 주장과 고집이 강한 여자는 나라와 가문을 망치게 한다는 가르침을 각종 교훈서를 통해 지속적으로 교육받았다.

그래서 여성의 이름에는 순종한다는 뜻의 '순'(順)이라는 단어가 많다. 억세지 아니하고 남자의 말에 일말의 의견 없이 그대로 순종하는 여성을 '일등 신부감'으로 여겼기 때문이다.

조선 후기 사회의 실상을 잘 보여주는 책《심리록(審理錄)》에는 법정에서 남편에게 불리한 증언을 한 아내에게 삼종지도에 어굿난 행위라며 오히려 아내를 처벌하는 장면이 나온다. 죄를 지은 남편보다도 남편을 배신한 아내의 죄가 더 크다는 것이다.

《열녀전(烈女傳)》의 「노지모사(魯之母師)」편에는 남편이 없이 자식들과 사는 한 어머니를 소개하는데, 어머니가 친정나들이를 계획하면서 자기 아들에게 허락을 받고자 한다. 어머니의 논리는 "여자에게는 삼종지도가 있어서 무슨 일이든 독단으로 생각하여 처리해서는 안 된다"는 것이 이유였다.

또 조선의 여성들은 결혼을 한 이후에도 언제 쫓겨날지 모르는 두려움으로 살아왔다. 조선에는 '칠거지악'이라는 기준으로 아내를 내쫓을 수 있는 제도가 있었는데, 그 내용은 다음과 같다.

- 시부모에게 순종하지 않는 것
- 아들이 없는 것
- 음탕한 짓을 하는 것
- 질투하는 것
- 나쁜 병을 가진 것
- 말이 많은 것
- 도둑질을 하는 것

결혼 이후 여성이 칠거지악에 해당되는 행동을 하면 남편이 이혼을 요구하고 아내를 내쫓을 수 있었다. 예를 들어, 시어머니가 아들을 낳으라고 하면 며느리는 아들을 낳아야만 했다. 아들이 아닌 딸을 낳으면 며느리는 시어머니에게 순종하지 않았으므로 쫓겨날 위기에 처할 수 있었다. 이후 계속되는 출산에도 아들을 낳지 못한 여성은 집에서 쫓겨났다. 여성을 천히 여기던 조선 사회에서는 쫓겨난 여성이 자신을 낳아준 부모님께로 돌아가려해도 그곳에서도 부끄러운 자식이라며 홀대당하기 일쑤였다.

백년계약과 첩

백년가약(百年佳約). "백년을 두고 맺는 아름다운 언약"으로 부부가 되겠다는 약속을 뜻한다. 이 언약은 남편이 될 남성과 아내가 될 여성 사이에 1:1로 맺어지는 인격적 약속이다. 하지만 조선에서는 처첩제를 통해 여러 명의 아내를 둘 수가 있었다. 당시 많은 여성들은 어린 나이에 다른 집안으로 팔려가듯이 첩으로 들어갔다. 첩으로 들어간 조선 여성들의 비참함은 여기서 끝나지 않는다. 조선에서는 돈만 주면 자신의 첩을 내어줬다. 이게 무슨 말인가? 남편이 자신의 아내를 성적인 돈벌이로 내어놓는 것이다. 조선의 첩은 자신의 남편에게서도 보호받지 못하는 삶을 살았다. 창기로 내어졌던 많은 첩들은 대부분 성병을 앓고 있었다. 백년의 아름다운 약속이 아닌, 자신의 아내를 돈벌이 용도로 사용하는 백년의 계약으로 이루어진 이기적인 욕정의 민낯이다. 조선의 첩 제도를 조선 정탐꾼 혼마 규스케는 이렇게 설명했다.

조선의 창기는 모두 남의 첩이다. 남의 첩이 아닌 자는 창기가 될 수 없다. 남편 되는 사람은 스스로 손님을 모은다. 이것은 조선 사회의 일반 상태라고 할 수 있다. 남편은 포주의 느낌이 있고, 파렴치도 심하다고 할 수 있다. 부인이 그의 다리 사이의 끝이 없는 밭을 갈아서 남편을 봉양한다. 이것이 그 남편에게 충성하는 것인가.

이렇게 참담했던 조선 여성들의 삶은 조선 여성들의 완전한 의존심과 무력감을 만들어 내었다. 여성들이 성차별에 갇혔던 삶에서 벗어나 자신을 자유롭게 표현하고 꿈을 이루는 사회를 상상하기에는 조선의 현실은 너무도 냉혹했다.

그저 어른이 되지 못한 미완성의 인간

조선의 아이들은 태어나면서부터 자신의 신분이 정해진다. 양반, 중인, 상민, 천민 중 어머니의 신분을 따라 살게 된다. 계급사회로 이루어진 조선은 자신에게 주어진 잠재력을 발휘할 수 없는 사회였다. 어린이들은 미래의 자산과 가능성이 아닌 그저 어른이 되지 못한 미완성의 인간이었다.

또한 낮은 신분의 어린이들은 강도 높은 노동에 시달려야 했다. 여자 아이들은 빨래 다듬이질과 항아리에 물 떠오기 등 집안의 일을 도왔고, 남자 아이들은 팔에 힘이 생기기 시작할 무렵부터 아버지를 도와 농사를 하거나 장작을 구해 왔다. 조선의 어린이는 사랑

한겨울, 평안북도 초산의 남자 아이들이 추위에 떨고있다.
Boys in Chosan, Pyeonganbuk-do, are trembling in the cold in the Japanese colonial era.

과 보호의 대상이 아닌 노동력의 일환이고 자신의 밥값을 벌어야 하는 존재였다. 특히 여자 아이들은 부모의 학대로부터 보호받지 못했다. 미국인 교육가 와그너는 조선에서 여자 아이들의 겪는 생활상을 적나라하게 기록했다.

> 조선에서는 끔찍한 아동학대가 행해지고 있다. 그중에서 견딜 수 없는 것은 '남아 선호사상'에 근거하여 일어나는 여자 아이들의 학대이다. 조선에서 태어난 딸은 시집을 갈 때까지 아버지와 함께 식사를 할 수도 없고, 인간적인 대화를 거의 하지 못한다. 이러한 차별은 양반집 가정에서 더욱 심하게 일어났는데, 가난 때문에 어쩔 수 없이 같은 방, 같은 상에서 겸상을 했던 하층민 집안이 오히려 인간적이었다. 아이들에 대한 교육은 남자 아이들에게만 국한되었다고 봐도 무방하다. 그리고 부모들은 자신의 딸을 일찍 시집보내려고 했다.

조선의 아이들은 계층과 신분에 의해 억압받는 삶을 살았다. 조선에서 태어나서 자라는 아이들 대부분은 미래는커녕 내일의 꿈마저도 꿀 수 없었다.

개똥도 약으로 쓰려면 안보인다?

요행과 미신의 의료체계

타임머신을 타고 18세기의 조선시대로 날아갔다고 상상해보자.

> 한양에 살던 내가 어느 날 시골 사는 할아버지 댁에 놀러갔다가 심
> 한 배탈이 났다. 그 동네에는 병원이 없었다. 할아버지는 동네에서
> 용하다는 박수(신들린 남자 무당)에게 나를 데리고 갔다. 그 박수는
> 갑자기 동네 입구의 냇가로 가더니 확신에 찬 모습으로 개구리 세
> 마리를 잡아와서 들이민다. 당황해하는 나를 바라보며 "분명히 이
> 것을 먹으면 배 아픈 게 싹 나을 것입니다"라고 말했다. 혹시나 해
> 서 "삶아먹거나 구워먹어도 되느냐?"고 물어 봤지만 그는 꼭 산채
> 로 삼켜야만 개구리가 배에 들어가서 나쁜 기운을 모조리 삼킨다고
> 말했다. 참으로 기가 막히는 처방이었다.

이처럼 조선시대에는 민간요법이 성행했다. 조선시대 의관 허준
이 중국과 조선의 의학서를 집대성하여 1610년에 저술한 《동의
보감》에는 이같은 민간요법이 소개되었다. 광해군은 명을 내려
전국에 있는 의원들에게 《동의보감》을 배포하였고, 의원들은
이 책을 바탕으로 진단과 처방을 내렸다. 하지만 그 내용을 자세히
들여다보면 황당한 내용들도 많다.

1) 악몽을 예방하는 법 : 호랑이 해골로 만든 베개를 베고 잔다.

2) 수은의 효능 : 탈모를 낫게 한다. 모든 악창을 낫게 한다.

3) 수은이 중독되면 : 술을 마시거나 살찐 돼지고기나 무쇠를 담가 우린 물을 마시면 풀린다.

4) 광인(狂人, 미치광이)을 낫게 하는 방법 : 똥을 먹인다.

정말 어처구니없는 의학지식이 조선에 만연했다. 그러나 이러한 처방에 익숙했던 사람들은 서양 의학을 신뢰하지 않고 오히려 배척했다. 독일 출신의 분쉬(Richard Wunsch, 1869-1911) 박사는 서양의 의학 기술을 조선으로 가져와 궁중의사로 일했는데, 처음 2년간 그의 진료 기록은 43명의 환자뿐이었다. 진료한 환자 수가 이렇게 적었던 이유는 열악한 환경이나 그의 의술이 부족해서가 아니라, 조선 사람들이 이 독일인 의사를 신뢰하지 않았기 때문이었다.

미국인 호러스 알렌(Horace Newton Allen, 1858-1932) 선교사에게 진료를 받았던 한 환자는 화를 내며 다시 그를 찾아왔다. 약을 먹고 온 몸에 두드러기가 났다며 화를 내는 그를 진정시키고, 약을 제대로 먹었는지 물었다. 좋은 약이라고 해서 한꺼번에 다 먹었다는 말을 듣고 알렌은 경악을 금치 못했다. 세 번씩 나눠 먹으라고 처방했지만 성격 급한 이 조선인은 빨리 낫고 싶은 마음에 처방된 약을 한 번에 다 먹었던 것이었다.5)

조선에서 가장 흔하면서도 치명적인 병은 천연두였다. 천연두가 한 번 마을에서 창궐하면 그 마을에는 곡소리가 끊이지 않았다. 천연두는 확산 속도가 매우 빠르고 치사율은 20%에 육박했다. 조선시대는 사망자의 50%가 아동이었는데, 그 사망 원인의 40%가 천연두였다.

천연두 증상은 얼굴에 붉은 두드러기가 올라와 부풀기 시작하는 초기 증상과 고름이 형성된 후 딱지가 생기는 후기 증상이 있다. 대부분은 천연두 초기 증상에서 사망하거나 천연두로 생긴 고름을 짜다가 2차 감염으로 사망했다. 하지만 초기 증상을 넘겨도 고열의 후유증을 겪게 될 가능성이 높고 시각과 청각을 잃거나 지적장애까지 생기는 경우도 있었다. 그리고 얼굴의 고름을 건드리거나 딱지를 떼어 버린 사람들은 곰보 얼굴이 되곤 했는데, 그 때문에 조선에는 곰보 얼굴인 사람이 많았다.

천연두는 '호환마마' 또는 '마마'라고 불렸다. '마마'는 왕족들에게 붙이는 극존칭이었는데, 그만큼 무섭고 불가항력적인 질병이라는 것을 말한다. 조선의 천연두는 여러 가지 미신을 파생시켰는데, 자녀가 천연두에 걸리면 마마신이 몸에 들어간 것으로 생각하여 자녀를 향해 절하고 존칭을 썼다. 즉 신(神)처럼 숭배하고 왕처럼 존경을 표해서 돌려보내야 할 존재로 보았다. 천연두에 걸린 환자는 질병으로 겪는 아픔도 있었지만 낙후된 의료 시설과 조선의 처방 방식에서 오는 2차 고통이 더욱 심했다.

조선시대는 천연두와 같은 감염병이 발생하면 야외에 움막을 설치하고 환자를 격리시켰다. 마마(천연두)신이 바깥의 찬바람을 맞으면 떠난다고 믿었기 때문이다. 환자에게는 여종을 시켜 밥 때가 되면 끼니만 해결할 수 있게 했지만, 말이 격리일 뿐 방치에 가까웠고 죽어도 그만, 살아도 그만이었다. 그렇게 방치된 환자가 죽으면 시신을 땅에 묻거나 태우지 않고 가마니로 싸매어 나무에 매달아 놓았다. 이 역시 찬바람을 맞고 마마신이 떠나가길 바라며 매단 것이다.

세종 때는 천연두로 인해 죽은 환자가 많아서 넘쳐나는 시신을 더 이상 매달 곳이 없자 그냥 들에다가 시신을 버리기도 했다. 그 시신을 들짐승들이 먹었는데 그 모습이 보기에 역했는지 한 사람이 시신을 모아서 태우다가 산 하나를 통째로 태워먹기까지 했다. 그 옆에서 유가족이 울고불고 난리를 쳤는데, 이유는 마마신이 스스로 떠나도록 하지 않고 불을 지펴 화를 돋우었기 때문이었다고 한다.

역병의 근원, 물

조선을 방문한 선교사들은 한양에서 깨끗한 물을 찾기가 어렵다고 했다. 깨끗한 물을 따로 파는 직업이 있을 정도였는데, 이들은 물장사를 하기 위해서 허가증을 받아야 했다. 특히 함경북도 북청 출신들이 물장수로 유명했기 때문에 '북청 물장수'라는 말이 나왔다. 하지만 가난한 신분의 조선인들은 자신의 집 근처에 있는 냇가

나 우물로 가서 물을 구했다.

시장에서 생선과 야채를 사온 여인들은 우물가에서 재료를 씻었다. 그 옆에서 다른 여인은 빨래판을 갖다놓고 빨래를 했다. 우물은 개울처럼 흐르는 물이 아니다. 그 안을 들여다보니 여러 찌꺼기와 오물이 뒤섞인 탁한 빛의 물이 가득 있다. 하지만 조선의 여인들은 우물의 청결에 개의치 않고 물을 길어 갔다.

1902년 8월 러시아 연해주에서 창궐하던 콜레라가 조선에 상륙했고 단시간에 전국적으로 퍼지게 되었다. 조선 사람들은 콜레라균이 군락을 이루는 하천의 물이나 우물의 고인 물을 떠서 식수로 사용했다. 콜레라는 '호랑이가 살갗을 찢는 것 같은 고통을 주는 병'이란 의미로 '호열자'라고 불리면서 기승을 부렸고 이로 인해 수많은 사람이 사망하였다.

한편 에비슨(Oliver R. Avison, 1860-1956) 선교사는 조선에서 발생하는 대부분의 병의 원인이 청결과 위생 때문이라는 것을 인식하였다. 과거 유럽에도 청결 문제가 해결되자 여러 질병이 자취를 감췄던 것처럼, 손을 청결하게 씻는 것과 물을 끓여 먹는 것만으로도 조선인들에게 지속적으로 고통을 주었던 콜레라와 장티푸스의 발병률이 기하급수적으로 낮아졌다. 깨끗한 물에 몸을 자주 씻자 전염병 또한 확연히 줄어들었다.

조선의 양반들은 '향낭'을 차고 다녔다. 향낭은 향주머니로 향기가 진한 식물이나 사향노루의 향료를 넣어 만들었는데, 허리춤에 차고 다니면서 자신의 의복에 향이 스며들도록 했다. 이처럼 조선에서 향낭의 수요가 많았던 것은 평소 사람들이 몸을 씻지 않았기 때문이다. 당시 유럽에도 부인들이 목욕을 제대로 하지 못해 향수 산업이 발달했지만, 조선에서는 더 나아가 '이'를 몸에 키우고 있었다. 조선의 위생은 열악하기 짝이 없는 상태였다.

1880년대 조선의 관료와 일했던 선교사 알렌의 일기에 다음과 같이 써 있다.

> 그들의 몸에서 계속 고리타분한 똥냄새가 풍기고 있었고, 그들은 선실에서 끊임없이 줄담배를 피우고 있어서, 담배 냄새에다 목욕하지 않은 고린 체취, 똥냄새, 오줌 지린내, 고약한 냄새가 나는 조선 음식이 뒤섞여 온통 선실 안은 악취로 가득했다.
> - 1887년 12월 26일

이때 알렌에게 악취를 풍긴 사람들은 조선의 하층민들이 아닌 양반들이었다. 이들은 가끔 머리 매무새를 정돈하기 위해 상투를 풀어헤치곤 했는데 그 때마다 서양 사람들은 아연질색을 했다. 그들이 상투를 풀어 헤치면 가두리 양식처럼 키우던 이가 우두두두 떨어졌다. 서양 사람들은 처음에 '모래가 떨어지나 보다'하고 생각했다가 조금씩 꾸물거리며 움직이는 존재를 확인하면 그대로 고개를 내저었다.

조선 중기의 문신 유희춘(1513-1577)은 <미암일기(眉巖日記)>

를 썼는데 그 내용을 보면, 유희춘은 어느 날 자기 몸에 이가 모두 사라져서 걱정이 되었다. 그래서 아들에게 목욕을 자주하지 말라고 당부했다. 왜냐하면 몸에 이가 있어야 장수할 수 있다고 생각했기 때문이다.

　조선의 목욕 문화는 1891년 한국에 부임한 영국군 장교 알프레드 에드워드 존 캐번디시가 쓴『백두산으로 가는 길』에 자세히 소개되어 있다. 이 책은 영국군 두 명이 제물포로 입국하여 육로로 원산을 거쳐 백두산을 등정하는 여행기인데, 여행 중 들른 지역에 대한 소개와 만난 사람들에 대한 묘사를 통해 당시 조선의 상황을 짐작할 수 있다. 그 중에 "들리는 말로는 조선인은 일생 동안 단 두 번 씻는다고 한다."는 내용이 들어 있다. 이렇듯 조선인들의 질병의 근원은 불량한 위생과 퇴화된 목욕 문화에 있었다.

　구한말 조선을 찾아온 선교사들의 서양 의학 보급이 없었더라면, 조선에서는 더 오랜 시간 약으로 쓰기 위해 개똥을 찾으러 다니는 일이 계속되었을 것이다. 잘못된 의학 지식과 과도한 미신 집착, 불결한 위생 상태로 인해 상민들의 평균 수명은 35세에 불과했고, 특별한 의료 혜택을 받았던 왕들의 평균 수명도 46세였다.

절망적 외교판단과 무능력

1853년 일본 시모다항에 흑선이라 불린 네 척의 검은색 군함이 들어왔다. 미국의 페리 제독이 일본의 개항을 요구하면서 무력시위를 벌인 것이다. 말만 개항이었지, 무력으로 비집고 들어 온 모양새였지만 일본은 흑선 전단을 향해 반격하지 않았다. 왜냐하면 10여 년 전, 동양의 최고 강대국이던 청나라가 아편전쟁에서 패배하고 영국에게 당한 수모를 알았기 때문이다. 페리 제독의 흑선 전단에 굴복한 이 사건으로 인해 일본은 1854년 3월 31일 미일화친조약, 1858년 7월 29일 미일수호통상조약을 체결하고 개항하여 근대화를 시작했다.

개항 이후 일본은 존왕파와 막부파로 나뉘었다. 존왕파는 일본에 들어온 서양 세력을 몰아내고 그들과의 교류를 금지하는 쇄국정치를 주장했고, 막부파는 서양의 강함을 인정하고 본격적으로 개국해서 일본도 강대국이 되자고 주장했다. 이렇게 두 진영으로 나뉘어서 싸움이 심해지자 막부시대의 대표적인 사상가이자 교육자인 요시다 쇼인(1830-1959)은 이미 맺어진 서양과의 조약을 무를 수는 없으니 국가의 국력을 기르는 것에 집중하자고 주장하였다.

반면 조선은 강력한 쇄국정책을 시행했다. 청나라가 서양 열강의 침략으로 아편전쟁을 겪은 후 나라가 위태롭게 된 것이 문호를 개방했기 때문이라고 생각했다. 이 때문에 조선은 청나라와의 사대적인 관계 외의 모든 대외관계를 차단했다. 1866년 조선이 천주교를 탄압하면서 프랑스인 선교사 6명을 처형한 것으로 인해 프랑스와 전쟁을 벌였는데, 이 사건을 병인양요라고 부른다. 또 그해 여름 평양 군민들이 통상을 요구하는 미국 상선 제너럴셔먼호를 불태워버린 사건이 발생했는데, 5년 후인 1871년에야 이 사실이 알려지면서 미국의 보복으로 전쟁이 일어났고 이를 신미양요라고 부른다. 이렇게 두 차례의 전쟁을 치른 대원군은 전국 각지에 척화비를 세우고 강력한 쇄국정책을 실시하였다.

외부세계로부터 조선을 격리시킴으로써 조선왕조의 멸망을 막아보고자 하는 대원군의 모습은 북한 주민들의 눈과 귀를 막아서 정권을 유지하고자 하는 북한 정권의 모습과 많은 부분이 닮아있다.

그러나 대원군이 수호하고자 했던 조선 왕조의 지배 질서가 백성들에게는 시급히 청산되어야 할 역사적 장애물이었고, 급변하는 국제정세 속에 일본과 전혀 다른 조선의 외교판단은 역사의 방향을 빠르게 기울게 만들었다. 일본은 빠르게 근대화의 길로 접어들었고 조선과 일본 사이의 국력 격차는 커져갔다. 그렇게 일본의 야욕에 조금씩 삼켜지던 조선은 1910년 역사의 막을 내리게 된다. 고종은 자신의 목숨 값으로 조선을 일본에게 바침으로써 2000만 민중이 '친일하지 않고는 살 수 없는 나라'로 만들어버렸다.

고독하고 외로운 눈빛을 한 청년시절 건국대통령 이승만의 사진이다.
This is a picture of Lee Syng-man, the founding president of the country,
when he was a young man with forlon and lonely eyes.

ⓒ 이승만기념관

선각자의 고뇌

카메라를 바라보는 젊은 '건국의 선각자'의 눈빛에서 외로움과 고독함이 느껴진다. 하지만 그와 동시에 분명한 확신과 의지도 느껴진다. 사진은 '대한민국 임시정부 초대 대통령'이자 '대한민국 초대 대통령' 이승만의 사진이다.

참으로 암울했던 봉건국가 조선에서 대한민국을 꿈꿨던 '건국의 선각자'에게 처한 상황과 그가 해결해야 할 과제는 무엇이었을까? 각오 희망도 없어 보이는 조선에서 큰 비전을 꿈꾸는 자들, 이들이 자녀 세대에게 물려주고 싶은 나라는 어떤 나라였을까?

국민의 절반 가까이가 노비인 국가가 국민이 주권을 가진 민주국가가 되는 길은 너무도 아득했다. 우리는 이때가 우리가 누리고 있는 평범한 것도 당연하지 않았던 시절임을 이해해야 한다. '자유', '평등', '인권'이 무엇인지 그 개념조차 모르던 시절이었다.

대한민국 국민으로서 투표하기 위해서는 평생 자신의 이름을 가져보지 못한 사람들에게 이름부터 짓게 하였으며, 국민을 계몽하기 위해서는 글자부터 가르쳐야 했으며, 자신의 소유를 가져본 적이 없어 일할 의지가 없는 사람들에게 성실함과 근로정신을 가르쳐야 했다. 대한민국 임시정부는 자유민주주의 신봉자들과 사회주의·공산주의자들이 뒤섞여 갈등했으며, 일제와 싸워 독립을 쟁취하자는 무력항쟁론과 강한 다른 나라와의 외교적 노력을 통해 국제사회에서 독립 인정을 받자는 외교독립론으로 나뉘어졌다.

다수의 독립운동가들은 조국 해방에만 초점을 맞췄지, 어떤 미래로 가야할 지에 대한 청사진을 가진 인물은 거의 없었다. 그저 일제로부터 벗어나는 것만을 목표로 삼았기에 누군가 문득 해방 이후의 계획을 물어 보면 하나의 마음이 여러 갈래로 찢어지고 말았다.

이렇듯 새로운 국가인 대한민국을 건국하는 것은 올바른 국민의식과 애국정신을 갖춘 국민들과 더불어 정부만 건설하면 되는 간단한 과정이 아니었다. 조선은 암울했으며 지식인들은 엇갈렸고 백성들은 너무도 무지했다.

그러나 어떤 희망도 가질 수 없는 절망적인 상황에서도 '건국의 선각자'들에게는 분명한 신념이 있었다. 그들이 꿈꾼 나라는 '대한'이라는 이름을 사용하고 있다. 황제가 주인인 '대한제국'에서 국민이 주인인 '대한민국'을 꿈꾸었다.

건국의 영웅들뿐만 아니라 식민지 조선의 청년에게도 불타는 열정이 있었다. 봉건국가 조선을 끝내고 새로운 세상에 대한 비전이 가슴속에 그리고 눈빛 속에 있었다.

강원도 춘천에서 촬영된 강인한 눈빛을 한 청년의 사진이다.
This is a young man with strong eyes taken in Chuncheon, Gangwon-do.

보이지 않는 것들을 보고

믿기지 않는 것들을 믿고

그리하여 조선에서 대한민국을 꿈꾼

사람들의 이야기이다

2장

선각자의 씨앗

우리는 부활절 아침에 이곳에 왔습니다.
그날 사망의 권세를 이기신 주께서
이 백성을 얽어맨 결박을 끊고
하나님의 자녀로서의 자유와 빛을 주시옵소서.

- 아펜젤러의 일기 1885년 4월 5일 -

아펜젤러 1858 ~ 1902
Henry Gerhard Appenzeller

한국 기독교의 개척 선교사이자 배재학당 설립자

미국 감리교 선교사
배재학당 설립, 독립운동가 배출
정동교회 설립
협성회 조직
마가복음, 마태복음 한국어 번역

건국의 선각자들을 기른 아펜젤러
(Henry Gerhard Appenzeller, 1858~1902)

시작은 미약하였으나 끝은 창대하리라

1858년 미국 펜실베니아에서 출생한 아펜젤러는 드류신학교Drew Theological Seminary를 졸업하고 감리교 목사가 되었다. 1885년 4월 5일 미국 감리교 선교부에서 조선으로 파견하는 선교사로 파송되어 아내 엘라와 함께 제물포에 입항하였다. 그날은 부활절이었다. 아펜젤러는 이날 일기장에 "우리는 부활절 아침에 이곳에 왔습니다. 그날 사망의 권세를 이기신 주께서 이 백성을 얽어맨 결박을 끊고 하나님의 자녀로서의 자유와 빛을 주시옵소서."라고 적었다. 조선을 향한 그의 사명과 결단을 보여주는 말이다.

그는 한국에서의 첫 번째 선교활동으로 그해 8월 3일 학교를 설립하였다. 처음에는 2명을 가르쳤으나 이듬해 20명으로 늘어나자 고종은 '배재학당(培材學堂)'이라는 이름을 하사하였다. 이것이 우리나라 최초의 근대 교육기관인 배재중고등학교와 배재대학교의 시작이다.

'지금은 비록 학교라고 부르기에는 미약한 집이지만, 앞으로 이 학교를 통해 수많은 지도자들이 배출되리라. 특별히 이 땅의 약하고 가난하고 소외된 사람들을 섬기는 지도자들이 나올 것이다.'

아펜젤러가 처음 학교를 세웠을 때는 언제 꺼질지 모르는 촛불과도 같았다. 그러나 '시작은 미약하였으나 끝은 창대하리라'는 성경 말씀처럼 배재학당은 인재를 배양한다는 이름대로 수많은 인재를 길러내는 학문의 전당으로 새로운 나라를 세울 건국의 인재들을 배출하였다.

인재를 키우는 집, 배재학당의 영향력

아펜젤러는 교육뿐만 아니라 건축, 출판, 성경 번역 등을 통해 다음 세대 리더들을 양성하였다. 지식 교육과 신앙 교육은 물론 체육을 매우 중요시 여겨 1900년대에는 축구반, 야구반, 육상반, 빙상반, 씨름반, 농구반, 유도반, 역도반 등을 창설했다. 우리나라 근대 체육사가 배재학당에서 시작되었다고 해도 과언이 아니다.

'조선 독립이 몇만 년을 지나도 무너지지 않게 되며, 조선의 전국 인민이 학문과 재산이 늘고, 무엇보다 새 사람이 되게 하여 주소서.'

아펜젤러는 독립신문을 발간한 서재필을 배재학당에서 매주 한 번씩 특강하도록 부탁할 정도로 계몽을 위해 힘썼다. 매주 토요일마다 토론회를 열어 봉건사회 제도 아래에서 명령에 순종하는 법만 알았던 학생들에게 자신의 의견을 피력하는 법을 가르쳤다. 이 토론회가 독립신문에 나올 정도로 굉장히 많은 이들의 관심을 모으게 되자, 나중에는 토론회에 일반인 방청객들의 참관을 허락하였다. 이것이 계몽운동단체인 배재학당 협성회의 시초가 되었다.

영국의 유명한 여행가이자 지리학자인 비숍 여사는 1897년 배재학당의 위상에 관하여 이렇게 말하고 있다.

> "한국에서 가장 강력한 교육적·도덕적·지적 영향을 미쳐 왔고, 현재까지도 미치고 있는 기관은 배재학당이다."

섬기는 사람

'누구든지 큰 자가 되려거든 먼저 섬기는 자가 되어야 하리라.'
-마태복음 23장 11절

'인재를 키우는 집'이라는 뜻의 배재학당. 학당의 교훈은 '욕위대자당위인역(欲爲大者當爲人役)', 즉 "크게 되려는 사람은 마땅히 남에게 봉사하는 사람이 되어야 한다."는 것이었다. 이는 성경에서 "너희 중에 누구든지 크고자 하는 자는 너희를 섬기는 자가 되고, 너희 중에 누구든지 으뜸이 되고자 하는 자는 너희 종이 되어야 하리라.", "인자가 온 것은 섬김을 받으려 함이 아니라, 도리어 섬기려 하고 자기 목숨을 많은 사람의 대속물로 주려 함이니라."라는 가르침에서 가져온 것이다.

이렇게 아펜젤러가 생각하는 인재는 '섬기는 사람'이었다. 늘 그의 겸손한 자세는 학생들에게 모범이 되었고, 학교 내 이러한 분위기는 초대 대통령 이승만, 한글학자 주시경, 시인 김소월, 사회운동가 신흥우, 독립운동가 지청천 장군 등 헤아릴 수 없을 만큼 많은 선구자를 배출했다. 어디서든지 선한 영향력을 끼치고자 했던 아펜젤러는 국민계몽의 초석을 닦은 한국의 친구이자 사랑이 많은 조선의 선생이었다.

아펜젤러는 44세가 되던 1902년에 인천 제물포에서 출발하여 전라남도 목포로 가던 일본 배인 구마가와마루가 서북방 2-3해리 지역에서 충돌하여 침몰하자 조선인 여학생을 구하려다 익사했다. 27세의 젊은 청년으로 조선에 온 최초의 선교사인 아펜젤러는 조선인을 구원하는 선교와 조선 사회의 근대화를 위해 청춘을 바치면서 헌신하는 삶을 살다가 마지막 순간까지 '희생의 본'을 보이며 생을 마감하였다. 지금 서울특별시 마포구 합정동 양화진 선교사 묘지에는 아펜젤러의 가묘가 조성되어 있다.

한국에서 태어난 그의 자녀들도 아버지의 뒤를 이어갔다. 아들 헨리 도지 아펜젤러는 미국에서 공부한 뒤 배재학당의 교장으로 취임해서 학생들의 교육에 헌신했고, 딸인 엘리스 레베카 아펜젤러 역시 이화학당을 발전시키는 데 큰 업적을 남겼다.

아펜젤러와 배재학당 학생들, 1887

조선의 청년들이여
그대들의 인생의 최고목적은
조국을 위한 의무를 다하는 것이다.

내가 씨를 뿌렸으므로 내가 떠난 뒤에라도
거둘 사람이 있으리라.

서재필 1864 ~ 1951

미국 국적의 한국 독립운동가,
의학자, 언론인

조선 중추원 고문
펜실베이니아 대학교 의과대학 초빙교수
독립신문 창간
독립협회 창립
만민공동회 개최

독립정신과 민주주의 씨앗을 뿌린 서재필

조국을 위하여

19세기 말 독립협회와 <독립신문>을 통해 독립정신과 민주주의를 일깨운 서재필은 한국 근·현대사에서 가장 돋보이는 선각자이자 신비로운 인물이다. 그가 80여 년의 삶을 통해 남긴 모습은 개화사상가, 혁명가, 독립운동가, 언론인, 군인, 의사, 시인, 소설가, 정치가 등으로 다양하지만 정작 한국사에 기록된 것은 독립협회 활동을 제외하면 별로 알려진 것이 없다.

서재필은 1864년 1월 7일 녹차로 유명한 전라남도 보성에서 태어났다. 그러나 그는 어린 시절에 아들이 없던 친척 서광하의 집에 양자로 보내졌는데, 양부모인 서광하는 서재필을 이조참판이던 처남 김성근의 집으로 유학을 보냈다. 이렇게 해서 외삼촌 김성근의 집에 머물게 된 서재필은 그곳을 출입하던 서광범·김옥균·박영효 등 개화파 인사들과 사귀게 되었는데, 특히 김옥균은 12살 연하의 서재필을 '동생'이라 불렀고, 서재필은 김옥균을 스승이자 롤모델로 삼았다. 그 후에 망원경, 지구본, 지도, 화약, 손목시계 등 새로운 서양 문물을 접하고 배우게 되었으며, 18살의 나이에 과거에 급제함으로써 주위의 촉망을 받았다.

이후 일본으로 유학을 다녀온 서재필은 12월 4월 김옥균 홍영식 윤치호 박영효 등과 갑신정변을 일으켰으나, 조선에 군사를 주둔시키고 있던 청나라와 민씨 집권세력에 의해 무산되고 '3일 천하'로 끝나고 말았다. 조선을 개혁하고자 했던 호기로웠던 젊은 서재필의 꿈이 3일 만에 무너졌다. 본국에서 역적으로 몰리게 되었고, 이로 인해 부모와 아내와 형제와 자식이 목숨을 잃게 되었다.

서재필은 일본으로 피신했다가 4개월 후 다시 미국으로 망명을 떠났다. 역적으로 몰려 가족이 처형당한 형편이라 본국으로 돌아갈 날을 기약할 수 없었다. 그는 제이슨 리(Jaisohn Lee)라는 이름으로 학교를 다니면서 학업에 매진하여 컬럼비안대학(Columbian University, 현 조지워싱턴대학교의 전신) 의과대학을 졸업하고 1893년 정식 의사면허를 받았다. 이듬해 메리 암스트롱(Muriel Mary Armstrong)과 결혼하여 가정을 꾸리고, 워싱턴에서 병원을 개원하였지만 그의 가슴 속에는 조국을 향한 근심이 자리 잡고 있었다.

1894년 갑오개혁이 시행되자 개화파에게 내려졌던 대역죄가 사면되었고 이에 따라 서재필은 조선으로 돌아올 수 있었지만, 이미 미국 국적을 취득하고 가정까지 이룬 상태여서 귀국을 결정하기가 쉽지 않았다. 그러나 미국 방문 중에 그를 찾아온 박영효를 만나 그에게서 국내의 정세를 접한 뒤, 다시 조선을 개혁해 보겠다는 생각으로 귀국을 결심하였다.

대한은, 조선이라

1895년 말 귀국한 서재필은 왕에게 조언하는 중추원 고문에 임명되었다. 그는 권력층과 민씨 세력으로부터의 모략에 대비하기 위해 권력의 중심에 들어가지 않고 바깥에서 미국 시민권자로 활동하면서 민중을 계몽했다. 1896년 4월 7일 독립신문을 창간하여 한글판과 영문판을 발행하고, 만민공동회 연사로 전국을 순회하며 강연하였다. 또 목요일은 배재학당에서 세계사 강의를 통해 자유민주주의와 참정권, 인권, 사회계약론 등을 가르쳤는데, 이승만·주시경·신흥우·김규식 등이 수강하며 깊은 감명을 받았다.

서재필은 어린 시절부터 자기 마음에 품었던 그 선명한 이미지를 눈앞에 실제로 만들어나갔다. 떠돌이 망명생활 가운데에서도 가장 아픈 마음속 소원, 조선인이 자유에 이르는 것을 꿈꿔왔다. 비록 그는 갑신정변에 철저히 실패했고, 타국에서 이방인으로 살았지만 이런 역경 가운데서도 백성들의 마음에 자유가 무엇인지, 자주권리가 무엇인지, 그것을 쟁취하는 방법을 심어놓았다. 그가 이룬 성취 중 가장 높이 평가되는 것은 주저앉았던 민중의 마음을 일으켜 세운 것이다.

그는 우리 역사상 최초의 한글신문인 '독립신문'을 창간하여 독립정신과 민주주의를 깨우쳤다. 1897년 11월 20일 청나라 사신을 영접하던 영은문을 헐고 독립문을 건립하였다. 1898년에는 관료

중심의 독립협회를 탈바꿈시켜 대중 토론회를 조직한 것이 이후 만민공동회로 발전하였다. 그리고 이 경험을 바탕으로 의회 설립 및 입헌군주제로 개혁을 추진하던 중, 중추원 고문에서 해임을 당하고 미국으로 돌아갔다.

이렇게 서재필은 국운이 기울어져가는 조선에 독립과 민주주의의 싹을 틔웠다. 그리고 민중의 가슴에 심긴 자유의 씨앗은 자라나 줄기를 뻗어가기 시작했다. 그는 조국과 민족을 위해 꿈을 심었고, 그 꿈의 대한민국에 현재의 우리가 살아가고 있다.

'조선의 청년들이여,

그대들의 인생의 최고목적은

조국을 위한 의무를 다 하는 것이다.

내가 씨를 뿌렸으므로 내가 떠난 뒤에라도

거둘 사람이 있으리라.'

1947년경 연설 중인 서재필

지식을 쌓으라.
믿음을 지녀라.
희망을 잃지 마라.

이상재 1850 ~ 1927

대한제국의 계몽운동가이자 독립운동가

대한제국 의정부 총무국장
개화파 운동가
독립협회 지도자
만민공동회 의장
YMCA 지도자
신간회 회장 겸 대표최고위원

꺼지지 않는 '청년의 등불' 이상재

　이상재는 1850년 충남 서천의 전형적인 선비 집안에서 태어났다. 어려서부터 한학을 공부하고 18세 때 과거에 응시했지만 부패한 조선의 과거시험에서 연줄과 인맥이 없었던 그는 시험에 합격할 수 없었다.

　이후 과거를 단념하고 고향에 내려가 농업에 종사하면서 지내던 중 우연히 개화파의 주요인사였던 박정양(1841-1905)을 만나 시국을 토론한 것이 능력을 인정받아 그의 개인 비서로 발탁되어 정계로 발을 들이게 되었다. 1881년 일본의 선진문물 시찰을 위해 신사유람단을 파견할 때 단장 박정양의 수행원으로 선발되었다. 이때 동행한 김옥균, 홍영식 등의 개화파 지식인들과 교제하면서 개화사상을 폭넓게 접하였다.

　이상재는 우리나라 개화기의 위대한 지도자였으며, 독립운동가, 사상가, 열렬한 애국자였다. 일제 치하에서 많은 지식인들이 국외로 망명을 하였지만 그는 끝까지 조선에 남아 민중과 동고동락했다. 그는 독립협회를 통한 계몽운동에 앞장섰다. 그러나 1899년 독립협회가 강제 해산당하고, 1902년에는 개혁당사건으로 투옥되었다.

　1910년 한일병합 이후에는 일본을 돕지 않겠다는 양심을 따라 일체 정부 관직을 맡지 않았고, 1919년 3·1운동에는 참여하지 않았지만 관련자로 지목되어 연행되기도 했다. 을사조약으로 국권을 강탈당한 1905년부터는 YMCA를 통한 청년운동에 전력하며 교육과 청년의 계몽, 각성을 역설하였다.

풍자와 해학으로 백성을 위로하다

엄격해 보이는 이미지와는 달리 충청도 출신이었던 그는 특유의 위트를 가지고 돌직구를 날린 인물로도 유명했다. 대표적으로 다음과 같은 일화가 있다. 한일합방을 성사시킨 일제가 기독교 지도자들을 교화시킬 목적으로 24명의 대표단을 일본으로 초청했다. 이들은 일본 각지를 시찰하던 중에 동양에서 가장 큰 병기창을 방문하게 되었다. 일제의 무기들을 보여주며 조선 대표단의 기를 누르려던 일종의 협박이었다. 하지만 이상재는 일본의 압박 속에서도 여유가 있었다.

> "일본의 발달된 문물이 참으로 놀랍소. 그런데 성경에 보니 예수께서 칼로 흥한 자는 칼로 망하리라고 했으니, 성인인 예수가 틀리지 않았다면 일본의 앞날이 참으로 걱정이오."

이상재의 풍자와 해학은 끝이 없었다. 한번은 친일파 미술가들이 모인 자리에 초청을 받아 참석하였는데, 그곳에서 을사오적이라 불리는 이완용과 송병준을 만나게 되었다. 이상재는 풍자가 섞인 운을 띄웠다.

> "대감들께서도 동경으로 이사 가시지요." "무슨 이유가 있어서 우리 보고 동경으로 가라고 하십니까?" "대감들은 나라 망하게 하는 데 천재들이니 동경으로 이사하시면 일본도 또 망할게 아니겠소?"

그는 참으로 막막한 현실 속에서도 솔직함과 가식 없는 태도로 백성들의 마음을 시원하게 긁어주는 사람이었다.

민족의 아버지

이상재의 활동 중 가장 두드러지는 점은 청년에 대한 지속적인 관심이었다. 그는 늘 자신을 '청년 이상재입니다.' 라고 소개했다. 그뿐 아니라 청년들과 어울려 농담하면서 격의 없게 지냈는데, 당시 보수적인 이들은 '나이 지긋한 분이 체통을 지키지 않는다.'며 그의 행동에 불만을 표하기도 했다. 그러나 그는 그런 그들에게 이렇게 말했다.

> '내가 청년이 되어야지. 청년더러 노인이 되라고 할 수 있나. 내가 청년이 되어야 청년이 더 청년 노릇을 하는 것일세.'

그는 청년세대의 중요함을 누구보다 잘 알고 있었다. 따라서 부모세대로서의 뿌리의 역할을 기꺼이 감당했다.

　당시 조선의 상황은 현실주의자들의 눈이 감기고 기대가 꺾이는 어두운 시대였다. 그는 보이지 않는 것을 믿음으로 바라보고 희망을 가지도록 청년들에게 외쳤다. 그가 역사에 남기고 간 메시지는 조선 청년들의 가슴 속에 등불이 되었다.

'지식을 쌓으라,

믿음을 지녀라,

희망을 잃지 마라.'

1923년 7월 하와이학생단의 모국 방문기념 야구시합에서 시구하는 이상재

가정을 번영케 하는 것은
자손에게 있고

국가를 융성케 하는 것은
청년에게 있다

이준 1859 ~ 1907

조선과 대한제국의 검사이자 외교관,
헤이그 특사

한성재판소 검사보
대한제국 외교관
독립협회 활동
공진회, 국민교육회 회장
보광학교, 오성학교 설립
헤이그 특사 파견

조국 독립을 위해 목숨을 버린 이준

죽는 국민이 되어야 한다

이준은 1859년 함경북도 북청에서 태어났다. 1895년 처음 설립된 법관양성소에서 공부하여, 한성재판소 검사보로 법관생활을 시작했으나 탐관오리의 모함으로 2개월 만에 사직했다. 이때 미국에서 귀국한 서재필을 만나 협성회를 결성하고 구국운동에 동참했다. 이듬 해 독립협회의 평의원으로 선출되어 크게 활약하다가, 일본으로 유학하여 와세다대학 전신인 동경전문학교 법과를 졸업했다. 이로써 당시로서는 보기 드문 서구 근대 법학의 수용자가 되었다.

1898년 귀국한 이준은 만민공동회에서 가두연설을 행하다가 이승만, 이동녕 등과 체포되어 투옥 당했다. 1902년에는 민영환, 이상재, 이상설 등과 비밀결사인 개혁당을 결성하였고, 1904년 러일전쟁 후에는 대한보안회와 대한협동회를 조직하여 국민계몽운동을 전개하면서 황무지 개간권을 빼앗으려는 일본의 음모를 폭로하는 데 앞장섰다.

이처럼 이준 열사는 조선 최초의 법관양성소에서 교육을 받고, 일본에서 수학하며 법학을 공부한 당대 최고의 엘리트이자 유능한 검사였다. 그러나 당시 고위 관리의 비리를 고발한 일로 인해 면직된 후부터는 돈이나 권력보다 더 중요한 가치를 위해 싸웠다.

그는 열강들의 조선 침략 계획과 부패한 조선 정부를 비판하고 백성들에게 호소하였다. 한 나라를 융성케 하는 힘은 청년층에게 있다고 여겼기에, 청년들을 계몽하기 위해 연설자로 나서기도 했다. 난세에 나라를 위하여서라면 못할 것이 없었다.

'때로는 자기의 몸을 나라에 바치는 것을 사양하지 않겠다는 각오를 가져야 할 것이다. 즉 다시 말하면 죽는 국민이 되어야 할 것이다.'

때는 기다리는 것이 아니라 쟁취하는 것이다

일제는 한국을 식민지로 '병합'하기 위한 외교활동을 지속적으로 벌여왔다. 미국과 영국 등 열강이 일제의 조선침략을 묵인하도록 외교로 조치한 뒤, 조선의 외교권과 통치권을 박탈하고 '보호국'으로 삼는 을사조약을 강제 체결하였다. 이에 이준은 을사조약의 무효를 주장하는 상소운동을 벌였다. 조를 짜고 돌아가면서 고종이 있는 궁궐을 향해 반복적으로 상소문을 낭독했는데 1조로 뽑힌 이준, 김구 등이 대한문 앞에서 상소문을 낭독하다가 투옥되었다.

'우리가 살아남을 수 있는 길은 주권을 죽음으로 지키는 일일 뿐이다.'6)

1907년 네덜란드 헤이그에서 2차 만국평화회의가 개최된다는 사실을 알게 된 고종은 이를 기회로 삼아 특사를 파견하고자 계획했다. 고종은 평소 이준의 강직함을 눈여겨보았고 그를 헤이그 특사 파견단으로 선택했다. 고종은 특사를 파견하여 을사조약의 부당함을 전 세계에 알림으로써 일본의 모든 권리를 무효화시키고, 대한제국의 주권을 되찾는 것이 목적이었다.

이렇게 고종의 밀명을 받은 이상설, 이준, 이위종 세 사람의 특사단은 6월 25일 헤이그에 도착하여 만국평화회의에 참석을 시도했지만 입장을 제지당했다. 이튿날에도 미국, 영국 등 열강의 대표들을 찾아갔으나 모두 거절당했다. 7월 1일 개최국의 외무장관을 만나려 했지만 "일본의 동의가 없으면 조선은 대회에 참가할 수 없다."는 뜻을 전해왔다. 그러나 포기하지 않고 방법을 강구하던 중 헐버트 선교사의 소개로 7월 9일 영국의 저명한 언론인 스테드(Stead, W. T)가 주관한 각국 신문기자단 회의에 참석하여 발언할 수 있는 기회를 얻었다. 노어·불어·영어에 능통한 이위종이 대한제국의 비통한 실정을 호소하는 연설을 했다.

> "일본인들은 항상 평화를 말하지만, 어찌 사람이 기관총구 앞에서
> 평화롭게 살 수 있겠는가. 한국의 독립과 한국민의 자유가 이뤄지
> 지 못하는 한 극동의 평화는 있을 수 없다."

연설 전문은 '한국을 위해 호소한다.'라는 제목으로 각국에 보도되어 주목을 끌었고, 한국의 처지를 동정하는 결의안이 의결되었다. 그럼에도 불구하고 대한제국의 특사단은 마지막까지 본회의 참석을 거절당했다. 이에 이준은 울분을 삭이지 못한 채, 그곳에서 분사하고 말았다. 1907년 7월 14일의 일이다. 이때 국내에서는 이준이 평화회의 석상에서 할복자살한 것으로 잘못 알려졌고, 지금까지도 많은 사람들은 그렇게 알고 있다.

이준은 법조인으로서 누릴 수 있었던 부와 명예는 일찍이 버릴 수 있었다. 그러나 목숨을 걸고 포기할 수 없었던 단 한 가지는 나라를 되찾는 일, 그 뿐이었다.

1907년 파견된 헤이그 특사. 왼쪽부터 이준, 이상설, 이위종

이루고 못 이루고는 하늘에 맡기고
사명과 의무를 다하려다가 죽는 것이
얼마나 떳떳하고 가치 있는가

이회영 1867~1932

대한제국의 독립운동가, 교육자, 사상가

신흥무관학교를 설립
신민회의 창립 멤버
임시정부 의정원 의원
조선 말 10대 부자 집안의 6형제 중 넷째

이시영 1868~1953

독립운동가이자 대한민국 초대 부통령

신흥무관학교를 설립
대한민국 초대 부통령
대한민국 임시정부 재정부장
조선 말 10대 부자 집안의 6형제 중 다섯째

'노블리스 오블리주' 이회영·이시영

흐르는 강물을 거슬러 올라가는 연어처럼

조선시대 양반 가문 중에서도 다들 인정하는 가문이 있었으니, 바로 '오성과 한음'에 나오는 오성 이항복의 가문이었다. 하지만 나는 새도 떨어뜨린다는 가문조차 나라의 망조는 어찌할 수 없었다. 그즈음 오성의 가문에는 여섯 형제와 두 딸이 태어났다. 그 중에서도 이회영은 성격이 호탕하고 불같았으며, 이시영은 꼼꼼한 관리자의 기질을 지녔다. 그들의 유년기는 유복했으나, 그들이 살아가는 시대는 암울하기 그지없었다. 이시영과 그의 형제들에게 큰 인생의 전환점이 된 사건은 1905년의 을사조약이다. 이후 일본의 국권 침탈이 가시화되자 이회영은 그의 형제들과 함께 독립운동에 나서기로 결심하였다.

> '이러한 고초는 망국대부의 가족으로서 국가에 속죄하는 것이며, 선열의 영혼에 사죄하는 것이고, 동시에 내일의 자주 국민이 되는 훈련을 하는 것이다.'

1905년 을사조약이 체결되자 이회영은 조약 파기운동에 가담하였는데, 조약에 서명한 박제순(외부대신), 이지용(내부대신), 이근택(군부대신), 이완용(학부대신), 권중현(농상부대신) 등 '을사오적'에 대한 암살을 시도했으나 실패했다. 1907년에는 고종의 윤허를 받고 헤이그 만국평화회의에 이상설과 이준을 파견했으나 이마저도 일본의 방해로 실패하고 말았다. 따라서 이 같은 일련의 좌절을 겪게 된 이회영은 국내에서의 항일운동에 한계를 느끼고 국외 망명을 결심하였다.

이들 6형제는 모든 재산을 처분하고 만주로 가서 독립운동을 하기로 마음을 모으게 된다. 당시 그들이 처분한 재산은 1969년도 물가기준으로 600억 원 정도였다. 급하게 처분하느라 헐값에 판 금액인데도 요즘 물가로 환산한다면 1조 5천억 원에 가까운 엄청난 금액이었다. 조선 말 10대 부자에 들었던 이들의 가문은 독립운동을 위해 모든 것을 내어놓았다. 그는 조선을 대표하는 명문가 출신이지만 과감하게 구습을 깨뜨리고 집안의 노비를 해방시키는 혁명적인 조치를 단행했다.

'독립을 위해서는 먼저 백성을 깨우쳐야 한다.'

이회영은 독립전쟁을 전개하려면 군대가 필요하다고 생각해서 둘째 형 이석영의 자금으로 신흥강습소를 설치하였는데, 이것이 독립군 양성소로 유명해진 신흥무관학교의 전신이다. 학교는 산속에서 눈에 잘 띄지 않도록 하기 위해 산허리를 따라 나란히 줄지어 있었다. 18~30세의 학생들이 100명 가까이 입학했다. 학비와 가족들의 숙식비까지 모두 무료였다. 학교 생도대장이던 원병상의 회고록에 따르면 모든 비용은 이회영 일가가 부담했다. 중학교 교육과정부터 시작해서 군사교육과 역사까지 가르쳤는데, 독립운동에 대한 열정이 있는 사람들은 모두 입학을 희망했고, 봉오동 전투, 청산리 전투와 같은 전투에서 승리의 주역이 된 수많은 독립운동가를 배출하였다.

같은 선택, 다른 결말

　1919년 4월 11일 중국 상해에서 대한민국 임시정부가 수립되었다. 이회영은 본래 임시정부 수립에 반대하는 입장이었다. 그 이유는 임시정부 내의 지휘 및 지위를 놓고 분쟁이 발생할 것이라는 생각 때문이었다. 그의 예상대로 이미 독립운동단체들 사이에 내분과 조직 간의 알력이 심화되고 있었다. 이회영은 실망하고 임시정부에서 동생 이시영과 헤어지게 되었다. 이후 이회영은 모든 영역에서 지배와 권위를 부정하는 무정부주의 사상에 심취하여 1930년 흑색공포단을 조직하여 아모이 일본영사관을 폭파하고, 이듬해 1월에는 천진부두에서 군수물자를 적재한 일본 기선을 폭파한 후 천진 일본영사관에 폭탄을 투척했다. 1932년 11월 17일 무장 독립 투쟁을 재건할 목적으로 상해에서 대련으로 이동했다. 이때 밀정에게 정보가 누설되어 대련에 도착 직후 검거되었으며 모진 고문을 당한 끝에 순국했다. 정부에서는 1962년 건국공로훈장 독립장을 추서하고 유해를 국립서울현충원에 안장했다.

　반면 이시영은 상하이 임시정부가 수립되자 법무총장·재무총장을 역임하였다. 1929년에는 한국독립당 창당에 참가하여 초대 감찰위원장에 선출되었고, 1933년 임시정부에서 국무위원 겸 법무위원으로 활동하다가 1945년 광복과 더불어 귀국하였다. 1948년 대한민국 정부가 수립될 때 제헌국회에서 초대 부통령에 당선되었고 이승만 대통령을 도와서 새로운 국가 건설을 위해 헌신하였다.

　이회영과 그의 6형제는 모두 독립운동에 참여하였고 그 중에 5명이 옥중에서 사망하거나 굶어죽었다. 조선 최고의 재산가였지만, 모든 것을 내려놓고 허허벌판 만주로 떠날 때의 그들의 심정은 어떠했을까. 죽음을 두려워하지 않고 '노블리스 오블리주'의 사명을 다하고자 한 이들의 헌신과 씨앗이 심기어져서 오늘의 대한민국이 꽃피었다.

'이루고 못 이루고는 하늘에 맡기고

사명과 의무를 다하려다가 죽는 것이

얼마나 떳떳하고 가치 있는가.'

1910년대 서간도 지역에 설립된 신흥무관학교

낙망은 청년의 죽음이요,
청년이 죽으면 민족이 죽는다.

진리는 반드시 따르는 자가 있고
정의는 반드시 이루는 날이 있다.

안창호 1878 ~ 1938

대한제국의 교육개혁운동가 겸
애국계몽운동가이자
대한민국의 독립운동가, 교육자, 정치가

대한민국 임시정부 내무부 총장
서북학회 창립
신민회 창립
흥사단 창립

청년이 살아야 민족이 산다 안창호

나라가 변하지 않는 이유는, 사람이 변하지 않기 때문이다

1902년 스물넷의 안창호는 태평양을 건너는 배를 타고 미국으로 향했다. 그는 조선 왕조의 끝자락에서 독립협회와 만민공동회를 통해 민중의 각성을 촉구하는 운동을 전개해오면서, 나라가 변하지 않는 까닭은 사람 때문이라고 생각했다. 조국이 독립을 쟁취하려면 한 사람, 한 사람이 변화되어야 했다. 국민들 속에 깊이 자리 잡은 봉건적 신분질서에 대한 인식을 바꾸려면 바른 교육이 중요하고, 훌륭한 교육자가 필요했다. 배움을 위해 안창호는 주저하지 않고 미국 유학의 길을 택했다. 배를 타고 가면서 태평양 가운데 우뚝 솟아있는 하와이를 보고 도산(島山: 섬 도, 뫼 산)이라는 호를 스스로 지었다. 섬은 고립과 고독을 의미했고 산은 우직하고 담담한 결의를 의미했다. 조국을 떠나는 망망대해 위에서 고독한 그의 심정과, 결연한 의지가 느껴진다. 당시 그는 갓 결혼한 새 신랑이었지만, 조국을 향한 길에는 망설임이 없었다.

> "나부터 먼저 배우자. 신문화의 씨를 조국에 뿌려주기 위해서는 구미 선진제국의 제도를 내 눈으로 보고 경험해보아야 하겠다."

안창호는 1878년 11월 9일 평안남도 강서에서 태어났다. 12살

때 아버지를 여의고 할아버지 밑에서 자라며 한학과 성리학을 배웠다. 이때 함께 공부하던 선배 필대은을 통해 새로운 세상에 눈을 뜨게 되었고, 이것이 계기가 되어 1895년 서울로 상경한 안창호는 밀러 선교사(F.S.Miller, 1866-1937)를 만나서 구세학당(경신중·고등학교의 전신)에 입학하였다. 구세학당에서는 한문과 영어, 성경공부를 가르쳤는데, 그곳에서 안창호는 송순명의 전도로 기독교 신자가 되었다.

미국에 도착한 안창호는 샌프란시스코에 거주하면서 하우스보이로 일하며 생활비를 버는 한편, 영어를 배우기 위해서 소학교였던 그래머스쿨에 들어가 어린 아이들과 함께 공부를 시작했다. 스물넷의 청년이 자신보다 한참 나이가 어린 꼬마들과 어울려 공부하는 것은 결코 쉽지 않은 일이었지만, 조국의 독립과 교육에 대한 그의 절박함은 누구도 말릴 수 없었다.

진정한 독립

1905년 안창호는 한인공립협회를 창립하고 초대 회장에 선출되어 <공립신문>을 발행하는 등의 기반을 닦고 교민사회의 지도자로 안정된 생활을 누릴 수 있게 되었다. 그런데 눈을 감으면 보이는 것은 조국 대한의 사람들이었다.

'나는 밥을 먹어도, 잠을 자도 민족을 위해 먹고 잤으니, 앞으로도

민족을 위해 일하고자 함은 변함이 없다.'

　그는 1905년 을사조약이 강제 체결되었다는 소식을 듣고 이듬
해 귀국하였다. 1907년 신민회를 결성하고, 평양에 대성학교를 설
립하여 항일운동을 전개했다. 그는 전국을 순회하며 독립정신을
고취하였는데, 남강 이승훈을 비롯하여 고당 조만식, 몽양 여운형
등이 그의 연설을 듣고 독립운동에 헌신할 것을 결단하였다. 1909
년 10월 안중근의 이토 히로부미 저격 사건의 관련자로 지목되어
경성부 용산 일본 헌병대에 체포되어 수감 당하였다. 그는 결국 무
혐의로 풀려났지만, 일제의 간섭으로 국내에서의 활동이 어려워
지자 다시 미국으로 건너갔다.
　3.1운동 이후에는 중국 상해로 가서 임시정부 조직에 참여하고
내무총장, 국무총리 대리 등을 역임하였다. 상해임시정부는 한성
정부의 이승만을 대통령, 러시아령의 이동휘를 국무총리, 안창호
를 내무총장 겸 국무총리 서리로 하는 삼각정부였다. 하지만 국무
총리 이동휘는 사회주의를 주장하고, 대통령 이승만은 미국식 민
주주의를 주장하여 갈등이 계속되었다. 안창호는 둘을 중재하고
화해를 주선하고자 애썼다.

　1923년부터 안창호는 신앙과 자유를 지킬 수 있고 독립운동가
들을 양성하는 마을, '이상촌'을 건설하는 일에 힘을 쏟았다. 만주

에 이상촌을 건립하기 위해 노력했지만 일제의 만주 침략으로 실패하였으며, 1929년에는 필리핀에 만주에 있던 한인들을 이주시키고 이상촌을 건설하기 위해 백방으로 노력했으나 그것마저 실패하고 말았다. 그 후 1932년 4월 29일 윤봉길 의사가 상하이 훙커우공원에서 폭탄투척 의거를 감행하였을 때, 사건 관련자로 일본 경찰에 체포되었다. 서울로 호송되어 4년형을 선고받고 대전감옥에 복역하던 중 건강이 악화되어 보석으로 출소하였다. 이때부터 지병이 재발하면서 병보석과 재수감을 반복하던 중, 1938년 서대문형무소에서 병이 위중하여 경성제국대학 부속병원에 입원하였으나, 그해 3월 10일 61세로 사망하였다.

안창호의 교육사상은 분명했다. 민족혁신은 자아혁신에 의해서 가능하며, 자아혁신은 바로 인격혁신이라 보았다. 나 하나를 건전한 인격으로 만드는 것이 우리 민족을 건전하게 하는 유일한 길이라 외쳤다. 그는 조선 민족의 불행은 봉건국가 조선이 길러낸 뒤떨어진 문명과 국민의 정신 자체에 있다고 생각했다.

'한갓 요행과 우연을 바라보고 한번 떠들기나 하면 독립이 될까, 혹은 육혈포질이나 작탄질이나 하면 독립이 될까, 혹은 어떤 나라에 호소나 잘 하면 독립이 될까하고 어려운 가운데 호도하게 시간을 보내며 방황하는 것을 보면 참으로 가석하기가 한이 없다.'[7]

도산 안창호가 바라본 진정한 독립은, 무장투쟁과 외교적 활동보다 근본적으로 조선인의 정신의 독립이었다. 그런데 가장 바뀌지 않는 것이 바로 조선인 한 사람 한 사람의 마음이었다. 그러나 그는 낙망하지 않았다. 진리는 반드시 따르는 자가 있고, 정의는 반드시 이루어지는 날이 있을 것임을 믿었기 때문이다.

캘리포니아의 한 오렌지 농장에서의 안창호

우리가 할 일은 민족의 역량을 기르는 일이지
남과 연결하여 남의 힘을 불러들이는 일이 아니다.

나는 씨앗이 땅 속에 들어가
무거운 흙을 들치고 올라올 때,
제 힘으로 들치지 남의 힘으로 올라오는 것을
본 일이 없다.

이승훈 1864 ~ 1930

조선 말기와 일제 강점기의 독립운동가,
교육계몽운동가

독립운동가이자 교육자
오산학교 설립
강명의숙 설립
민족대표 33인
동아일보 사장

3.1운동의 씨앗을 뿌린 이승훈

진흙 속에 피는 꽃

남강(南岡) 이승훈은 1864년 일찍이 부모를 여의고 10세 때 유기 상점의 직원으로 들어갔다. 이후 수금원을 거쳐 유기그릇을 파는 보부상으로 평안도와 황해도 각지를 전전했는데, 이때 큰 돈을 벌어 유기 상점을 차리고 평양에는 지점을 설치했다. 사업은 날로 번창했고 서울 인천 등지로 사업을 확장하고 한 때는 전국의 물가를 좌우할 정도로 거부가 되었다.

1907년 7월 어느 날 이승훈은 도산 안창호의 연설을 듣기 위해 모란봉으로 향했다. 안창호는 교육으로 백성을 계몽시켜야 한다는 교육진흥론을 가르쳤다. 이것은 백성들이 깨달아 알고, 힘쓰도록 만들어야 한다는 것이었다.

> "지금 깨달아 힘쓰지 않으면 망국을 대체 누가 막겠는가?"
>
> "썩어빠진 악습은 버리고, 새 힘을 길러야만 한다."

안창호의 외침은 그의 마음을 뜨겁게 만들었다. 그 자리에서 술과 담배를 끊기로 다짐하였고, 집으로 돌아오자 머리 상투를 잘라 버렸다. 다음 날 그는 안창호를 찾아가서 신민회에 가입하고, 오산학교를 설립했다. 그가 이 모든 일을 실행하기까지는 고작 4일이 걸렸다. 그는 불도저 같은 성정으로 전진했다. 이승훈은 오산학교 개교식에 참석한 7명의 신입생들에게 이렇게 외쳤다.

'오늘 이 자리에 일곱 명의 학생밖에 없으나, 이것이 차츰 자라 7십 명, 7백 명, 아니 7천 명에 이르도록 완성할 날이 머지않아 올 것이 니, 일심협력하여 나라를 남에게 빼앗기지 않는 백성이 되기를 부 탁합니다.'

깨달아 힘쓰게 하다.

이승훈은 오산학교에 자신의 재산과 마음을 모두 쏟았다. 그리 고 오산학교는 민족운동의 요람이 되었다. 그는 학생들을 대한의 칼로 키우고자 했다. 철을 달구고 내리쳐 칼을 만들고, 칼날을 날 카롭게 갈았다. 남강은 이에 소요되는 시간과 물질을 아깝게 여기 지 않았다. 그는 먹을 것이 부족하면 선생과 학생들의 양식을 위해 자신의 집에 있는 쌀을 가지고 왔다. 비가 와 천장에서 물이 떨어 지면 집으로 가서 기왓장을 떼다가 학교 지붕에 얹었다. 학교의 잡 초를 손으로 뽑고, 화장실 청소도 마다하지 않았다. 그의 삶은 오 로지 오산학교와 조국을 위한 헌신 그 자체였다.

이승훈의 인생에 두 번째 변화는 1910년 9월에 일어났다. 8월 29일 일본에게 국권을 상실당한 경술국치를 경험한 지 얼마 되지 않은 탓에 울적한 마음으로 평양에 나갔다가 산정현교회에서 한

석진 목사의 설교를 들었다. '십자가의 고난'을 주제로 설교했는데, 그 말 한마디 한마디가 괴로워하는 그의 심령에 놀라운 감명을 주었다. 이승훈은 그 순간 예수를 믿기로 작정했다.

> "지금 우리나라 형편을 생각하면 얼마나 민망하고 답답한지 모르겠다. 이에 많은 애국지사들도 낙심해서 쓰러지고 눈물과 탄식 속에 나날을 보내고 있는 지경에 있다. 그렇다고 우리 민족의 지도자들이 다 낙심하고 다 맥이 풀려서 주저앉으면 우리 민족의 장래는 어떻게 되겠는가! 이 세상은 땅에만 있는 것이 아니라 하늘에도 있다. 이렇게 어려울 때는 하늘을 바라보아야 한다. 용기를 잃지 말고 하늘에 계신 하나님에게 소망을 두고 살아야 한다."

3.1 운동

이승훈은 1911년 안악사건으로 제주도로 유배를 당하였고 다시 105인 사건으로 옥살이를 하게 되었다. 그러나 출옥한 후에도 조국의 독립을 향한 그의 발걸음은 멈출 줄을 몰랐다. 그의 이런 다양한 활동은 서울까지 영역을 넓히게 되어 각지에 이름이 널리 알려졌다. 1919년 2월 10일 이승훈은 최남선의 연락을 받고 3.1운동을 성사시키기 위해 서울과 평양, 선천을 오르내리며 19일 동안에 24차례나 회담을 갖고 민족대표를 결집시켰다. 기독교, 천도교, 불교와의 합작도 그의 역할이 절대적이었다.

27일 정동교회에서 모인 기독교 대표들의 모임에서 선언서에 서명할 순서를 놓고 언쟁이 있자 그가 나서서 "순서가 무슨 순서야. 이거 죽는 순서야. 누굴 먼저 쓰면 어때. 손병희를 먼저 써."라고 순서를 정했다. 3.1운동으로 3년형을 언도 받은 이승훈은 1922년 7월 21일 민족대표 33인 가운데 가장 마지막으로 출옥했다. 일제가 사실상 그를 3.1운동의 주역으로 본 증거다.

그는 자신의 모든 것을 내려놓고 오산학교를 통한 민족교육과 조국 독립을 위한 민족운동에 헌신했다. 1930년 5월 그가 숨을 거두기 전 마지막으로 남긴 유언이다.

> '할 일을 다 하지 못했다. 내가 죽으면 유골을 땅에 묻어 썩히지 말고, 생리표본을 만들어 학생들이 연구하는 데 쓰이게 하라.'

그의 육신은 이제 땅으로 돌아갔으나, 그가 가진 애국의 불이 아직 타오르고 있다. 그는 숨을 거두기까지 민족의 심부름꾼이 되기를 자처했다. 모든 것을 다 내어주고서도 더 내어주고자 했던 그의 헌신은 대한민국의 기저에 깔리게 되었다.

'우리가 할 일은 민족의 역량을 기르는 일이지 남과 연결하여 남의
힘을 불러들이는 일이 아니다. 나는 씨앗이 땅 속에 들어가 무거운
흙을 들치고 올라올 때 제 힘으로 들치지 남의 힘으로 올라오는 것
을 본 일이 없다.'

이승훈이 세운 오산학교 제1회 졸업생들

생각하면 과거 원통한 일도 많았지만,
지금은 과거의 구구한 일을 추궁할 때가 아니라
큰일을 할 때이다.

조만식 1883 ~ 1950

한국의 독립운동가이자
교육자, 종교인, 언론인,정치가.
'조선의 간디'로 불림

오산학교 교장
조선물산장려회 회장
조선일보 사장
'신간회' 평양지회장
조선민주당 창당
소련신탁통치 반대운동

민족 화해의 씨앗을 뿌린 조만식

평양의 술주정뱅이에서 조선의 선각자가 되기까지

일제강점기 대표적인 독립운동가이자 교육자 · 종교인 · 언론인 · 시민운동가 · 정치인으로 다양한 삶을 산 고당 조만식은 1883년 평남 강서에서 태어났다. 조만식은 5척(150cm)의 자그마한 체구에 평양에서 이름난 술꾼이었다. 술과 담배에 찌들어 살던 조만식은 러일전쟁이 발발하자 장사를 접고 가족들과 함께 피난을 갔다. 피난 중 생전 해보지도 않았던 머슴살이도 시작했다. 더 이상 추락할 곳도 없었다.

그러던 어느 날 함께 장사를 하던 친구의 권유로 기독교를 접하게 되었다. 그런데 이 한 번의 경험은 늘 재미만 쫓던 청년 만식의 가슴을 뜨겁게 했다. 신학문과 자유에 대한 동경이 불같이 일어났다. 그의 가슴 깊은 곳에서부터 나오는 묵직한 울림과 왠지 모를 뜨거움이 그의 발걸음을 숭실학교로 이끌었다.

숭실중학교 재학 중 그는 안창호의 연설을 듣고 감화를 받아서 자신의 실력을 양성하는 것이 민족을 구하는 길이라고 확신하고 유학을 결심하였다. 1908년 숭실중학교를 졸업하고 일본에 유학하여 메이지대학교 전문부 법학과를 다녔다. 또 그는 인도의 민족해방운동가 간디의 전기를 읽고, 인도주의와 비폭력 무저항주의, 민족주의를 독립운동의 거울로 삼았다.

선한 영향력을 끼친 교육자

1913년 일본 유학을 마치고 귀국한 조만식은 민족교육의 요람인 오산학교 교사가 되었다. 그는 봉급을 받지 않고 기숙사에서 학생들과 기거하면서 모범을 보였다. 조만식 선생은 늘 청년들의 옆에서 그들을 격려하고 희망을 주는 스승인 동시에 위대한 조언자였다. 이때가 오산학교의 전성기로 그의 밑에서 수학한 이들 중 주기철, 한경직, 함석헌, 김홍일 등 한국의 인재라 불리는 이들이 수많이 배출되었다.

'남들이 하기 싫은 아주 작고 사소한 일에 최선을 다할 수 있는 사람은 자신이 하고 싶은 막대한 큰일에 최선을 다하지 않을 수 없다.'

1919년 3.1운동에 적극 가담하였다가 체포되어 1년 형을 언도받고 평양감옥에서 복역한 후 1920년 1월 가석방을 받았다. 조만식은 석방된 뒤 오산학교에 교사로 복직되었으며 그해 10월 교장에 재취임하였다. 1921년에는 평양 YMCA청년회 총무로 선출되었고, 1922년 국산품 애용을 독려하기 위해 조선물산장려회를 결성하고 회장에 취임했는데 이때부터 그는 '조선의 간디'로 불렸다.

물산장려운동이 전개되면서 조만식의 영향력은 전국으로 확산되었다. 당시 조선은 일본의 경제 침략이 계속되면서 조선인들의 기업은 쇠퇴하고, 시장은 일본 기업 중심으로 재편되었다. 이런 상황을 안타깝게 여긴 그는 YMCA를 거점으로 지역사회 여론을 형성하고, 물산장려회를 통해 기독교계와 상공업자, 교육계, 여성계, 청년계 등을 하나의 네트워크로 엮어나갔다. 이를 토대로 국산품 애용을 통한 비폭력 항일운동을 전개하면서, 자급자족, 금주금연, 국산품 애용, 근검절약 등을 실천하는 풍토를 전파했다. 이 과정에서 조만식은 산정현교회 장로로 오산학교 교장 시절 제자이던 주기철 목사를 보필하면서 '동방의 예루살렘' 평양 교계의 지도자로 자리매김하였다.

복수 대신 용서를, 분열 대신 화합을

조만식이 설파하던 평생의 교육 덕목은 '인화'였다. 여러 사람이 서로 화목하게 지내는 것. 그의 이러한 덕목은 해방 후에 빛을 발했는데, 특히 일본인에 대해 복수하려는 사람들을 진정시켰다.

'생각하면 과거 원통한 일도 많았지만, 지금은 과거의 구구한 일을 추궁할 때가 아니라 큰일을 할 때다. 자유와 광명이 스스로 우리에게 오는 때 무슨 까닭으로 그런 소소한 일에 매어 큰일을 잊어서 좋으랴.'

그는 해방이 되자 소련군과 함께 들어온 김일성이 세력을 키우며, 공산주의를 내세우며 극단적 사회 청산과 혁명의 불길이 평양을 휩쓸 때 이를 막아서는 데 앞장섰다. 그는 1945년 11월 3일 비공산계 민족주의자들을 규합하여 공산주의자들의 대안이 될 수 있는 정당으로 최초의 기독교 정당인 조선민주당을 창당하였다. 그리고 조선 신탁통치에 반대하던 조만식은 1946년 1월 6일 김일성과의 최후 담판이 결렬되고 인민위원회 건물을 나서자마자 납치되었다. 그 후로 공개적인 장소에서 그의 모습을 다시는 볼 수 없었다.

그는 백년 후에도 똑같은 문제로 나라가 조각조각 나뉜다는 걸 알기나 한 것일까. 고당 조만식은 오늘날에도 그가 심었던 씨앗 속에 살아 숨쉬며 100년 전과 동일하게 외치고 있다.

대한을 위해 복수 대신 용서를,

대한을 위해 분열 대신 화합을

왼쪽부터 몽양 여운형, 도산 안창호, 고당 조만식

이때가 누구 때인가? 우리의 때라.
우리가 만일 문명한 나라에 태어났으면,
이 같은 핍박과 고생을
한 번도 당하여 보지 못할 터인데
이것이 우리의 영광일세.

손정도 1882 ~ 1931

임시정부 임시의정원 의장(국회의장),
대한적십자사 회장 등을 역임한
독립운동가이자 평양대부흥을 경험한 목사

대한민국 임시정부 의정원 의장
정동교회 목사, 중국 선교사

대한민국 해군 초대 참모총장
손원일 제독의 아버지

걸레의 삶을 선택한 손정도

운명의 부름에 응답하다

손정도는 1882년 평안남도 강서에서 태어났다. 경제적으로 부유한 유교적인 가문에서 자라며 한학을 공부했다. 20세 때 과거에 응시하기 위해 평양으로 가던 중에 조 목사라는 사람을 만나 전도를 받고 곧바로 기독교로 개종했다. 다음날 아침, 그는 관직에 오르는 걸 그만두고 상투를 자른 뒤 집으로 돌아와 몽둥이를 들고 집에 있던 사당을 때려부셨다. 이 일로 인해 집안 어른들이 그를 죽이려 들자, 야간에 도망하게 된다.

그는 무어(J.Z. Moore) 선교사의 소개를 받아 숭실중학교에 입학하게 되었다. 구한말 일제의 침략으로 조선의 국권이 풍전등화에 처했던 1907년, 평양 숭실중학교 4학년 재학 중이던 손정도는 조선이 구원의 길로 나아갈 길을 찾기 위해서 쉬지 않고 기도했다. 이때 22살의 나이로 중학생이 된 손정도는 조만식·선우혁 등과 어울려 학업에 매진했는데, 졸업반이던 1907년 1월 평양대부흥운동에서 신비한 종교적 체험을 한 후로 그의 인생에도 중요한 변화가 나타났다. 목회자와 독립운동가의 소명을 동시에 받은 그는 평생을 두 가지 과업을 실천하기 위해 걸레정신으로 헌신의 삶을 살았다.

숭실학교를 졸업하고 서울로 올라와 협성성경학원을 수학하게 된 그는 상동교회를 출석하는 중에 전덕기 목사와 도산 안창호 등을 만나 신민회에 가입하여 독립운동에 가담하는 한편, 1910년에는 중국 선교사로 파송 받아 하얼빈의 한인들을 대상으로 선교활동을 전개하였다. 그러던 중 가츠라 일본 총리의 암살모의에 가담했다는 혐의로 하얼빈에서 체포되어 서울로 압송되었다. 이때 조선총독부 경무부 유치장에 수감되어 혹독한 고문을 당했는데, 거꾸로 매달린 그의 코에 고춧가루를 푼 물을 들이붓거나 뜨겁게 달군 인두로 생살을 지졌고, 물을 잔뜩 먹이고는 배 위에 널판지를 올리고 여러 사람이 구둣발로 올라가 그의 배를 밟았다. 그러자 그의 몸 여기저기서 물이 흘러 나왔다. 장기가 압력으로 인해 속에서 찢어졌다.

손정도는 모진 고문을 당하면서도 끝까지 혐의를 부인하였다. 결국 그에게서 아무런 혐의도 찾을 수 없게 되자 1년 동안 전라남도 진도로 유배를 보냈다. 그가 경무부의 고문과 진도 유배를 마치고 1913년 11월 서울로 돌아오자 협성신학교 학생들이 위로회 행사를 열었다. 그때 손정도는 학생들 앞에서 로마서 8장 18절 성경 구절을 읽고 간증하였다.

"생각하건대 현재의 고난은 장차 우리에게 나타날 영광과 족히 비교할 수 없도다."

당시 그 위로회에는 이화학당과 배제학당 학생들 다수가 예배에 참석했다. 그들은 손정도 목사의 설교를 통해서 독립에 대한 꿈을 상속받았다. 그 가운데 3.1운동을 주도했던 유관순 열사도 포함되어 있었다.

걸레 정신, 민족의 아픔을 닦다

이후 동대문교회와 정동교회에서 목회하면서 청년·학생들에게 민족의식을 고취시키던 손정도 목사는 1918년 7월 정동교회를 사임한 후 평양으로 이주했다. 그는 또다시 중국 선교사로 파송 받기를 원했지만, 상해로 내려가서 임시정부 결성에 참여했다.

손정도는 4월 11일 출범한 임시의정원 부의장에 취임했으나 초대 의장 이동녕이 이틀 만에 사퇴하자 제2대 임시의정원 의장(국회의장에 해당)으로 선출되었고, 1921년 5월까지 2년간 재임하면서 임시정부 발전에 기여했다. 곧이어 임시정부에서 독립운동자금 모집을 담당하는 국무원 교통총장을 역임했다. 이 밖에 대한적십자회 창설에 참여하여 1922년 제2대 회장을 역임하고, 의용단, 흥사단 원동임시위원회, 한국노병회 등에도 참여했다.

손정도는 1921년 늦은 가을부터 길림으로 이주를 모색했다. 상해 임시정부에 대한 실망이 커지면서 일찍이 안창호와 함께 꿈꾸던 이상촌을 건설하기 위해서였다. 그는 '증오의 정치' '죽음의 문화’가 지배하던 상해를 떠나 길림으로 향하면서 ‘살림의 문화’, ‘서로 돕는 운동’을 꿈꾸었다.

상해 임시정부 시절, 대립과 갈등이 난무하는 가운데 손정도가 임시의정원과 국무원에서 묵묵히 사명을 감당할 수 있었던 것은 그의 ‘걸레정신’ 때문이었다. 그는 자녀들에게 이렇게 가르쳤다.

> “비단옷은 있으면 좋지만, 없어도 그냥 지낼 수 있다. 그러나 걸레는 하루만 없어도 집안이 어지러우므로 자신은 스스로 이 걸레의 삶을 선택하여 불쌍한 우리 동포를 도우며 살겠다.”

이렇게 손정도는 자신의 헌신과 희생이 영광받기를 바라지 않았고 성실하게 조선의 어두움을 닦았다. 손정도는 1931년 중국 길림에서 죽음을 맞이했다. 물고문의 후유증으로 인한 위궤양으로 병원을 찾았지만, 체포 순위 1위였던 그를 병원은 받아주지 않았고 그날 저녁 숨을 거두었다. 그의 시신은 장례비가 없다는 이유로 10개월간 임시 장지에 방치되었고, 안치된 후에도 조국으로 돌아오지 못했다. 그리고 마침내 1996년이 되어서야 그의 유해는 조국의 품에 안기게 되었다.

그로부터 90년이 지난 지금 손정도의 걸레철학은 이념과 지역, 세대와 성별의 이해관계에 따라 갈등이 난무하는 ‘갈등 공화국’ 대한민국 사회에 가장 필요한 ‘산 교훈’으로 다가온다.

상해임시정부에 도착하여 환영을 받으며 사진을 찍은 이승만, 맨 왼쪽 손정도

국가와 민족을 위해 이 몸을 삼가 바치나이다.

손원일 1909 ~ 1980

대한민국 해군의 아버지

해군의 모체 '해방병단' 창설
초대 해군 참모총장
해군사관학교 창설
대한민국 해병대 창설
인천상륙작전 당시 국군 최고 사령관
제5대 국방부장관
독립운동가 손정도의 아들

6.25 전쟁의 영웅 손원일

조국 수호의 푸른 꿈을 꾸는 청년

손원일은 1909년 평안남도에서 임시정부 의정원의장을 지낸 손정도 목사의 아들로 태어났다. 평양 광성소학교를 졸업하고, 길림문관중학교를 거쳐 남경 중앙대학 항해과를 졸업하였다. 손원일은 중국 상하이서 친선 방문차 세계 각국에서 온 군함을 구경했다. 그는 드넓은 바다와 해군 군함의 조화를 인상 깊게 바라보면서 대양을 향한 꿈을 꾸었다. 해방이후 조국의 발전을 위해서는 해군이 반드시 필요하다는 것을 느꼈다. 이때부터 조국이 독립하면 해군을 창설하여 영해를 수호할 것을 다짐했다. 졸업 후 중국 해운공사에서 근무하던 중 중국 국비 유학생으로 선발되어 독일에서 3년간 공부하였고, 그 후 1만5천 톤급의 독일 상선 람세스의 항해사로 오대양을 누비면서 해방된 조국의 해군 건설을 꿈꾸었다.

그는 1930년 잠시 귀국하였다가 임시정부 첩자라는 누명을 쓰고서 일본경찰에 체포되어 1년 동안 옥고를 치렀는데, 감옥에서 받은 고문 후유증으로 평생 신경통과 협심증에 시달렸다. 출감 후에 다시 중국으로 건너가 해운업에 종사하다가, 1945년 해방이 되자 해방된 조국에서 해군을 창설해야 한다는 사명감으로 중국에서 모은 상당한 재산을 포기하고 귀국하였다. 그를 태운 기차가 압록강을 건너자 꿈에 그리던 광복의 기쁨을 만끽할 수 있게 되었다. 손원일은 서울에 도착한 다음 날 곧장 해군 창설을 위한 벽보를 시내 곳곳에 붙이며 지원병을 모았다.

'이 나라 해양과 국토를 지킬 뜻있는 동지들을 구함'

그는 이렇게 모인 지원자들로 8월 21일 해사대를 조직하였고, 이후 미군정 당국과 협력하여 1945년 11월 11일 11시에 해방병단을 창설하고 초대 단장에 취임했다. 그 후 해방병단은 해안경비대로 이름을 변경하였다가, 1948년 8월 15일 정부 수립과 함께 해군으로 편입되었으며 손원일은 초대 해군 참모총장에 임명되었다.

이렇게 해군을 창설한 그는 함정 마련을 위해 1949년 6월 1일 '함정건조 각출위원회'를 결성하고 장교는 월급의 10%, 병조장은 7%, 하사관과 수병은 5%씩을 각출하고, 해군 가족을 중심으로 조직된 '해군 부인회'에서도 바자회를 통해 얻은 수익금 전액을 기부했다. 모금운동은 국민에게 확산되어 4개월 만에 1만5천 달러가 마련되었다. 소식을 접한 이승만 대통령은 정부에서 예산 4만5천 달러를 출연케 하여 모두 6만 달러가 확보되었다.

이에 손원일은 15명으로 구성된 '함정 구매단'을 이끌고 미국으로 건너갔다. 1949년 10월 7일 롱아일랜드주 킹스포인트 해양대학의 실습용 함정인 화이트헤드(Whitehead)호를 1만8천 달러에 구매했다. 배는 몹시 낡아 녹슬었고, 기관을 가동한 지도 2,3년이 넘은 고물선이었다. 따라서 인수요원들은 배에서 숙식하며 미국인 작업반장의 지시에 따라 페인트 칠, 기관 수리 등 잡일을 담당했다. 함정 수리가 끝나자 이들은 배의 앞부분에 흰색 페인트로 크게 '701'이라고 썼다.

12월 26일 오전 10시, 롱아일랜드 서쪽 해안가 해안경비대 제8부두에서는 백두산함의 명명식이 열렸다. 손원일은 백두산함을 사고 남은 돈으로 3척의 함정을 더 사서 PC-702(금강산함), PC-703(삼각산함), PC-704(지리산함) 이라고 명명하였다. 이 가운데 해군 최초의 전투함정으로 3인치포를 장착한 백두산함은 6월 25일 오후 8시경 대한해협 부근에서 북한군 전투병력 600여 명을 태운 수송선을 치열한 교전 끝에 침몰시켰는데, 6.25전쟁에서 국군이 거둔 첫 승리였다. 만약 북한군이 남해안에 상륙하여 후방을 교란했다면 전쟁의 향방은 더욱 암울해졌을 것이다. 미국에서 구매한 백두산함이 진해항에 도착한 것이 불과 전쟁 두 달 전인 1950년 4월 10일이었으니, '해군의 아버지' 손원일 제독의 혜안이 조국의 바다를 지킨 것이다.

6.25전쟁에서 손원일 제독의 역할은 여기서 그치지 않았다. 맥아더 장군이 이끈 인천상륙작전은 영흥도와 덕적도를 탈환해야 구사할 수 있는 전략이었다. 이에 한국 해군은 손원일의 지휘 아

래 두 섬을 탈환하는 데 성공했고, 손원일은 인천상륙작전부터 서울수복까지 함정과 해병대를 지휘했다. 서울이 수복된 후 "국군과 유엔군은 수도 서울을 탈환했다"는 포고문을 발표한 것도 그였다.

손원일은 1953년 6월 해군 중장으로 예편한 뒤, 그 해 8월 제5대 국방부장관으로 취임하였다. 해군에서는 장보고·이순신과 함께 추앙받는 '3대 제독의 1인'으로 꼽힌다. 대한민국 해군은 그의 공적을 기려 2006년에 도입한 214급 잠수함의 이름을 손원일급으로 명명하고, 해군 진해기지 사령부 영내에 손원일 제독의 동상을 세웠다. 1980년 운명한 손원일 제독은 유언을 남겼다.

> "사랑하는 내 조국을 위해 나에게 일할 수 있는 기회를 주신 하나님께 먼저 감사한다. 그들은 모두 바르고 굳건한 신념으로 해군을 만들어 보려고 힘썼고, 오늘의 해군으로 발전하는 데 밑거름이 됐다고 확신한다. … 나라 없는 서러움보다 더한 것은 없다는 것을 명심하고 다시는 내 조국을 남에게 빼앗기지 않도록 잘 지켜주기를 간절히 바란다."

'국가와 민족을 위해 이 몸을 삼가 바치나이다'라고 하며 위국헌신한 손원일 제독은 일생을 대한민국 해군 건설에 공헌한 위대한 영웅이다. 독립운동가 아버지를 둔 영향으로 그의 마음에는 소년 시절부터 애국정신이 깃들어 있었다. 아버지 손정도는 그에게 이런저런 말을 해주곤 했는데, 그 가운데 바다에 대한 이야기도 있었

다. 손정도는 해석(海石, 바다의 돌)이라는 호처럼 바다에 많은 관
심을 가지고 있었기 때문이었다.

'원일아, 바다에는 미래가 있단다. 지금은 빼앗긴 나라이지만, 언젠
가 나라를 되찾는 날에는 우리도 해양으로 뻗어나가야 한다.'

한국 해군 최초의 군함 PC-701 백두산함

선각자들이 심은 독립의 씨앗은
예상치 못한 때 갑작스럽게 피어났다.

대한민국 건국

3장
대한민국 건국

　선각자들이 심은 독립의 씨앗은 예상치 못한 때 갑작스럽게 피어났다. 1945년 8월 15일 정오, 라디오에서는 일본 천황의 항복 선언이 울려 퍼졌다. 이 소식은 전국 방방곡곡으로 전해졌지만, 조선의 백성들은 상황을 제대로 파악하지 못했다. 해방의 소식이 전해지던 그 순간에도 일본군과 일본 경찰이 활동하고 있었기 때문이다. 그때까지 언론에서는 2차 세계대전이 종전으로 치달으면서 일본군이 만주에서 소련군을 물리치고 연전연승한다는 소식이 전해지고 있었다. 이 때문에 눈으로 보고 귀로 듣는 소식은 조선 사람들로 하여금 해방의 소식을 믿을 수 없게 만들었다.

　일제강점기 36년은 참으로 긴 시간이었다. 대다수 국민이 일본의 식민지가 되어버린 조선에서 태어났다. 태어나면서 만나게 된 조국이 일본이었고, 일본식 이름과 일본어를 국어로 사용하면서 자랐다. 그래서 일제의 패망과 조선의 해방 소식이 쉽사리 믿겨지지 않았다. 해방이 된 그날은 만세소리가 들리지 않았다. 그러나

시민들이 손에 태극기와 성조기를 함께 들고 광복의 기쁨을 만끽하고 있다. (1945. 9. 9)
Citizens are enjoying the joy of liberation with the Korean flag and the American flag in their hands.

하루가 지나자 믿기 어려운 일이 하나, 둘 일어나기 시작했다. 서대문형무소에 수감되었던 사람들이 풀려나고 관공서는 문을 굳게 닫았다. 그제야 조선에 해방이 되었음을 깨달은 시민들이 거리로 쏟아져 나왔다.

　광복이 된 순간 그들의 손에 쥐어진 태극기는 급하게 만들어져 모양도 제각각이었다. 아직 태극기 형태와 모양을 제대로 알지 못했던 사람들은 태극기가 어떻게 생겼는지를 이웃에게 물어보며 흰색 무명천에 밥그릇을 엎어 놓고 태극기를 정성스럽게 그렸다.8) 더러는 3.1운동 때 사용하고 고이 간직해두었던 태극기를 꺼내어 들고 나섰다. 감격에 찬 사람들이 거리를 가득 메우기 시작했다. 그리고 그 곳에는 울음과 눈물이 가득했지만 그 어디에서도 슬픔은 찾아볼 수 없었다.

　일본 사람들은 천황을 현인신(現人神), 즉 '인간의 모습을 하고 나타난 신'으로 생각했다. 신을 향한 숭고한 종교심은 2차 세계대전에도 선명하게 드러났다. 폭탄이 장착된 비행기를 몰고 적의 항공모함을 향해 달려들어 자살 공격을 하는 '가미카제' 공격은 연합군 군인들이 혀를 내두르게 만들었다. 가미[神]는 신, 카제[風]는 바람이라는 뜻으로 가미카제는 '신이 일으키는 바람'이라는 뜻이다. 고려를 정복한 몽고가 1274년과 1281년 두 차례에 걸쳐서 일본 정벌에 나섰다가 그때마다 태풍을 만나 실패한데서 유래했다. 그런데 일본은 이 사건을 이용하여 청년들을 죽음으로 몰아넣는 신정일치의 종교적 광기로 아시아와 태평양을 삼키고 있었다.

조선총독부 중앙 홀에서 아베 노부유키 조선 총독이 미군이 지켜보는 가운데 항복 문서에 서명하고 있다.(1945. 9. 9)
In the central hall of the Japanese Government-General of Korea, Governor-General Abenobuyuki is signing a surrender document while the U.S. soldiers are watching.

그런데 일본인들이 살아있는 신이라고 믿었던 히로히토 천황은 동경에서 항복 조건에 따라 맥아더 앞에서 '나는 신이 아니다'라고 시인했다. 동아시아를 넘어 미국까지 집어삼키려던 일본 제국주의의 끝을 알리는 순간이었다. 광복이 된 후에도 한반도에는 혼란스러운 시간이 한동안 계속되었다. 조선총독부에는 여전히 일장기가 걸려있었다. 이처럼 일본은 제2차 세계대전에서 패전한 후에도 한동안 조선에서 지배권을 유지하고 있었다.

한편 중국 충칭에 있던 대한민국 임시정부는 일본의 패망과 함께 귀국을 서둘렀다. 김구 주석과 이청천 광복군 총사령관 등 수뇌부는 회의를 갖고 이범석을 임시정부 대표로 국내에 파송했다. 이에 이범석은 미군의 도움으로 광복군 3명과 미군 22명을 데리고 8월 18일 오전 4시 비행기를 타고 국내로 출발했다. 서안비행장에서 출발한 비행기는 12시 30분에 여의도에 있던 경성비행장에 도착했다.

경성비행장에 착륙한 일행은 일본군에게 적의가 없다는 표시로 기관단총을 어깨에 걸쳤다. 이범석은 그곳에 주둔하고 있던 일본군 조선군사령관 죠오쯔끼 중장에게 "너희들은 무조건 항복을 제시한 이상, 한국을 식민지로 강제 통치한 속죄를 해야 할 것이다. 너희 자력으로 무장 해제를 먼저 하고 한국에 무기를 양도하라"고 말했다. 이에 죠오쯔끼는 "동경으로부터 아무 지시를 받은 바 없으니 돌아가 주면 좋겠다. 신변 안전을 책임질 수 없다"며 위협을

오후 4시 무렵, 미군 병사가 조선총독부 국기게양대에서 일장기를 내리고 있다.
(1945. 9. 9)
Around 4 pm, a U.S. military soldier is lowering a flag at the flagpole of the Japanese
Government-General of Korea.

가했다. 결국 이범석 일행은 다음 날 오후 다시 중국으로 되돌아갈 수밖에 없었다.

1945년 8월 15일 천황의 라디오 항복 선언 이후에도 한반도의 경비와 치안유지에는 여전히 일본 경찰이 담당하고 있었다. 이 기간 동안에도 일본 경찰에 의해 두 명의 조선인이 숨지는 사건이 발생하기도 했다.

일본의 항복 선언에도 불구하고 9월 8일이 되어서야 미군이 한반도에 상륙했다. 당시 전범국가로 몰락한 일본은 미군이 통치하고 있었다. 조선은 일본의 관할 지역이었기 때문에 미군이 한반도로 상륙하여 주권을 양도받게 되었다. 연합군이 한반도에 상륙하자 시민들은 "한국은 연합군을 환영합니다"라는 플래카드와 연합국 국기를 내걸고 기쁨을 나누었다.

1945년 9월 9일 조선총독부 중앙 홀에서 아베 노부유키 조선 총독은 제복을 입은 미군들이 지켜보는 가운데 항복문서에 서명하였다. 그날 오후 4시 미군에 의해 조선총독부에는 일장기가 내려오고 성조기가 계양되었다. 36년간 이어져오던 일본의 식민지배가 실질적으로 끝나는 순간이었다. 시민들은 거리에서 태극기와 성조기를 흔들며 감격의 눈물을 흘렸다. 세계로 흩어져 있던 수많은 조선인들은 해방된 조국으로 돌아오기 위해 채비를 하며 항구로 모여들기 시작했다.9) 만주와 중국, 소련의 연해주와 사할린, 그리고 일본과 일본의 해외 점령지에서 살아 돌아오는 사람들이었다. 이런 시대를 보여주듯 시중에는 '귀국선'이란 대중가요가 유행하였다.

1. 돌아오네 돌아오네 고국산천 찾아서 얼마나 그렸던가 무궁화 꽃을 얼마나 외쳤던가 태극 깃발을 갈매기야 웃어라 파도야 춤춰라 귀국선 뱃머리에 희망도 크다

2. 돌아오네 돌아오네 부모형제 찾아서 몇 번을 불렀던가 고향 노래에 몇 번을 불렀던가 고향 노래를 칠성별아 빛나라 달빛도 흘러라 귀국선 고동 소리 건설은 크다

3. 돌아오네 돌아오네 부모형제 찾아서 얼마나 싸웠던가 우리 해방을 얼마나 찾았던가 우리 독립을 흰 구름아 날려라 바람은 불어라 귀국선 파도 위에 새 날은 크다

복수와 청산의 물결

　광복의 열기가 지나가자 한 마음 한 뜻으로 꿈꿨던 독립과 해방은 이미 이뤄진 과거의 꿈이 되어버리고 말았다. 독립을 위해 싸웠던 동지들은 건국의 방향을 두고 서로 대립하기 시작했다. 임시정부 내부의 정치적인 갈등은 해방과 함께 국가 전체의 갈등과 다툼으로 번져나갔다. 공산주의국가를 건설하자는 세력과 왕정으로 돌아가자는 세력, 그리고 미국식 자유민주주의국가를 건설하자는 세력 등 건국의 방향을 두고 의견이 첨예하게 갈라졌다.

　한반도는 해방 이후 3년 동안 미군정의 통치 아래 있었고 하루빨리 건국을 통해 국가적 안정이 필요했지만 국가 운영 방향을 놓고 여러 의견이 충돌했다. 그러나 공통적으로 당시 해방을 맞이한 대부분의 조선 사람들은 옛 조선으로 돌아가는 것을 원치 않았다. 왜냐하면 일제강점의 기간동안 조선에 여러 근대적 문물이 들어왔고, 아이러니하게도 일제강점의 기간을 통해 일정 부분 조선의 봉건성이 깨어지고 개화가 일어났기 때문이다. 서구 근대화의 문물과 자유의 맛을 본 국민들은 조선이라는 과거로 돌아가려 하지 않았다. 해방을 맞이한 사람들은 새로운 나라의 건국에 아주 수용적인 태도를 지녔다.

　광복이 된 조선은 아주 혼란스러웠다. 일제의 폭압에서 벗어난 사람들은 일본인에게 부역하고 동족인 조선인을 핍박했던 친일파에 대한 분노를 드러냈다. 과거의 잘잘못을 바로잡고 역사를 깨끗이 청산하려던 생각은 점차 복수심으로 변질되었고, 일본인에 대한 분노는 일제강점기 동안 경찰과 공무원과 기업가로 일했던 사람 모두에게로 무분별하게 확산되었다. 36년간 쌓인 원한과 분노는 복수의 불길이 되어 이성과 합리성을 상실하고 닥치는 대로 서로를 집어삼키려 하였다.

평양에서 건국준비위원회를 조직하고 건국을 준비한 고당 조만식은 조선의 사람들에게 패전한 일본인에 대해서 관용을 베풀 것을 강력하게 요청했다.

> 생각하면 과거 원통한 일도 많았지만, 지금은 과거의 구구한 일을 추궁할 때가 아니라 큰 일을 할 때이다. 만일 우리가 일본인에게 복수를 하면 일본에 가있는 7백만 동포는 어떻게 되겠는가? 아울러서 우리가 자기 땅에 있는 다른 동포를 해한다면 만주에 가 있는 2~3백만 우리 동포는 어떻게 될 것인가? 따라서 생명만이 아니고 신궁불각, 사원건물, 은행, 회사 및 점포, 선박, 교량 등 일반 시설에 관해서도 절대로 소각, 파괴하는 일이 없도록 하자.

또한 조선인 동포끼리 서로 가해하지 말아야 한다고 주장했다.

> 가령 관공직 기타 직에 있을 때, 단체적, 또는 개인적으로 쌓인 원한을 위 유사지시에 보복하겠다는 심리가 생기기 쉬우나, 전 동포

가 힘을 합하여 손을 맞잡고 큰 일을 달성해야 하는 이 때에 동포가 서로 해하는 일이 있어서는 아니 되겠다. 자유와 광명이 스스로 우리에게 오는 때 무슨 까닭으로 그런 소소한 일에 매어 큰일을 잊어서 좋으랴.

이것은 청산이라는 명분으로 행해질 수 있는 동포간의 복수에 대한 우려였다. 평양 주민들은 이러한 그의 뜻을 잘 따랐다. 8월 15일 저녁 일본 신사에서 불이 난 것을 제외하면 소련군이 진주할 때까지 평양에서 별다른 충돌이 벌어지지 않았고 일본인에 대한 폭행 시비나 물건 약탈 같은 일도 없었다. 일부 좌익 인사들은 친일파 청산을 내세우면서 일본인의 재산을 약탈하고 친일파에게 처벌을 가할 것을 요구했지만 조만식은 끝까지 거부했다.

공산주의 대유행

조선이 해방될 당시 이승만은 미국에 체류 중이었고, 김구는 중국 충칭에서 활동하고 있었다. 그러던 중 10월에 이승만이 먼저 귀국하자 그를 건국 지도자로 내세우려는 정치권의 움직임이 경쟁적으로 일어났다. 여운형이 주도한 건국준비위원회는 9월 7일 이승만을 조선인민공화국의 주석에 추대하였고, 10월 21일에는 허헌, 이강국 등이 찾아가서 주석 취임을 요청하였다. 한편 10월 16일에는 허정이 이승만을 방문하여 한국민주당(한민당) 창당 소식을 알리고 영수 추대를 수락하도록 권고했다.

그러나 이승만은 양측의 요청을 모두 거절하고 독립촉성중앙협의회를 중심으로 대동단결할 것을 역설했다. 그는 한 정당·정파의 지도자가 되기를 거부하고 임시정부 요인과 좌익, 우익이 총망라된 단체를 만들어서 미군정의 정권을 인수하기를 원하는 입장이었다. 그는 10월 23일 각 정당·단체 대표 200여 명이 참석한 가운데 독립촉성중앙협의회 회장으로 추대되었다. 초기에는 극렬 공산주의자들만 제외하고 박헌영의 조선공산당 등 공산주의 계열도 참여하였다.

이렇게 독립촉성중앙협의회 회장에 취임한 이승만은 임시정부 요인들의 귀국을 돕기 위해서 하지 군정사령관에게 그들이 정부 자격으로 귀국하게 해줄 것을 요청했지만, 미군정 당국은 과거 임시정부에서 발생했던 국제공산당 자금사건, 자유시 참변 등 극심한 좌우 갈등을 이유로 이에 동의하지 않았다.

한편 김구를 비롯한 10여명의 임시정부 요인들은 11월 23일 오후 여의도비행장에 도착했다. 김구, 김규식, 이시영, 김상덕, 엄항섭, 유동열 등 임시정부 요인과 수행원 자격으로 동승한 선우진, 민영완, 이영길, 박종갑, 장준하, 윤경빈, 김진동, 안미생 등 15명이었다. 이때 김구의 비서이던 장준하는 환국하는 비행기 안에서의 상황을 이렇게 묘사했다.

> 누군가 '조선 해안이 보인다'하고 소리쳤다. 누구의 지휘도 없이 애
> 국가가 울려 나와 합창으로 엄숙하게 흘러나왔다. 애국가는 우리들
> 의 심장에 경련을 일으키면서 조국을 주먹 안에 움켜잡은 듯이 떨
> 게 했다. 애국가는 끝까지 부르지 못하고 울음으로 끝을 흐렸다. 울
> 음 섞인 합창, 그것이 그때의 나의 가슴 속에 새겨진 애국가다. 기
> 체 안의 노 투사(김구)는 마치 어린아이처럼 자신을 달래지도 못했
> 다. 어느 누가 이 애국가를 울지 않고 부를 수 있을 것인가? 그의 두
> 꺼운 안경알도 뽀얀 김이 서리고 그 밑으로 두 줄기 눈물이 주르르
> 번져 흘렀다. - 장준하의 <돌베게> 중

이들은 조국 광복을 위해 30년 가까운 세월을 해외에서 투쟁했
지만, 망명 정부로서의 지위를 끝내 인정받지 못한 채 미군 수송기
를 타고 개인 자격으로 귀국하였다. 하지만 미국과 중국에서 독립
운동을 이끌던 이승만과 김구가 귀국하던 그때 국내에서는 사회
주의 열풍이 강하게 불고 있었다. 1946년 8월 동아일보가 실시한
여론조사에 의하면, 우리 국민의 70%가 사회주의를, 7%가 공산
주의를 국가 체제로 희망한다는 통계가 발표되었다.

당시 박헌영의 조선공산당이 '계급체계를 타파하자'를 구호로
내걸고, 토지의 무상 몰수, 무상 분배와 친일파 청산에 대한 확고
한 의지를 나타내자, 조선시대 봉건제도와 일제강점기의 식민 통

치를 겪으면서 억압당하던 국민들이 압도적으로 지지했다.

이런 분위기에서 1945년 10월 8일 박헌영은 개성에서 김일성을 만났다. 이날 김일성은 북한에도 공산당 북조선 분국을 창당하겠다는 의견을 피력하였다. 이미 조선공산당을 창당한 박헌영은 이 의견에 반대하였지만, 소련의 지원을 받던 김일성은 이 의견을 무시하고 독단적으로 북조선노동당을 창당했다. 이때부터 공산주의 계열도 사실상 남한과 북한으로 갈라지게 되었다.

이 같은 정치 상황을 보면서 철저한 반공주의자인 이승만과 김구는 고민에 빠졌다. 해외에서 조국의 독립을 위해 목숨을 걸고 싸웠는데, 해방이 된 조국의 국민들은 독립운동가들의 희생과 노력보다는 공산주의의 달콤한 말 한 마디를 더욱 반겼다. 공산주의는 조선 사람들의 비참함과 염원으로 세력을 키워나갔으며, 해방 이후 한반도에는 공산주의국가가 건국될 것처럼 보였다.

광복 이후 1945년에서 1948년까지 지속된 조선의 혼란과 극심한 갈등은 새로운 시대를 향한 걸음에 발목을 잡았다. 이제 갓 자유를 맞이한 국민에게는 당장 결정해야하는 수많은 선택들이 강요되어졌다. 이런 시대적 전환기 가운데 대한민국을 건국한 선각자들의 고민과 선택은 무엇이었을까?

서울 중앙청에서 열린 연합국 환영대회에서 연설하는 이승만의 모습이다. (1945. 10. 20)
Syngman Lee speaks at the Alliance Welcome Conference held at the Seoul Central Office.

ⓒ 이승만기념관

갈등과 복수의 역사를 매듭짓고 미래로 나가자

건국의 선각자들은 국민의 분노의 감정을 들끓게 하는 프로파간다를 만들어내기 보다는, 오히려 일본을 탓하지 않고 '자기 성찰'과 '국가 건설'이라는 이름으로 민족이 지향해야 할 방향성에 메시지를 집중했다. '끊임없는 갈등과 복수의 역사를 매듭짓고 미래로 나가자.' '우리 자신을 바로 세우고 양심이 시키는 대로 우리의 새로운 운명을 만들어가자'는 것이 선각자들의 외침이었다.

이것은 3.1독립선언서에도 나타난 '건국의 선각자'들의 공통된 생각이었다. 3.1독립선언서는 다음과 같이 말한다.

스스로를 채찍질하기에도 바쁜 우리에게는 남을 원망할 여유가 없다. 우리는 지금의 잘못을 바로잡기에도 급해서, 과거의 잘잘못을 따질 여유도 없다. 지금 우리가 할 일은 우리 자신을 바로 세우는 것이지 남을 파괴하는 것이 아니다. 양심이 시키는 대로 우리의 새로운 운명을 만들어 가는 것이지 결코 오랜 원한과 한순간의 감정으로 샘이 나서 남을 쫓아내는 것이 아니다. 우리는 단지, 낡은 생각과 낡은 세력에 사로잡힌 일본 정치인들이 공명심으로 희생시킨 불합리한 현실을 바로잡아, 자연스럽고 올바른 세상으로 되돌리려는 것이다.

- <3.1 독립선언서> 중에서

1948년 5월 31일에는 대한민국 첫 번째 국회의 개회식이 열렸다. 이 국회는 한민족 사상 첫 자유 총선거를 실시하여 뽑힌 198명의 국회의원으로 구성된 국회였다. 각 지역구를 대표하는 198명의 민족대표들 앞에서 임시의장인 이승만 박사는 의장석에 올라 이렇게 연설했다.

> 대한민국 독립민주국 제1차 회의를 여기서 열게 된 것을 우리가 하나님에게 감사해야 할 것입니다. 종교 사상 무엇을 가지고 있든지 누구나 오늘을 당해가지고 사람의 힘으로만 된 것이라고 우리가 자랑할 수 없을 것입니다. 그러므로 하나님에게 감사를 드리지 않을 수 없습니다. 나는 먼저 우리가 다 성심으로 일어서서 하나님에게 우리가 감사를 드릴 터인데, 이윤영 의원 나오셔서 간단한 말씀으로 하나님에게 기도를 올려주시기 바랍니다.

그리고 이어서 모든 의원들에게 먼저 하나님께 기도를 하자고 제안했다. 그리고 모든 의원들은 자리에서 일어섰으며, 목사인 이윤영 의원이 하나님께 이렇게 기도를 시작했다.

자유총선거로 선출된 198명의 국회의원이 국회개회식에 참석한 모습이다. (1948. 5. 31)
198 members elected by the first free general election appear to have attended the opening ceremony of the National Assembly.

이 우주와 만물을 창조하시고 인간의 역사를 섭리하시는 하나님이시여, 이 민족을 돌아보시고 이 땅에 축복하셔서 감사에 넘치는 오늘이 있게 하심을 주님께 저희들은 성심으로 감사하나이다.

오랜 세월 동안 이 민족의 고통과 호소를 들으시고 정의의 칼을 빼서 일제의 폭력을 굽히시사 하나님은 이제 세계만방의 양심을 움직이시고 또한 우리 민족의 염원을 들으심으로 이 기쁜 역사적 환희의 날을 이 시간에 우리에게 오게 하심은 하나님의 섭리가 세계만방에 현시하신 것으로 믿나이다.

 하나님이시여, 이로부터 남북이 둘로 갈리어진 이 민족의 어려운 고통과 수치를 신원하여 주시고 우리 민족, 우리 동포가 손을 같이 잡고 웃으며 노래 부르는 날이 우리 앞에 속히 오기를 기도하나이다. … 하나님이시여. 원치 아니한 민생의 도탄은 길면 길수록 이 땅에 악마의 권세가 확대되나, 하나님의 거룩하신 영광은 이 땅에 오지 않을 수 없을 줄 저희들은 생각하나이다. 원컨대, 우리 조선독립과 함께 남북통일을 주시옵고 또한 민생의 복락과 아울러 세계평화를 허락하여 주시옵소서. 역사의 첫걸음을 걷는 오늘의 우리의 환희와 감격에 넘치는 이 민족적 기쁨을 다 하나님에게 영광과 감사를 올리나이다. 이 모든 말씀을 주 예수 그리스도 이름 받들어 기도하나이다. 아멘.

- <대한민국 제헌국회 속기록>에서

대한민국정부 수립을 경축하기 위해 서울 중앙 광장에 모인 시민들의 모습이다. 태극기와 대한민국
정부수립국민축하식의 현수막이 걸려있다. (1948. 8. 15.)
Citizens gathered at the central square of Seoul to celebrate the establishment of the
Korean government. The Korean flag and the banner of the "National Celebration
Ceremony for the Establishment of the Korean Government" are hung.

1948년 8월 15일 11시 11분, '대한민국 정부수립 기념식'이 거행되었다. 단상 위에는 대형 태극기가 걸렸고, 그 위에는 '대한민국정부수립국민축하식'이라는 현수막이 걸렸다. 이 날은 일본으로부터 광복된 지 만 3년이 되는 날이었기 때문에 정부수립 기념식과 함께 '광복 3주년 기념식'이 동시에 거행되었다.

수많은 사람이 대한민국 국가가 탄생한 것을 축하하기 위해서 중앙청 앞 광화문 뜰에 모였다. 행렬은 끝없이 이어졌고 3.1만세운동 때와 같이 모여든 군중들이 손을 들어 '만세'를 외쳤다. 다음은 기념식에서 이승만 연설의 전문이다.

8.15일 오늘 거행하는 이 식은 우리의 해방을 기념하는 동시에 우리 민국이 새로 탄생한 것을 겸하여 경축하는 것입니다. 이날에 동양의 한 고대국가인 대한민국의 정부가 회복되어서 40여 년을 두고 바라며 꿈꾸며 희생적으로 투쟁하여온 결실이 표현되는 것입니다. 그러므로 오늘 이 시간은 내 평생에 제일 긴중한 시기입니다. … 그러나 내 마음에는 대통령의 존귀한 지위보다 대한민국의 한 공복으로서 직책을 다하기에 두려운 생각이 앞서는 바입니다. 우리가 목적지까지 도달하기에는 앞길이 아직도 험하고 어렵습니다. … 모든 방해와 지장에 대하여 일시적인 악한 감정이나 낙심, 애걸하는 상태를 보이지 않고 오직 인내와 정당한 행동으로 극복해 온 것이니 우리는 이런 태도를 가지고 연속 진행함으로 앞에 많은 지장을 또 일일이 이겨나갈 것입니다.

이날 이승만의 심경은 어떠했을까? 평생을 겪은 고초가 열매를 맺는 순간은 말할 수 없는 감격이었을 것이다. 그러나 앞으로 나아가야 할 길 앞에서는 두렵고 무거웠을 것이다.

이승만은 한성감옥에서 혹독한 고문을 당하면서, 오랜 망명생활을 하면서 간절히 소망하던 독립을 쟁취했다. 드디어 자주독립국가인 대한민국의 초대 대통령이 되었지만 기념식의 연설문과 같이 기뻐할 수만은 없었다. 여전히 대한민국의 절반은 자유를 얻지 못한 노예상태에 머물러 있었기 때문이다. 조선인 모두가 누리는 자유를 향한 갈망은 여전히 도달하지 못한 목적지가 되어 남아 있었다.

이날 기념식에는 일본 도쿄 소재의 연합군 최고 사령부를 이끄는 맥아더 원수도 초대되었다. 제2차 세계대전을 종식시킨 전쟁 영웅 맥아더의 방문은 그 의미가 깊었다. 대한민국의 탄생은 조선인들의 축제일뿐만 아니라, 자유와 평화를 위해 전 세계에서 피를 흘리면서 싸운 연합군의 희생의 열매였던 것이다.

이승만과 맥아더는 맥아더가 소령 시절일 때부터 오랜 교분을 가진 특별한 사이였다. 한국우호연맹(League of Friends of Korea)의 고참 멤버이었던 맥아더의 장인이 자신의 사위인 맥아더를 이승만에게 소개해주었다. 대화를 나누던 중에 비범한 인물임을 서로 알아보고 교제가 깊어졌다. 광복 후 조국으로 귀국할 길이 없었던 이승만은 당시 주일연합군사령관으로 있던 맥아더의 도움을 받아 맥아더의 전용기를 타고 서울에 도착할 수 있었다. 이는 맥아더가 미국에서 조선의 독립을 위해 평생을 투쟁해오던 이승만을 지켜 본 결과였다.

대한민국정부수립기념식장에 참석한 맥아더 장군과 이승만 대통령(1948. 8. 15)
General MacArthur and President Syngman Rhee attended the ceremony to establish the government of the Republic of Korea.

ⓒ 맥아더기념관

심상치 않은 북쪽 하늘

대한민국이 건국되면서 반만년 동안 억압된 삶을 살던 조선인들이 자유를 찾았다. 봉건적 신분 체제와 관습들이 건국 이후 토지개혁을 거치면서 급속히 사라져갔다. 대한민국 국민들은 억압 받고 핍박 받던 조선 백성 시절에 인지하지 못했던 자신의 잠재력을 발견하기 시작했고 조금씩 나아지는 자신들의 삶을 피부로 체감하기 시작했다.

기적의 국가 대한민국은 이렇게 시작되었다. 선각자들이 조선과 일제의 어둠 가운데에서 심었던 씨앗들은 아무도 예상하지 못한 날 갑작스럽게 결실을 맺었다. 그러나 절반의 기쁨이었다. 잃어버린 한반도의 절반에는 여전히 자유가 주어지지 않았다. '왕과 양반의 지배'에서 '당과 국가의 지배'로 형태만 바뀌었을 뿐, 조선에서의 노예의 삶이 38선 이북에는 여전히 존재하고 있었다. 한반도 북쪽의 하늘은 어두웠고 심상치 않은 기류를 나타내고 있었다.

그러던 중 1949년 6월 대한민국에 주둔하던 미군이 철수했다. 그리고 같은 해 10월 중국에는 공산당 정부가 들어섰다. 1950년 1월 12일 미국 국무장관 애치슨(Dean Gooderham Acheson)이 발표한 미국의 극동방위선에서 한국과 대만을 제외 한다는 소식이 들려왔다. 대한민국에는 왠지 모를 불안한 기류가 자유의 설렘에 겹쳐 나타났다. 아침을 맞이한 대한민국에는 폭풍전야와 같은 불안한 고요함이 가득 덮이고 있었다.

대한민국은 이날 건국의 감격이 무너졌다. 건국의 기쁨도 잠시,
건국하자마자 전쟁으로 인해 국토가 포탄으로 완전히 불타고 무너졌다.
얻자마자 잃었기에 상실감은 더욱 컸다.

4장

전쟁과 실패

4장
전쟁과 실패

대한민국 정부가 수립된 지 열흘 뒤, 북한의 김일성은 대한민국을 향해 이빨을 드러내기 시작했다. 북한에서는 인민대표자대회가 열렸다. 해주에서 열린 이 대회에서 좌익계열 대표 1천여 명이 모여 통일 정부를 만들겠다고 선포했다. 그리고 이미 북한은 대한민국이 건국되기 이전에 체계적인 군대가 창설되어 있었다. 그리고 1948년 11월 14일 북한의 도발을 시작으로 한반도는 한시적인 감격이 기록적인 절망으로 바뀌어가기 시작했다.

38선 일대에는 어둠과 함께 자욱한 안개가 깔려있었다. 아직 장마철이 아닌 6월인데도 19일부터 24일 밤까지 연거푸 비가 내리다가 자정 가까이 돼서야 보슬비로 바뀌더니 이내 멎었고 고요한 바람이 새벽을 채웠다.

새벽 4시가 되자 하늘을 찢는 포성이 북쪽 하늘로부터 그어져 내려왔다. 쏟아지는 포격이 땅에 떨어졌다. 북한의 기습 공격 명령 암호는 '폭풍'. 말 그대로 대한민국에는 폭발로 인한 풍압만이 존재했다. 그리고 대한민국은 이날 건국의 감격이 무너졌다. 건국의 기쁨도 잠시, 건국을 하자마자 전쟁으로 인해 국토가 포탄으로 완전히 불타고 무너졌다. 얻자마자 잃었기에 상실감은 더욱 컸다.

사실 북한의 전쟁 준비에 대한 정황은 이미 수차례 보고되어 왔다. 1949년 8월 4일 옹진반도에 대한 공격 이후 38선 5km이내 거주하는 북한 주민들이 후방으로 이동했다는 정보와 북한 공작원을 생포하여 획득한 북한의 남침 계획이 보고되었지만, 채병덕 참모총장은 이 같은 보고를 받고도 묵살한 채 전시체제로의 전환이 아닌 군부대의 대대적인 인사이동을 감행했다. 게다가 6월 19일에는 귀순한 두 명의 북한 군인으로부터 "인민군이 38선으로 집결하고 있으며, 곧 북한의 남침으로 전쟁이 시작될 것"이라는 정보를 획득했지만 이마저도 묵살되고 말았다.

당황

1950년 6월 25일, 북한군의 선제공격이 있었던 시간은 일요일 새벽 4시였다. 김일성의 전쟁 개시 명령을 하달 받은 북한군이 기습 남침을 감행하였다. 211대의 전투기와, 256대의 탱크, 176대의 자주포가 한반도의 적화통일을 위해 240km에 걸친 38선을 뚫고 남하했다.

강원도 춘성군 중대지휘소(CP)에 있던 정영삼 중위는 쾅 하고 터지는 첫 포성을 들었다. 포성은 요란했다. 북한군이 발포한 122mm 곡사포가 떨어지자 정영삼 중위는 생전 처음 들어보는 폭발 소리에 놀라 잠에서 깨어났다. 적의 포탄은 비 오듯 쏟아졌고, 북한의 새벽 기습 공격으로 중대원 140명 중 57명이 전사했다.[10]

정 중위는 급히 보고체계를 거쳐 북한의 기습을 알렸지만 작전국은 패닉에 빠졌다. 비상 상황이 발생했지만 작전국장을 비롯한 주요 고급 장교들에게 연락이 닿지 않았던 것이다. 전군에 비상을 발령할 수 있는 권한을 가진 사람을 찾지 못해 시간은 속절없이 흘러갔다. 그렇게 남침 두 시간 후인 새벽 6시가 되어서야 육군 본부 국장들에 대한 소집명령이 하달되었다. 하지만 그 날 새벽까지 술을 마셨던 국장들과 장교들의 소재가 파악이 되지 않았다. 긴박한 상황에서 참모들의 숙취로 인해 회의는 제대로 진행되지 못했다.

파견대장 김창식[11]

25일 새벽 파견대장 김창식의 귀에 총소리가 들렸다. 그가 근무하던 부대는 황해도 개성시의 보병 제1연대였다. 최전방에 위치한 제1연대에서 총소리를 들었다는 것은 사고가 아닌 공격일 가능성이 매우 높았다. 따라서 그는 급히 상부에 보고했지만, 상부에서는 "인민군의 일상적인 훈련일 가능성이 높다"며 대수롭지 않게 여겼다. 하지만 당시 파견대장 김창식의 귀에 들려왔던 총소리는 3년간 16만 명의 사상자를 낸 한국전쟁의 첫 신호였다.

날이 밝자 생전 처음 보는 무언가가 지평선에 자리했다. 긴 주둥이가 달렸고 이곳저곳이 각이 져있는 정체불명의 존재는 소련제 탱크였다. 그는 탱크를 처음 구경했다. M1 소총으로 탱크를 쏴 보았지만 밀고 들어오는 적군의 탱크에 아군이 추풍낙엽처럼 나가떨어졌다. 마치 오소리가 벌집 군락을 비집고 들어오는 모습이었다. 아군은 치열한 전투에도 불구하고 북한군의 탱크에 속수무책으로 당할 수밖에 없었다. 3일이 지나고 서울은 북한군에게 점령당했다.

남쪽으로 가는 한강철교는 28일 오전에 이미 부서져버린 상태였다. 그리고 미군의 제트기가 새벽의 한강 주변의 불빛과 강둑을 향해 무차별 폭격을 가했다. 피아식별이 되지 못한 상태에서 미군은 한강을 건너올 사람은 다 건너왔다고 잘못 판단했던 것이다. 사람들이 총탄에 터지거나 찢겨나가는 모습들을 직접 목도하게 되자 차라리 물에 빠져 죽는 게 낫다고 생각한 김창식은 한강에 뛰어내렸다. 강물의 흐름에 목숨을 맡겼다. 200m 정도를 강물의 흐름에 따라 이동했고 건너편에 도달할 수 있었다. 일행은 분명 5명이었지만 강을 무사히 건넌 인원은 3명뿐이었다.

최창식 공병감

6월 28일 새벽 북한의 탱크 두 대가 서울 북부 태릉 방면으로 은밀히 다가왔다. 전날 밤까지 격렬히 싸웠던 국군은 진이 다 빠져 있었고, 은밀히 들어오던 탱크를 눈치 채지 못했다. 서울에 진입한 탱크는 미아리 방어선을 초토화시켰다. 국군은 공황상태에 빠졌고 탱크는 그대로 밀고 들어와서 성북구 돈암동에 도착했다. 이를 목격한 강문봉 대령은 채병덕 총참모장에게 달려가서 북한의 탱크가 서울 시가지에 다다랐음을 보고하였다. 당시 북한군의 주력부대는 아직 도달하지 않았고 탱크만 후방 교란을 목적으로 서울에 먼저 들어왔던 것이다. 하지만 채병덕 참모총장은 사태를 제대로 파악하지 않고, 북한 탱크부대의 한강 도하를 저지하기 위해 최창식 공병감에게 연락했다.

"당장 한강다리 폭파 해!!"

한강다리 폭파 지시를 받은 최창식 공병감은 채병덕 총참모장에게 현장 상황을 알렸다.

"지금 사람이 많이 내려오고 있는 상태이고, 아직 국군이 다리 너머에서 전투 중입니다!"

그러나 전황을 제대로 파악할 수 없었던 채병덕 총참모장은 즉시 명령을 이행할 것을 지시했다. 매 순간이 긴박했던 상황에서 최창식 공병감은 한강다리를 폭파하게 된다. 그렇게 철교 3개와 인도교 1개가 폭파 되면서 당시 대피행렬을 잇던 수많은 민간인들과 한강 이북에서 목숨 걸고 싸우던 국군들이 고립되었다. 한강 이북에서 싸우던 국군들은 한강다리 폭파 소식을 듣게 되자 전의를 상실하여 무기를 버리고 도주했다.

6·25전쟁 당시 참전했던 미 육군 사진병 폴 굴드 슐레징거가 촬영한 사진이다. 전쟁으로 폐허가 된 도시의 모습이다.(1950)
This picture was taken by U.S. Army photographer Paul Gould Schlesinger when he was in the 6.25 Korean War. the view of the city ruined by war.

ⓒ 전쟁기념관

육탄 저지

북한군의 소련제 탱크는 국군이 보유한 무기로는 절대 공략할 수가 없었다. 이 때문에 북한군 탱크는 국군에게 공포의 대상이었다. 그렇다고 무방비로 내버려둘 수도 없었다. 이에 제2연대와 제19연대는 강원도 인제군 한계리와 북창을 잇는 큰말고개에서 탱크를 저지하기로 계획을 세웠다. 비가 억수처럼 쏟아지는 상황에서 출발을 기다리는 2대대 앞으로 제19연대장 민병권 중령이 섰다.

"57mm 대전차포로 무력화시켜야 한다. 안된다면 육탄 공격으로 부딪쳐 깨부술 수밖에 없다. 우리 앞에 다가오는 적의 전차를 보기 좋게 때려 부술 용사가 없는가. 있다면 앞으로 나와!"

연대장의 비장한 연설에 30명의 용사가 나섰지만 그 중에 11명을 선발하였다. 이들 중 전차에 대한 지식이 있었던 임택규 이등중사를 시켜서 전차의 약점이 무엇이며 손쉽게 전차를 파괴할 수 있는 방법을 설명하고 시범을 보이도록 하였다. 임택규는 "탱크의 취약부분은 바퀴에 있다. 바퀴쇠줄을 향해 가장 가까운 거리에서 박격포를 쏘면 줄이 끊어져 탱크가 정지하게 된다. 이때 전차 위로 뛰어 올라 전차 꼭대기에 달려있는 손잡이를 당겨 뚜껑을 열어서 수류탄을 집어넣고 재빨리 탱크에서 뛰어내려 대피하라. 동작만 빠르면 충분히 살아날 수 있다."며 설명하고 용사들을 격려했다.

이들은 수류탄 2발, 박격포 1개를 받아들고 말고개로 향했다. 하지만 그곳은 엄폐물이 마땅치가 않았다. 그래서 대원들은 배수로에서 사살당한 척하고 땅에 엎드려 누웠다. 오랜 시간이 지나자 북한군 전차 10대가 진군해오는 모습이 보였다. 땅은 탱크의 굉음으로 진동했고 죽은 척하고 엎드려있던 11명의 대원도 덩달아 긴장하기 시작했다. 마침내 탱크는 점점 더 가까이 다가왔다. 탱크가 1번조인 조달진 일병 앞으로 굉음을 울리면서 다가오고 있었다.

　바로 이때 건너편의 2연대에서 쏜 대전차포 철갑탄이 1호 탱크 옆구리에 명중하자 멈칫하면서 섰다. "이때다!" 조 일병은 같은 조의 김 일병의 옆구리를 찔렀다. 김 일병이 벌떡 몸을 일으킨 후 81㎜ 박격포탄을 전차의 바퀴 밑에 굴려 넣었다. 두 병사들은 도랑 깊이 숨었다. 적군 탱크는 눈치 채지 못하고 다시 진격하기 시작했다. "쾅!"하고 고막이 찢어지는 듯한 폭음소리가 울리고 1호 탱크가 들썩하면서 멈춰 섰다. 조 일병이 몸을 일으킨 것은 그 순간이었다. 그는 비호처럼 탱크 위로 뛰어 올라가 해치 손잡이를 열어 수류탄을 넣었다. 그런 다음 조 일병은 탱크위에서 몸을 날려 멀리 뒹굴었다. "쾅!"하면서 1호 탱크 안에서 폭음이 울리더니 불길에 휩싸였다.

　여기저기서 탱크 해치가 열리고 대체 어찌된 일인지 상황을 판단하기 위해 북한군들이 고개를 내밀었다. 그러나 아군의 총공격이 시작되어 그들은 비명을 지르며 죽거나 탱크를 버리고 도망치다가 죽어 갔다. 육탄 용사들은 마음 놓고 나머지 탱크의 해치 안에 수류탄을 넣어 11대의 전차를 폭파시켰다. 전 장병이 일제히 환호성을 올리며 만세를 불렀다. 실로 통쾌한 순간이었다. 북한군 전차가 한 곳에서 11대나 파괴된 기록은 6.25전쟁을 통틀어 없었다.

대피: 6.25전쟁의 실화

부산까지 소를 몰고 피란 가다[12]

6.25전쟁이 터진 그해 나는 대구 수창국민학교의 5학년생이었다. 어머니 곁에 있던 어느 날 낮에 강 건너 합천 쪽의 산비탈에 팬티만 입은 두 사람이 내려와 순식간에 강을 건너 우리 과수원 쪽으로 오는데 별안간에 비행기 소리가 나니 그들은 제빨리 물속으로 뛰어들었고 동시에 비행기에서 기총 사격이 있었는데 시간이 좀 흐르자 강 건너 벼랑 밑에 그 두 사람이 나타나서 기어서 도망치는 모습을 보고 인민군임을 알았다. 그는 배가 고팠던지 과일 따러 왔다가 용케도 살아서 돌아갔다. 당시 강 건너 합천 쪽의 도로에는 피난민이 창녕 쪽으로 몰려오고 있었고 미군이 강 양쪽에서 경비를 하며 감시하고 있었다. 하루는 미군과 통역관이 마을에 와서 마을 사람들에게 피란 가지 않아도 된다고 하며 우리를 안심시켰다.

한편 우리 마을 쪽의 요소요소에 미군이 진을 치고 있으면서 강 건너 고지를 향해 때때로 포사격을 가하고 비행기로 기총사격과 포탄을 퍼부으니 그럴 때마다 우리 마을 공중에서는 각종 탄피가 떨어지고 큰 폭발음에 겁이 나서 밭에 들어가 배를 땅에 대고 엎드려 있기를 수차례 반복했다. 다음날 또 미군과 통역관이 와서 이 마을은 위험하니 2~3일간만 비우라고 하였다. 어느 날 밤 온통 하늘이 무너져 내리는 폭음이 진동했고 이는 철교가 폭파되는 순간이라 했다. 어른들 말씀이 큰 폭음이 나면 배가 갈라진다고 했는데 이 말은 배 안의 오장이 터진다는 뜻인 줄을 그 후에 알았다.

전세가 불리하여 수일 전의 통역관 말과는 달리 피난 준비를 위해 돼지를 잡아서 장조림 반찬을 만드는 등 준비를 하여 소 등에 짐을 싣고 송아지는 목덜미를 묶어 피란을 떠났다. 부산을 목표로 나서니 아침에 날아든 포탄 한 발이 남창교 옆의 철공소 공장에 떨어져 박살이 나 있었다. 종일 걸어서 도착한 부곡에서 하룻밤을 보내고 다음날은 진영에서 하룻밤을 보내고 쉴 새 없이 부산을 목표로 걸었기 때문에 지쳤지만 피난길을 멈출 수는 없었다. 당시 내가 하는 일은 매일 소먹이는 것이다. 그 당시 시골에서 소를 몰고 부산까지 피난 온 일이 우리 가족 뿐이었기 때문에 소문이 퍼질 정도였다.

어느 날 창녕이 고향인 사람은 자기 집에 갈 수 있다는 소식을 듣고 또 소를 몰고 집에 갈 수 없어 소를 매매하고 열차를 이용하여 집에 가려고 밀양까지 와서 집으로 오는 길이었다. 마을을 들어서니 군인 시체가 여기저기 널려있었고 총탄과 탄피가 곳곳에 무더기로 쌓여있고 또 어떤 곳은 소가 죽어 썩어서 악취가 심해 코를 막고 지나가기도 했다.

부산에서 들리는 말이 우리 현창 마을이 다 불탔을 것으로 알고 있었지만, 집이 가까워지자 혹시 우리 집은 남아 있을까? 하는 기대감이 있었지만 집을 보는 순간 실망으로 끝나고 한동안 잿더미가 된 집을 무엇부터 손을 써야 할지 막연했다. 적군 트럭 1대가 각종 총과 포탄을 가득 실은 채 불탄 집 깊숙이 박혀 있어 더욱 일을 어렵게 하여, 수 일후 군대에서 수거한 다음에야 정리할 수 있었다. 바로 농장 옆 강가에는 인민군 시체 수백구가 즐비하게 널어져 있었고 따발총 권총 등 많은 전쟁 물자가 아무렇게나 뒹굴고 있었다.

어머니는 장독대에 간장을 가지러 가니 간장은 다 없어지고 그 안에 호롱으로 쓰면 좋은 것 같은 물건이 여러 개 들어있어 들고 오시는 것을 마침 내가 보고 빨리 받아 큰 화를 모면했다. 적군의 수류탄임을 나는 즉시 알았다. 위치를 가릴 것 없이 도처에 지뢰나 폭발물들이 많아서 밭에 추수도 하러 가기 어려웠다. 치열했던 전쟁터의 주변에는 구석구석 위험한 폭발물이 도사리고 있어 한동안 수시로 폭발사고가 자주 일어났고 또 무지한 시골 농민이 돈벌이를 위해 각종 탄피 수집을 목적으로 만지다가 실수로 폭발하여 생명을 잃는 사례가 자주 있었다.

수많은 시신들 사이에서 아버지를 찾고 있다. 시신을 덮어둔 천을 들춰보며 아버지의 얼굴을 발견하게 되지 않기를 간절히 바랬지만, 이내 발견한 아버지 앞에서 주저앉았다. (1950.9.27)
They are looking for their father among the numerous corpses. They raised the cloth covering the body, hoping that they would not find their father's face. but they eventually flopped down in front of their father's corpse who found it.

21일 된 아이, 삼칠이[13]

　지금도 김씨 가문의 노부모들은 아들 삼칠이만 보면 6.25의 악몽을 떠올린다. 1950년 7월 24일 농촌 두메산골에 총성이 그칠 줄 모르고 골짜기를 진동시켰다. 급기야 겁에 질린 마을주민 30여 가구는 정든 고향을 뒤로하고 저마다 이고 지고 업고 안고 돌아올 기약 없는 피란길을 떠났다. 정처 없이 산 넘고 물 건너 도착한 곳은 경상북도 청도군의 야외 바깥의 한 자락이었다.

　김씨 가문의 한 부모는 출산한지 3칠(21일) 밖에 안 된 신생아를 안고 하염없는 한숨 속에서 하늘을 지붕 삼아 피란살이를 하면서 수개월이 지나서야 불러본 아이 이름을 삼칠이라 이름 지었다. 1950년 10월 2일 피란 생활 2개월이 지나고 정든 고향을 찾아왔건만 옹기종기 자리 잡은 마을 초가집들은 온데간데없고 화마가 휩쓸고 간 빈자리엔 모락모락 피어오르는 메케한 잔불 연기만 가득했고, 한 집도 남김없이 잿더미로 폐허가 되어 있었다.

　그나마 하늘의 도움인지 폐허에 암울했던 심신을 달래주듯 벼가 자욱이 익어 황금빛 들녘으로 보상받아 새 삶에 희망의 끈이 되어 움막부터 시작하여 다시 생업에 열중했다. 인간의 원초적인 훌륭한 모성애가 있었기에 그때 핏덩이 삼칠이가 지금은 노령의 나이에 접어들은 65세의 건강한 사람으로 산업현장에서 열심히 살아가고 있다.

전쟁의 폐허 사이에서도 어머니는 아이를 업고 무언가 열심히 찾고있다. (1950)
Even among the ruins of war, the mother is looking for something hard with her child on her back.

ⓒ 전쟁기념관

밥 짓던 뜨거운 솥을 이고가야 했다14)

우리 마을 사람들은 그날 처음 미국인을 봤다. 눈알이 노랗고 코가 큰 그들이 빨리 집을 비우고 떠나라는 시늉을 손짓 발짓으로 의사소통을 하여 우리는 집을 나섰다. 좁고 약한 나룻배에 얼마간의 피란짐과 몇 사람만이 건너야 하니 20가구 마을 사람이 다 건너기는 시간이 꽤 걸렸다. 소는 물에 들어가는 것을 싫어해서 물 깊은 곳의 헤엄질이 고통스러워 보였다.

어느 날 아침 밥솥에 불을 때고 있었는데 미군 부대가 갑자기 계상국민학교에 들이닥치면서 그 통역관이 말하기를 지금 곧 전투가 벌어질 것이니 빨리 떠나라는 것이었다. 난리통에 아침밥이 미처 뜸도 돌기 전에 뜨거운 밥솥을 그냥 싸서 들고 감골재를 향해 급히 자리를 떠났다.

피란 보따리며 뜨거운 밥솥 등을 이고 지고 감골재 아래에 닿아서 설익은 밥으로 아침 겸 점심을 때우는데 저 아래에서는 대포소리와 총소리가 요란하여 피란민들의 다급한 마음에 더욱 부채질을 했다. 나는 그 당시는 몰랐는데 숫자 미상의 괴뢰군이 일반 피란민으로 가장하고 우리들과 싸잡혀 감골재를 같이 넘고 있었다는 말과 옷 속에 총을 숨겨 놓고 있는 것을 본 적도 있다는 것을 알게 되었다.

그 후 며칠이 지나 창녕사람은 집에 간다기에 우리 가족도 서둘러 국도를 따라 지나오는 길목에 인민군 복장의 시체가 가끔씩 눈에 띄었다.

　다 타버리고 재만 남은 집터를 하염없이 지켜보다가 집집마다 각기 주거시설을 설치하는데 그 당시 목재 구하기가 쉽지 않았다. 주변에 자기 산이 있는 집은 소나무를 베어다 집을 짓기 시작하고 자기 산이 없는 집은 2~3년에 걸쳐 집을 짓는데 그 당시 어려움은 마을마다 집을 짓다 보니 목공, 미장공 등 기능공이 부족하여 외지인들이 망치와 허리에 못 주머니만 차면 나도 목수네 하며 능력 없는 엉터리 목수, 미장들이 다수 있어 가뜩이나 어려운 형편에 구해온 자재를 잘못 취급하여 다시 구입 하는가 하면 집 골격을 세우다가 쓰러뜨리는 낭패를 당하기도 하였다.

가지런한 앞머리가 인상적인 한 아이가 문간에 앉아있는 모습이다.
6.25 전쟁 당시 미육군 사진병이 담아낸 모습으로 이 아이가 커서 자랐다면 현재 70대의 노인이 되어있을 것이다. (1950)
A child with impressive straight bangs is sitting on the doorstep.
The photograph was taken by a US Army photo soldier in the 6.25 War, if this child had grown up, he would now be an old man in her 70s.

전환

　1950년 6월 25일 북한의 기습 남침이 있고 하루가 지난 26일 새벽 3시 이승만은 도쿄에 있던 더글라스 맥아더 장군에게 전화를 걸었다. 당시 전화를 받은 맥아더의 부관은 장군은 주무시고 계시니 나중에 다시 전화하라고 했다. 그러자 이승만은

　　"한국에 있는 미국 시민이 한 사람씩 죽어갈 터이니 장군을 잘 재우시오."

　라고 고함을 쳤다. 그러자 맥아더의 부관은 정신이 들었는지 곤히 잠자던 맥아더를 급히 깨워 이승만에게 전화를 바꿔 주었다. 이승만은 맥아더가 전화를 받자마자 다짜고짜 화를 내며

　　"오늘 이 사태가 벌어진 것이 누구의 책임이오. 당신 나라에서 좀 더 관심과 성의를 가졌다면 이런 사태까지는 이르지 않았을 것이오. 우리가 여러 차례 경고하지 않았습니까. 어서 한국을 구하시오."

　라며 항의했다. 이에 맥아더는 곧바로 극동군사령부의 무기 담당 히키 장군에게 긴급한 지원을 지시하였고, 이에 따라 무스탕 전투기 10대, 105밀리 곡사포 36문, 155밀리 곡사포 36문, 바주카포 등을 긴급히 지원하였다.

6월 29일 수원비행장에 도착한 맥아더 장군은 곧바로 북한군과 치열한 전투가 벌어지던 서울 영등포의 진지(陣地)를 방문하였다. 그 곳에서 맥아더는 후퇴하지 않고 전선을 지키고 있던 한 소년병을 발견하게 되었다.

> "병사! 다른 부대는 다 후퇴했는데, 자네는 언제까지 여기를 지키고 있을 건가?"

소년병은 맥아더를 발견하자 급히 경례를 하고 대답했다.

> "상관의 명령 없인 절대 후퇴하지 않는 게 군인입니다. 저는 철수 명령이 있기 전까지 죽어도 여기서 죽고, 살아도 여기서 살 것입니다."

소년은 사흘째 굶어가며 외롭게 전선을 지키고 있었다. 소년의 애국심과 의지에 깊은 감동을 받은 맥아더는 소년병에게 소원을 한 가지 말하라고 명령했다. 그러자 소년병은 이렇게 답했다.

> "충분한 실탄과 총을 지원해 주십시오."

소년은 군인이었다. 당장 자신을 전장에서 벗어나게 해달라고 할 수 있었다. 분명히 부모님이 보고 싶었을 것이다. 하지만 터지고 찢기며 피가 사방에 튀는 절망적인 상황에도 오히려 나라를 지키고자 했던 의지를 더욱 분명히 했다. 이 소년병의 결의는 맥아더가 전력을 다해 대한민국을 지키기로 결심하게 했던 동기가 되었다.[15)

내가 물러서면 나를 쏴라

6월 25일 남침을 시작한 북한군은 파죽지세로 남하하고 있었다. 국군은 눈물을 머금고 낙동강 전선까지 후퇴했다. 5년 전 찾아온 해방과 2년 전에 맞이한 건국의 감격이 채 가시지도 않은 1950년 여름이었다. 북한군은 UN군이 참전할 시간을 주지 않기 위해 국군을 맹추격 했다.

광복절까지 부산을 점령하는 것을 목표로 삼았던 김일성은 낙동강 방어선의 저항이 예상 외로 거세자 목표 지점을 대구로 돌렸다. 대구를 점령하기 위해서는 칠곡군 다부동을 지나야 했기에 인민군은 다부동으로 집결하여 총공세를 감행했고, 이곳 다부동에서 국군은 인민군의 총공세를 막아내기 위해 결사항쟁을 벌였다. 다부동이 뚫린다면 대구가 함락되면서 이어서 부산까지 순식간에 무너질 터였다. 인민군의 압도적인 군사력 앞에서 겁을 먹은 국군들이 하나둘씩 진열을 이탈하면서 도망치기 시작했다. 이때 1사단장 백선엽 장군은 겁먹고 사기가 떨어진 병사들에게 권총을 꺼내들었다.

"나라가 망하기 직전이다. 저 사람들(미군)이 싸우고 있는데 우리

가 이럴 수는 없다. 내가 앞장설 테니 나를 따르라. 내가 후퇴하면

나를 쏴도 좋다!"

자기 부대의 최고 지휘관이 전장의 가장 앞으로 돌격하는 모습에 사기가 극적으로 진작되었다. 국군의 전투력은 고조되었고 이어지는 미군의 융단폭격과 박격포의 화력 지원을 힘입어 다부동전투를 승리할 수 있었다. 와해되어가던 국군이 한 사람의 리더십을 통해 진정한 군인으로 바뀐 순간이었다. 국군은 다부동전투 승리를 통해 이길 수 있다는 자신감을 가지게 되었고 이 전투는 국군이 미군의 신뢰를 얻는 계기가 되었다.

5000분의 1의 확률, 작전명 크로마이트

다부동전투를 기점으로 전세가 역전되었다. 북한은 보급로가 길어져서 보급이 원활하지 못했고 미군의 강력한 폭격으로 인해 전투력과 사기가 떨어진 상태였다. 이때 맥아더 장군은 대규모의 상륙작전을 결심하게 되었고 이 작전은 작전명 '크로마이트' 라고 불렸다.

맥아더는 남포, 평택, 원산, 군산, 인천 등 5군데의 상륙 포인트를 두고 고민했다. 그중 원산은 너무 멀고, 군산은 보급로와 너무 떨어져있었기 때문에 최종적으로 인천을 상륙지점으로 정하게 되

었다. 하지만 인천은 밀물과 썰물의 차가 너무 심해 상륙작전에 큰 부담이 있었다. 당시 북한도 미군의 상륙작전을 어느 정도 예상하고 있었기 때문에, 이를 걱정했던 김일성은 인천 앞바다에 수중 기뢰를 설치하고 해안가에 방어진지를 구축하기 시작했다.

　미군과 국군은 인천상륙작전을 성공시키기 위해 양동작전으로 포항 장사리 상륙작전을 동시에 시행했다. 학도병 772명으로 구성된 제1독립유격대대는 LST 함정인 문산함을 타고 9월 14일 부산항을 출발한 후, 15일 오전 6시에 장사리 해안에 상륙작전을 개시하였다. 이들의 주 임무는 유엔군의 상륙지점을 교란시키기 위해 인민군 복장을 입고 7번국도 차단 임무를 수행하는 특수작전이었다. 원래는 3일 동안 작전을 수행하고 철수할 계획이었지만, '태풍 케이지'로 인해 배는 좌초되고 학도병들은 고립되었다. 하지만 이들은 5일 동안에 걸쳐 성실하게 임무를 수행하고, 인천상륙작전이 성공한 다음 19일에 미군의 도움으로 철수하였다. 그러나 제1독립유격대대의 139명이 전사하고 92명이 부상을 입었다.

　한편 9월 14일 새벽, 인천 외해에는 총 261척의 함정이 상륙 지시를 기다리고 있었다. 월미도 등대를 밝히기로 한 12시 30분이 되었지만, 새벽의 인천앞 바다는 그 어느 그림자마저 보이지 않는 고요한 적막을 유지했다. 등대를 점령하러 간 대원들은 등대를 손에 넣는 것은 성공했으나 점화를 시킬 수가 없었다. 점등 장치에 있어야만 하는 나사못이 빠져버려 불을 켤 수가 없었기 때문이다. 대원들은 한 치 앞도 보이지 않는 등대에서 3시간동안 바닥을 더

듬거리면서 나사못을 찾기 시작했다. 한동안 바닥을 더듬는 소리와 식은땀이 떨어지는 소리만 들려왔다. 그때 최 씨 성을 가진 대장의 손에서 금속의 촉감이 선명하게 느껴졌다. 그는 곧바로 나사못을 집어 등대의 불을 밝혔고 성조기를 게양하여 아군의 작전 성공을 알렸다. 2시 20분이 되자 인천 앞바다에서 진격 명령이 내려졌다. 그리고 261척의 배는 일제히 상륙작전에 돌입하였다.

연합군은 인천해안에 설치된 북한군의 방어진지에다 폭격을 쏟아 부었다. 그와 동시에 17척의 상륙 함정에 선봉부대가 탑승했고 이후 전차를 실은 상륙선이 인천 해안에 도착했다. 연합군은 포격과 화염방사기를 발사하면서 진격했다. 도망치는 북한군을 전차들이 공격했다.

인천상륙작전이 성공했다는 소식에 낙동강을 방어하던 국군과 UN군은 총 반격을 개시하였다. 인천에 상륙한 병력은 북한군의 보급로와 퇴로를 완전히 차단하였으며, 상륙작전이 성공한 지 13일 후인 9월 27일에는 서울을 수복하였다.

단독 북진

인천상륙작전 성공으로 전세가 역전되자 이승만은 국군에게 38선을 넘어 북쪽으로 진격하도록 명령을 내렸다. 하지만 국군은 서울을 수복한 이후 곧장 북진하지 못했는데 그 이유는 UN이 원하지 않았기 때문이다. UN군은 북한군만 이북으로 돌려보내고 38

선과 국경을 원래 상태로 회복하는 것이 최종 목표였다.

하지만 이 명령은 이승만의 단독 행위가 아니라 온 국민이 원하고 기다리던 것이었다. 국군의 눈에는 뜨거운 눈물이 흘러내렸다. 모든 것을 빼앗겼던 상황에서 다시 회복할 수 있는 기회가 찾아왔기 때문이다. 국군은 망설이지 않았고, 국민은 통일을 의심하지 않았다.

이승만 대통령은 9월 30일 부산 경무대로 정일권 육군 참모총장을 호출했다.

"정 총장은 38선에 도달한 우리 국군에게 어찌해서 북진하라는 명령을 하지 않소. 38선 때문인가 아니면 다른 이유 때문인가."

"38선 때문입니다. 국군은 맥아더로부터 미국 정부가 승인할 때까지 단 1명도 38선을 넘어서는 안 된다는 명령을 받은 상황입니다."

"38선이 어찌 됐다는 것인가. 무슨 철조망이라도 쳐져 있다는 말인가!"

"저희는 대한민국 국군입니다. 유엔군과의 지휘권 문제가 있습니다만, 저희는 대통령 각하의 명령을 따를 사명과 각오를 하고 있습니다."

"나는 맥아더 장군에게 우리 국군의 지휘권을 맡기기는 했으나, 내가 자진해서 한 것이네. 따라서 되찾아 올 때도 내 뜻대로 할 것이요. 그러한즉 대한민국 국군인 여러분은 대한민국 대통령의 명령만 충실히 지켜주면 되는 것이요."

대통령은 품 안에서 명령서를 꺼내서 정 총장에게 건넸다.

"이것이 나의 결심이요, 나의 명령입니다."
'대한민국 국군은 38선을 넘어 즉시 북진하라. 1950년 9월 30일 대
통령 이승만.'

정총장은 김백일 장군에게 38선 돌파 명령을 내렸다. 김백일 장
군은 백골부대인 3사단 23연대장 김종순 대령에게 명령을 내렸다.

"귀 연대에 북진 명령을 내린다. 38선을 돌파하라. 38선은 이 순간
부터 없어진다."16)

역류

10월 1일 국군 3사단 23연대가 최초로 38선을 돌파했다. 당황한
UN군은 여러 논의 끝에 38선 돌파를 공식적으로 인정했다. 그러
나 미군은 대한민국 국군이 38선을 넘은 지 9일이 지나서야 국군
을 따라나섰다. 1950년 6월 25일 새벽에 한반도를 덮친 붉은 물결
이 잦아들고 10월 1일에는 자유의 물결이 38선을 역류하며 올라
갔다. 38선을 돌파한 국군과 미군은 서로 경쟁이라도 하듯이 평양
을 향하여 북진하면서 이곳저곳을 수복해나갔다. 미군 제1기갑사
단은 하루 평균 18km 속도로 북진했으나, 국군 1사단은 25km의

속도로 진격해 들어갔다. '북진통일'의 희망이 사기를 북돋았기 때문에 전력을 다할 수 있었다.

따라서 국군이 먼저 평양에 도착했다. 국군은 나중에 도착한 미군과 합세하여 평양을 포위했다. 평양 입성은 국군 1사단이 10월 19일 오전 11시경 제일 먼저 동평양 쪽으로 입성했다. 곧이어 국군 7사단이 오후 1시경 김일성대학과 방송국을 점령한 후 서평양으로 입성했다. 미군들은 오후에 흑교리를 통해 평양에 입성했다. 시민들의 환영 인파는 축제 분위기였다. 숨어 지내던 반공지사들도 나와서 환호했다. "대한민국 만세" "이승만 대통령 만세" "국군 만세, 유엔군 만세"의 함성은 천지를 진동케 했다. 다음날 평양을 완전히 점령했을 때는 통일을 이룬 것처럼 기쁘고 가슴이 벅차올랐다. 평양을 해방한 국군이 처음으로 한 방송은 다음과 같았다.

친애하는 70만 평양 시민 여러분! 여기는 대한민국 국군입니다.

대동문아, 연광정아, 을밀대야. 그리고 청류벽이여! 우리들은 이제 붉은 무리들의 마수로부터 여러분을 구출하고 대동강을 건너고 있습니다.

김일성 공산집단들은 인간을 그 자체로서 존중하는 일이 없이, 인간 중에는 공산주의자, 그중에서도 김일성에게 무조건 맹종하는 자만을 인간으로 대우하여 그 외 사람들은 반동분자요, 이단자요, 적으로서 무자비하게 박해하고 학대하였습니다. 그러기에 우리는 자유와 평등, 그리고 인간 존중의 정신으로 여러분을 구하려고 왔습니다.

그리고 인민군 군관 및 하전사들이여, 아직까지 무기를 들고 무익한 저항을 하는 자는 이를 중지하고 즉시 눈에 잘 띄는 곳에 무기를 버리고 나오십시오. 유엔군은 '항자불살(항복하는 자는 죽이지 않는다)의 인도주의적인 입장'에서 그대들의 투항을 환영합니다. 또한 우리들은 죄는 미워하되 사람은 미워하지 않습니다. 서슴없이 우리들의 품으로 돌아오십시오.17)

10월 25일 이승만 대통령이 평양에 도착했다. 그의 연설을 통해 대한민국에는 1948년 8월 15일에 느꼈던 감격이 이날 다시 피어나게 되었다. 그러나 꽃은 피어나기까지 계절을 네 번 보지만, 꽃이 지는 데는 한 순간인 것처럼 대한민국이 이날 쥐었던 승리도 겨우내 피어냈지만 이내 중국 공산군의 개입으로 한순간에 져버리고 말았다.

순국

백두산함 - 대한해협 해전

1950년 6월 25일 오전 11시. 갑작스런 북한의 기습공격으로 인해 전군 비상이 걸려있는 혼란스러운 아침이었다. 전날 훈련을 마치고 진해항에 정박해있던 백두산함에 진해통제부사령관 김성삼 제독으로부터 미확인 선박이 발견되었으니 긴급 출진하라는 명령이 떨어졌다. 부랴부랴 승조원 60명을 태우고 동해안으로 출항했다. 당시 백두산함에 내려진 명령은 '동해안으로 쳐들어 온 적 상륙 특공대를 격멸하라!'였다.

백두산함은 18시 30분을 지나 부산 오륙도 등대를 통과하면서 침로를 북으로 잡아 북상했다. 20시 12분 영일만 부근 쌍안경으로 우현을 살피던 조병호 일등수병이 수평선 너머에서 검은 연기를 포착한 것이다. 연기의 굵기로 보아서 어선은 아니었다. 이런 내용은 함장에게 보고되었다. 함장은 동쪽을 향해 추적했고 21시 30분 괴선박을 발견하였다. 어선도 상선도 화물선도 아닌 해군의 수송선과 비슷한 검은색의 배였다. 배 이름도 국기도 없어 분간할 수 없자, 백두산함은 국제 기준에 따라 검문을 시작하였다. 하지만 괴선박은 응답 없이 계속 남하했다. 백두산함은 일단 무엇이라도 파악하기 위해 괴선박 근처까지 배를 가까이 붙였다. 그런데 괴선박의 갑판에 커다란 물체가 포장되어 있고, 국방색 군복을 입고 앉아있는 사람들을 확인하고는 위험하다고 판단하여 다시금 거리를 벌렸다. 괴선박의 정체는 인민군이 탑승한 소련의 함선이었다.

백두산함 포신이 북한군 함선을 향해 조준되었다. 하지만 백두산함은 실제로 포를 쏴본 적이 없었다. 이들은 첫 교전에 첫 발포를 경험한 것이다. 그 이유는 건국 당시 대한민국이 워낙 가난해서 해군 훈련을 위한 예산이 없었다. 배는 구했지만 백두산함과 함께 구입한 포탄이 불과 100발에 불과하여 이를 함부로 소모할 수 없었다. 포탄 한 발 한 발이 너무나 소중했기에 나무로 깎아 만든 모형 포탄으로 장전 훈련만 진행했다. 백두산함의 첫 발은 안타깝게도 빗나갔다. 국군의 발포에 북한 함선도 포신을 국군 함선을 향했고 곧이어 교전이 시작됐다.

그런데 이때 적의 함선이 치명적인 실수를 저질렀다. 적함선이 불을 소등하지 않은 것이다. 그 등불로 대략 거리를 짐작할 수 있었던 국군은 조준을 수월하게 할 수 있었고 두 발이 적의 함선에 명중했다. 하지만 북한군 무장선박이 워낙 크고 단단해 큰 타격이 없자, 피해를 무릅쓰고 함장은 배를 가까이 이동하라고 지시했다. 함장은 선체 아래쪽 약점을 겨냥하라 지시했고 외부 선체를 명중하자 드디어 적 수송선이 침몰하기 시작했다. 그런데 유일한 3인치 함포가 고장 나면서 흐름이 끊기고 말았다. 계속되는 포격에 고무링이 녹아서 고장나버린 것이었다. 그래서 기관총을 쏘며 적함선과 거리를 좁혔고 이때 적함선이 쏜 포탄이 백두산함에 명중했다.

3명의 승조원이 중상을 입었고 그 중 김창학 삼등병조와 전역을 한 달 앞둔 전병익 이등병조가 전사했지만, 결국 오전 1시 38분에 적함을 격침시켰다. 만약 이날 백두산함이 북한의 전함을 침몰시키지 못했다면 그대로 부산에 상륙한 600여명의 북한 해군 육전대가 UN군의 병력 물자를 지연시켜서 낙동강 방어선의 유지를 어렵게 만들었을 것이다.

포항지구 학도병 전투

　1950년 8월 11일 새벽 4시 30분. 포항여중에서 북한군 정규부대와 국군 학도의용군과의 전투가 발생했다. 국군은 경북 포항 북쪽 왜관과 영덕 등에 낙동강 동해안 방어선을 구축하였지만 북한군 2군단의 강공으로 방어선이 무너지는 상황이었다. 국군 3사단은 피난민과 함께 철수해야 할 정도로 위급한 상황이었다. 하지만 포항이 뚫리면 경주-울산까지 속수무책으로 북한군의 수중에 떨어질 판이었다.

　당시 포항에는 해군 경비부대원 3백여 명, 공군 포항기지부대 1개 중대, 경찰과 청년방위대 3천여 명이 있었고, 제3사단 후방지휘소가 위치한 포항여자중학교에 학도병 71명이 있었다. 이미 몇 차례 전투를 치른 이들은 학도병 중대장을 투표로 뽑고, 2개 소대를 편성하여 자체 훈련과 총기 정비를 마친 뒤에 자정이 넘어서야 교실 바닥에서 잠을 청했다. 그것도 잠시 콩 볶는 듯 하는 총소리가 포항 시내에서 들렸다. 북한군이 새벽에 포항에 진입하면서 4시 반에는 포항여중 앞에까지 들이닥쳤다.

이때 이들은 북한군을 가만히 기다렸다가 20m 앞까지 다가오자 일제히 사격을 개시했다. 북한군 정규부대가 학도병의 기습을 받은 것이다. 전투는 정오를 넘기면서 계속됐다. 오후 1시쯤 탄약과 수류탄이 모두 동이 났다. 실탄 창고의 문을 부수고 약간의 실탄과 수류탄을 보충했지만 금세 떨어졌다. 실탄이 없자 북한군이 던진 수류탄을 주워서 다시 내던지기도 했다. 사단사령부에 지원을 요청하기 위해서 무전기로 연락했지만 통신은 되지 않았고, 설상가상으로 무전기를 들고 뒷산에 올랐던 중대장도 북한군이 쏜 총에 목을 맞아 중상을 입었다. 이제 남은 건 M1 소총에 꽂힌 총검과 육탄뿐이었다.

'어서 전쟁이 끝나고 어머니 품에 안기고 싶습니다. 그런데 청결한 내복을 갈아입으며 왜 수의를 생각해냈는지 모릅니다. 죽은 사람에게 갈아입히는 수의 말입니다. 어쩌면 제가 오늘 죽을지도 모릅니다... 적이 무서워서가 아니라. 어머니도 형제들도 다시 못 만난다고 생각하니… 꼭 살아서 가겠습니다. 상추쌈이 먹고 싶습니다. 찬 옹달샘에서 이가 시리도록 차가운 냉수를 한없이 들이키고 싶습니다. 아! 놈들이 다가오고 있습니다. 어머니 안녕! 아~ 안녕은 아닙니다. 다시 쓸 테니까요.' - 아들 이우근 당시 참전했던 이우근 학도병이 전투 중에 작성한 편지다. 군번도 없었던 그는 못다 쓴 편지를 가슴에 안은 채 전사했다. 포항여중의 전투는 전차를 앞세운 북한군을 마지막 육탄돌격 백병전으로 맞선 학도병들의 희생으로 끝났다. 15~22세의 중학생과 대학생으로 구성된 학도병 71명 중에 48명이 전사하고 23명이 부상당하거나 실종됐다. 이들이 11시간 가량 사투를 벌이며 북한군 공세를 저지한 덕에 제3사단 요원들은 이미 철수를 완료한 상태였다. 포항 시민과 피난민들도 형산강을 넘어서 무사히 탈출할 수 있었다. 그리고 낙동강 전선은 이 전투 이후 더 이상 뚫리지 않고 방어해낼 수 있었다.

장진호 전투

　1950년 11월, 미 해병대 8천여 명이 함경도에 위치한 장진호의 동쪽과 서쪽을 나눠 진격했다. 그러나 그곳에는 이미 중공군 12만 명이 산악지대를 중심으로 장진호를 포위하고 있었다. 게다가 장진호는 해발 1천 미터의 높은 지대에 위치한 개마고원이다. 한반도에서 가장 추운 함경도에 위치하고 있었고 전투가 있었던 11월과 12월에는 이미 모든 것이 얼어붙고 있었다. 증언에 따르면 당시 온도는 영하 30~40°였고 흘린 피가 곧 바로 얼어붙었다. 그래서 전투로 인한 사망자보다 동상으로 인한 피해가 훨씬 컸다. 장진호에서의 전투는 전투가 아닌 생존에 가까웠다.

모든 것이 얼어버린 날씨와, 능선에서 쉬지 않고 쏴대는 중공군의 공격에 지쳐 장진호에서 가장 선두에 있던 미군은 절망적인 상황에서 후퇴를 감행했다. 결국 1,053명 중에 181명만이 살아 돌아올 수 있었다. 그리고 장진호 서쪽으로 진격했던 미군의 선두부대는 덕동고개를 넘다 대대의 60% 정도의 장병들을 잃었다. 하지만 이 전투를 통한 중공군의 타격이 더욱 컸다. 당시 미군의 사상자는 7,700명이었지만, 중공군의 사상자는 37,500명이었다. 이들의 퇴각은 전투가 아닌 수송 작전에 가까웠는데 퇴각하는 거리는 22km이었지만 77시간이나 소요되었다. 그만큼 장진호 후퇴는 극심한 추위와 중공군의 공격으로 열악한 상황이었다. UN군은 이들이 흥남으로 철수하도록 지시를 내렸다.

영화 국제 시장으로 유명한 흥남철수의 장면이다. 유엔군의 피란 수송선에 오르고자 10만여 명에 이르는 피난민들이 몰려들었고 흥남에 집결한 미군과 국군은 열흘에 걸쳐서 193척의 선박을 타고 38선 이남으로 철수했다. (1950.12.19)
This is the scene of the withdrawal from Heungnam, famous for the movie International Market. About 100,000 refugees came in flocks to get on the UN forces' transport for refuge, and the US and ROK forces gathered in Heungnam and evacuated south of the 38th parallel aboard 193 ships over 10days.

흥남철수

당시 퇴각할 수 있는 육로는 이미 중공군과 북한군에게 막혀 있었다. 유일하게 남은 퇴각로는 흥남 부두에 있는 배를 타고 퇴각하는 해상경로 밖에 없었고 이에 따라 유엔군과 국군 모두 흥남으로 모여들었다. 군인 뿐 아니라, 중공군 개입으로 후퇴 소식을 들은 피난민들도 군인을 따라 흥남으로 모여들었다. 피난민의 수는 10만 명에 달했고 이날 있었던 대규모 철수가 우리가 아는 흥남철수작전이다.

그런데 처음 계획에는 피난민이 예측되지 않았다. 미군과 군수물자를 싣고 나자 피난민들을 수용할 수가 없었다. 마지막으로 철수하는 배는 7,600t급 화물선 '메러디스 빅토리아 호'였다. 국군 1군단장 김백일과 통역 현봉학 박사가 흥남철수작전을 지위하던 미 10군단장 에드워드 알몬드에게 피난민을 태울 수 있도록 적극적으로 설득한 결과, 병력과 장비를 싣고 남는 자리가 있으면 피난민을 태우자는 데 동의를 얻었다. 문제는 이들을 태우고 갈 배가 없다는 것이었다. 12월 22일 밤. 살을 에는 한겨울 바닷바람에 부두를 가득 메운 피난민들은 모두가 초조한 모습이었다. 항구에는 마지막 수송선인 7,600t 화물선 메러디스 빅토리호가 정박하고 있었다. 정원 60명에 승조원 47명이 먼저 탑승하자 남은 자리는 13명이었다. 이 배의 선장은 35세 레너드 라루였다.

라루 선장은 부두에 떼를 지어 기다리는 피난민의 처참한 광경을 내려다보다가 승조원들에게 지시를 내렸다. "피난민을 태울 수 있는 데까지 태워 보자! 가급적 많이." 선장의 명령이 떨어지기 무섭게 피난민이 배에 오르기 시작했다. 군수품을 싣기로 했던 화물칸은 피난민으로 가득했고 갑판은 발 디딜 틈조차 없었다. 피난민들도 자신의 짐을 하나씩 바다에 버리며 더 많은 사람들이 탑승할 수 있도록 도왔다. 탑승은 16시간이나 이어졌다. 긴 탑승 끝에 정원의 230배나 되는 1만 4000여 명을 태웠다.

  22일 매러디스 빅토리호는 마침내 흥남항을 출발했다. 바다에 잠긴 기뢰 수천 개가 언제 터질지 모르는 급박한 상황이었다. 빅토리호는 멈추지 않고 항해를 시작했다. 추위와 굶주림, 그리고 공포 속에서 목숨을 건 항해가 3일간이나 이어졌다. 배 안에는 운항 중에 5명의 아기가 태어났다. 절망 속에서 새 생명이 피어난 것이다. 미군들은 이 아이들이 태어날 때마다 '김치 1'부터 '김치 5'까지 차례대로 불렀다. 1950년 12월 25일 크리스마스 새벽. 항해 중에 배 안에서 태어난 김치 5를 포함한 승선자 1만 4005명은 1명의 희생자도 없이 무사히 거제도 장승포항에 도착했다. 라루 선장은 <항해 일지>에 "3일 동안 하나님이 우리와 함께 항해했다. '크리스마스의 기적'이었다"고 적었다. 그의 말처럼 흥남철수는 기네스북에 등재된 세계 최대의 구출작전으로 '크리스마스의 기적'이었다.

어머니의 젖을 먹는 아기의 모습이 담긴 사진이다. 목숨을 걸고 철수하는 배 위에서도, 전쟁의 포성이 들리는 도시 가운데서도 새 생명들은 태어났다. (1950)
This is a picture of a baby feeding on its mother's milk. New lives were born on board ships that risked their lives to evacuate, and in cities where the cries of war were heard.

ⓒ 전쟁기념관

휴전

국군의 손에 압록강 물이 적셔지며 통일을 조금씩 실감하기 시작했지만 손에 잡힐 것 같았던 통일은 손가락 사이로 물이 빠져나가듯이 허무하게 사라져버렸다. 북한은 전세가 급작스럽게 불리해지자 소련에게 도움을 요청했다. 하지만 소련은 당시 미국과의 전면전을 피하고 있었다. 소련이 한국전쟁에 참전하면 3차 세계대전이 발발할 수도 있는 상황이었다. 그래서 스탈린은 중국 공산군의 수장이었던 모택동에게 도움을 요청하라고 당부했다. 김일성은 부리나케 모택동을 찾아가 한국전쟁 참전을 요청하였다.

1.4후퇴

산 능선으로 파도가 일어 온다. 동이 트며 알 수 없는 거대한 무리가 땅거미가 지듯 어둑어둑 능선을 덮었다. 국군과 UN군은 물밀듯 밀려오는 중공군에 모든 화기를 쏟아 부었지만 이들의 인해전술에는 끝이 없었다. 점점 떨어져가는 탄약들과 늘어나는 부상자들 탓에 한 줌 쥐었던 북녘 땅의 토양을 내려놓아야만 했다. 북한군과 중공군은 청천강에서 1차 공격을 감행하여 서부전선을 무너뜨렸다. 하지만 국군과 UN연합군이 재진격하여 압록강을 수복하자 2차 공세로 장진호를 통해 동부전선으로 밀고 들어왔고 이는 곧 흥남철수로 이어지게 되었다.

전세는 한순간에 반전되었다. 승기를 잡은 북한군과 중공군은 국군과 UN군의 뒤를 끝까지 쫓아 38선 이북을 빼앗으며 내려왔다. 중공군은 멈추지 않고 진격하였다. 국군과 UN군은 더 이상 물밀듯 들어오는 중공군을 막을 길이 없어 후퇴를 감행했다. 서울은 또 다시 주인이 바뀌게 되었고 피난민들은 익숙한 듯 보따리를 싸서 부산으로 향했다. 이산가족의 대부분이 이때 발생하게 되었다. 중공군은 7월까지 총 6차에 걸친 총공격을 가했고 길고 참혹한 전쟁에 지친 UN은 슬슬 전쟁을 끝내고자 했다.

중공군은 6.25전쟁에 300만 명에 가까운 병력을 동원했지만 미군의 압도적인 화력에 6개월 동안 100만 명의 사상자가 나왔다. 이후 소모적인 전투만이 계속되었다. 양국의 전쟁에 대한 부담감이 고조되어갔고 미국은 한국전쟁을 지속할수록 자국내 여론이 좋지 않은 방향으로 흘러갔다. 미국은 서둘러 전쟁을 끝내고 군대를 철수하고 싶었다. 그래서 양국은 1951년 7월 10일부터 정전협상을 시작했다. 하지만 이승만과 대한민국 국민들은 한반도가 완전히 수복되지 않은 채, 전쟁이 끝나는 것을 원치 않았다.

개성에서 열린 유엔군과 공산군의 최초 정전회담을 반대하고 있는 부산 여학생들의 모습이다. 이대로 부모형제를 만나지못할까 걱정한 시민들로 인해 이 시위는 전국적으로 거세게 일어났다. (1953.6.11)
This is the picture of Busan girls opposing the first armistice meeting between the UN and Communist forces in Kaesong. Citizens worried that they would not be able to see their parents and brothers any longer, and the protests took place nationwide.

ⓒ NARA

통일이 아니면 죽음을 달라

UN이 대한민국 국민의 의사와는 상관없이 정전 협정을 진행하자 전국적으로 휴전 협정 반대 시위가 벌어졌다. 5만 명의 군중이 거리로 몰려나왔고 남녀 학생들과 공무원을 비롯해 부녀자, 노동자 등 각계각층의 사람들이 쏟아져 나왔다. 제각기 이마에 흰 띠를 두르고 열띤 함성을 외치며 휴전 협정 반대를 외쳤다.

"통일 아니면 죽음을 달라!

미국은 자유 한국을 공산도당에게 팔지 말라!!"

"통일 없는 정전은 결사반대한다! 조국 통일은 북진 통일로!"

이는 우리의 인식을 역행하는 사건이었다. 베트남 전쟁, 아프간 전쟁 등 전쟁을 두고 일어나는 시위는 대부분 휴전반대시위가 아닌 전쟁반대시위이다. 그렇다면 무엇이 시민들과 여학생들을 거리로 쏟아져 나오게 했을까?

전쟁 중에 월남하여 내려온 약 150만 명의 사람들은 이대로 종전이 되어 부모형제를 만나지 못할 것이라고는 생각하지 못했다. 미군과 UN연합군이 참전하면 북한 땅이 회복될 테니, 잠깐 친척 집에 가족과 아이를 맡겼다. 하지만 이대로 전쟁을 멈추게 된다면 다시는 이북에 남겨둔 가족을 만날 수 없게 된다.

대한민국 국민은 통일을 원하고 있었다. 반쪽짜리 국가가 아닌 한반도 전체에서 자유를 누리는 그런 나라를 원했다. 게다가 휴전협정 이후 연합군과 미군이 돌아가고 나면 전쟁이 다시 일어나지 않으리라는 법이 없다는 것을 알고 있었다. 이전에 없었던 애국심으로 남, 여 불문하고 거리로 나와 휴전 반대를 외쳤다. 이들은 아직 이북에 남아 있는 자신들의 가족을 포기하지 않았다. 이승만 대통령은 중공군이 압록강 이남에 있는 것을 그저 두고 볼 거면 우리는 유엔군을 한반도에서 철수시키고 한국군 단독으로 북진 하겠다는 성명을 발표했다. 당시 이승만 대통령과 국민들에게는 목숨을 걸고라도 북진통일을 이뤄내겠다는 열망이 자리하고 있었다.

포로석방

미국은 대한민국 국민의 의견은 무시한 채 휴전협정을 추진해나갔다. 그 결과 중국과 북한, 미국 간의 휴전협정은 막바지에 이르렀고 포로 교환 절차만 남게 되었다. 하지만 포로 교환의 국제적인 원칙은 휴전이 되면 각자의 국가로 돌아가는 것이었다. 그러나 포로로 잡힌 북한군은 북한으로 돌아가지 않겠다는 의사를 강력하게 피력했다. 당시 북한에는 반동분자라는 추상적인 개념이 처벌 규정으로 존재했다. 한국과 미국과 같은 자유세계에 노출이 되어 공산당 집권에 어려움을 가져올 것이 우려되는 사람들은 반동분자로 몰려 처형되었다. 이들이 이대로 강제 북송된다면 김일성 공산 정권에 의해 목숨을 잃을 수 있었다. 하지만 미국의 아이젠하워 대통령은 제네바협정을 근거로 한 포로 송환 원칙을 변경할 수 없으며 포로들을 본래 고향으로 되돌려 보내자는 입장을 고수했다.

이에 이승만은 1953년 6월 18일 미국과의 협의도 없이 반공포로들을 석방시켜 버렸다. 당시 거제도 포로수용소는 UN군이 관리하고 있었지만, 이승만은 반공포로들을 빼내기 위한 작전을 세우고 총 27,389명의 포로를 석방시켜버린 것이다. 이 사건으로 미국의 아이젠하워 대통령은 미국 국민들에게 동양의 조그마한 나라에게 바보같이 당했다며 놀림을 받았다.

"대통령 재임 8년 기간 중, 자다가 일어난 건 그때가 유일했다."

 - 미국 제 34대 대통령 아이젠하워 회고

하지만 전격적으로 단행된 이승만의 반공포로 석방도 양국의 휴전 협정을 막을 수는 없었다. 이미 중공군과 북한군도 지칠 대로 지친 탓에 북한은 소련을 통해 휴전을 제의하였고, 유엔군 측의 승인으로 휴전이 성립되었다. 1953년 7월 27일 22시 판문점에서 휴전협정이 조인되었고, 3년 1개월 만에 6.25전쟁은 휴전으로 매듭지어졌으며, 현재까지 계속해서 효력이 이어지고 있다.

한편 1953년 5월 30일 이승만은 아이젠하워에게 보낸 친서에서 휴전 조건으로 한미상호방위조약을 요구하였다. 이에 따라 7월 27일 휴전협정이 조인이 되자 8월 8일 서울에서 변영태 외무장관과 덜레스 미 국무장관 간에 타결되어진 한미상호방위조약이 10월 1일 워싱턴에서 정식으로 조인되었고, 이듬해인 1954년 11월 18일 발효되었다.

이 조약은 전문과 본문 6조 및 부속문서로 되어 있는데, 주요 내용은 당사국 중 일국의 정치적 독립 또는 안전이 외부로부터 무력공격에 의하여 위협받고 있다고 인정되면 양국이 공동으로 대응한다는 것이다. 이 조약이 체결됨으로써 한미방위체제는 한국방위의 핵심을 이루게 되었고, 이를 바탕으로 하여 한국의 방위력의 증강은 물론 경제적 발전까지 이룩할 수 있었다. 특히 주한미군과 한미연합사령부설치는 이 조약을 구체적으로 실천한 것이라고 할 수 있다.

대한민국은 지금까지 한미상호방위조약으로 인해 공산국가로부터 안전할 수 있었고, '한강의 기적'에 이르는 경제 기적의 단단한 기반을 얻을 수 있었다. 이 소식을 전해들은 트루먼 전 대통령은 이렇게 말했다.

"이승만 그 날강도에 또 당했어!"

재건

　1953년 7월 27일, 한반도에서 일어난 동족상잔의 비극 6.25전쟁은 잠시 숨을 멈췄다. 사람들은 전쟁이 잠시 멈춘 휴전과 동시에 주변을 둘러보았다. 모든 것이 파괴 되었고 모든 것이 죽어 있었다. 사람들은 희망과 넋을 잃었다. 살아남기 위해 몸부림친 전쟁의 현장은 이제 살아가기 위한 삶의 터전으로 전환되어져야 했고, 그 시작 앞에 선 사람의 마음은 조선의 선각자들만큼이나 어둡고 암울했다.

　1950년 6월 25일 새벽, 울려퍼진 인민군 대포의 포성으로 시작된 한국전쟁은 마침내 1953년 7월 27일 새로운 군사분계선에서 그 포성이 멎었다. 세계 전쟁사에 유례를 찾기 어려운 동족상잔의 참혹한 전쟁으로, 150만명의 전사자와 360만명의 부상자를 낳았고, 1,000만명 이상의 이산가족이 생겨났다.

　6.25 전쟁 직후 대한민국의 상태는 실로 절망적이었다. 건물과 제조업시설은 절반 가까이 파괴되었다. 한미상호방위조약으로 미국에게서 받는 경제 원조가 국가 재정의 40%에 달할 정도였다. 6.25전쟁이 끝나고 한국의 참혹한 현장을 목격한 맥아더 장군은 이러한 말을 남겼다.

　　"한국이 재건되려면 향후 100년은 걸려야 할 것이다."

대한민국의 재건은 정치가들만이 풀어야 하는 숙제가 아니었다. 전쟁은 모두를 똑같이 가난하게 만들었다. 모두가 한 마음으로 국가를 다시 재건해야 했지만 전쟁 중에 생긴 상처와 흉터는 가릴 수가 없었고 대한민국은 그저 기적을 바랄 수밖에 없었다.

아무것도 보이지 않는 어둠 가운데서 건국자와 선각자들이 심은 씨앗은 건국의 기쁨과 함께 싹트는 듯 했지만, 전쟁의 혹독한 겨울을 만났다. 얼어붙은 땅에 묻힌 씨앗을 보며 누구도 싹틀 것을 기대하지 않았지만 봄이 찾아오고 땅이 녹자 이 씨앗은 기적의 잎을 피우게 된다.

대한민국은 3가지의 기적을 경험한다. 정치의 기적, 경제의 기적, 신앙의 기적 이 세 가지의 기적 모두, 원조를 받던 상황에서 원조를 하는 상황으로 바뀌었다.

휴전 협정 후 비무장 군사분계선에 세울 표지판들이 가득 쌓여있는 모습이다.
(1953.7.31)
After the ceasefire agreement, there are many signs to be set up on the demilitarized
military demarcation line.

정치의 기적은 구한말 봉건사회로부터의 탈출과

자유와 인권과 평등을 향한

120년의 여정이다.

정치의 기적

5장
정치의 기적

아프가니스탄에서는 미군이 철수하고 탈레반이 정권을 잡자 여성의 인권이 무참히 짓밟혔다. 여성은 집으로 손님이 찾아와도 만나거나 이야기 할 수가 없다. 오빠나 부모가 있어야만 방에서 나와 방문한 사람과 대화를 나눌 수 있다. 여성은 남성 가족과 동행한 경우에 한해서만 외출이 가능하다. 부르카를 입고 얼굴을 가린 채 혼자 시장에 간 여성은 물건을 살 수 없었다. 그녀가 혼자 왔기 때문에 상인은 그녀에게 과일 판매를 거부했다. 그리고 집으로 돌아간 그녀는 혼자서 시장에 다녀왔다는 이유로 남편에게 폭언과 폭행을 당했지만 가족은 물론 이웃들로부터도 아무 도움을 받을 수 없었다.

그러나 불과 수십 년만 거슬러 올라가면 우리 사회 또한 세계에서 가장 폐쇄적이고 봉건적인 국가 중 하나였다. 지금의 아프가니스탄과 같이 세계 문명인들을 깜짝 놀라게 할 만큼 여성의 권리, 아동의 권리, 정치/경제적 자유가 열악했다. 그러나 대한민국은 세계사에서 유례를 찾기 힘들만큼 빠른 변화를 만들어냈고, 지금의 대한민국이 되기까지는 세계인이 '한강의 기적'이라고 부르는 놀라운 발전과 성장이 있었다.

　정치의 기적은 인권 회복과 민주화, 교육, 자유와 질서 등 모든 방면의 기적을 포함하고 있다. 정치의 기적은 구한말 봉건사회로부터의 탈출과 자유와 인권과 평등을 향한 120년의 여정이다. 왜 우리는 서구식 민주주의를 받아들였을까? 그것은 자유와 인권 때문이다. 광장의 혁명만으로 정치 민주화를 완전히 이룰 수는 없다. 먼저는 국민이 스스로의 권리와 능력을 알 만큼 배우고 똑똑해져야 하며, 또한 먹고사는 생존의 문제를 국가에 의탁하지 않아도 될 만큼 국민 개개인의 경제적인 능력이 담보되어야만 했다.

　대한민국의 초대 대통령은 민주국가 건설의 발목을 잡는 이 두 가지 문제의 근본적인 해결을 위해, 전 국민의 의무교육을 시행하는 교육개혁과 국가 경제구조와 시스템을 정상화하기 위한 토지개혁을 단행했다. 이 두 가지의 급진적이고 진보적인 개혁은 대한민국의 정치가 민주화되고 경제가 성장할 수 있는 기반을 만들었다.

　'방구명신(邦舊命新) - 나라는 오래나 사명은 새롭다.'

　- 건국 대통령 이승만

　오랜 역사를 가진 민족이지만, 한 번도 경험해보지 못한 새로운 국가가 탄생했다.

일제 강점기 충청남도 보령시 대천동에서 촬영한 천민계층의 사진이다.
This is a picture of the lower class people taken in Daecheon-dong, Boryeong-si, Chungcheongnam-do during Japanese colonial period.

ⓒ 국립중앙박물관

다시는 종의 멍에를 매지 말라

노비들의 눈빛과 표정에는 생기를 찾을 수가 없었다. 갑오개혁으로 노비제도는 폐지되었지만, 실질적으로는 1960년대까지 존재했다. 명칭이 노비에서 머슴과 식모로 바뀌었을 뿐이다. 머슴과 식모는 노비라는 개념과는 다른 전근대적인 고용형태였지만, 정식적인 고용의 관계라기보다는 주인집에 살면서 끼니를 해결한다는 점에서 그 형편이 크게 다르지 않았다. 머슴이라는 개념이 60년대까지 존재한 것은 노비들이 스스로 노비이기를 자처했기 때문이었다. 당장 끼니를 해결할 수 없는 상황에서 그들은 월급 대신 '사경'이라고 해서 식량을 받아갈 수 있었다. 그들에게는 고용되어있는 것이 축복이었다. 경제적 자립이 확보되지 않은 그들에게는 다른 삶을 선택할 수 있는 기회가 많지 않았다.

또한 한 번 노비였던 사람은 살아온 동네에서의 차별과 사회적인 신분제도를 여전히 경험할 수밖에 없었다. 사람들은 여전히 그를 부르거나 대할 때 천대하곤 하였다. 한 번 노비였던 자가 육체적으로 정신적으로 완전히 자유인이 되는 일은 쉽지 않았다.

그런데 6.25전쟁을 겪으면서 전 국민이 피난길에 올랐다. 이로인해 전 국민을 통 안에 넣고 흔들어 섞듯이 지역이 섞이고 신분이 섞였다. 모두가 가난에 허덕이게 되었고, 더 이상 자신의 신분을 기억하고 있는 사람을 만날 수 없었다. 6.25전쟁은 민족적인 비극이었지만 동시에 평등으로의 전환점이 된 사건이었다.

신분 해방과 함께 성씨의 일반화가 촉진되었다. 성씨가 없는 천민계층이 인구의 절반 가까이를 차지했기 때문에 신분계급이 없어진 사회에서 이들에게는 가장 먼저 성이 필요했다. 호적담당 관리나 경찰이 임의로 성을 지어주기도 했고, 노비의 경우는 섬기던 주인 성을 그대로 따르기도 하였다. 그리하여 모든 한국인은 성씨와 본관을 갖게 되었다.

조선 사회는 성씨와 본관에 따라 우열을 가리고 가문의 품격을 따지는 사회였다. 성씨가 있을 뿐 아니라 어느 성씨와 어느 본관이냐가 사람을 평가하는 잣대가 되었고 새로운 사람을 만날 때 가장 먼저 묻는 질문이었다. 이 때문에 이 시기에는 위조 족보가 대량으로 작성되었다. 결과적으로 모두가 양반 성씨가 되고 훌륭한 가문이 되어졌다. 당시 유력한 양반 가문의 성씨이던 김, 이, 박, 최 씨 성을 따라 이름을 가졌고, 더러는 족보까지 위조해서 가지기 시작했다. 오늘날 해당 성씨를 가진 사람들이 대한민국에 유독 많은 이유가 되었다.

자유의 시작, 5.10 총선거

1947년 9월, UN에서는 남북 총선거를 통한 정부 수립을 결정하였다. 그리고 UN에서 한국의 투표를 감시하기 위해 UN한국임시위원단을 파견하였다. 그러나 사실상 정부가 수립된 상태이던 북한은 UN임시위원단의 입국을 허용하지 않았다. 이에 UN에서는 입국과 감시가 가능한 38선 이남의 한국에서라도 총선거를 실시하기로 결정하였다.

한복을 입고 머리에 흰 띠를 맨 노인과, 아이를 등에 업은 여인이 국가의 주인이 되어 표를 행사하기 위해서 모였다. 책상에 앉은 사람은 이들 유권자의 신분을 확인했다. 과거 조선인의 행색을 하고 먹지 못해 키가 작고 비쩍 마른 사람들 또한 투표소로 모여들었다. 비로소 이날이 국민이 국가의 주인이 되는 첫 날이었다.

대한민국 역사상 최초의 민주선거는 1948년 5월 10일 오전 7시부터 오후 7시까지 실시되었다. 선거는 삼엄한 분위기에서 진행됐다. 남한만의 선거를 보이콧한 좌익들의 폭력투쟁과 미군정의 강경 대응이 전국 곳곳에서 벌어졌다.

북한은 남한의 자유총선거를 방해하기 위해 여러 방해공작을 펼쳤다. 특히 스탈린과 김일성의 지시를 받은 남조선노동당의 폭력 시위 기습이 있었다. 이들은 한반도를 공산화시키기 위해 무력 시위를 강행했고,

'나라를 분단시키는 단독선거를 당장 철폐하라!!'

라고 외치며 남한의 자유민주주의 건국을 방해했다.

대한민국 첫번째 자유 총선거를 위해 아이들을 데리고 나온 마을 주민들이 투표하고 있다. 자유 총선거는 선거의 4대원칙인 보통,평등,비밀,직접선거를 단번에 시행한 혁신이었다. (1948.5.10)
Villagers who brought their children out for the first free general election in Korea are voting. The free general election was an innovation that implemented the four principles of election: ordinary, equal, secret, and direct elections at once.

남로당원들의 폭력 시위 때문에 미군정과 경찰은 도로에 바리케이트를 칠 수밖에 없었고 야구 배트와 곤봉, 카빈 소총을 휴대한 상태로 선거장을 지켰다. 시민들은 경찰로부터 보호를 받은 상태에서 선거를 치를 수 있었다. 그런데 선거가 한참 진행되던 중에 북한에서 전기를 끊어버렸다. 당시 한반도는 '수풍수력발전소'에서 전력의 70%를 생산했고, 수풍발전소는 북한에 위치해있었다. 북한은 선거를 방해하려고 했지만 경찰의 보호 아래 선거가 계속해서 진행되자 전기를 끊어버린 것이다.

북한은 치졸한 방법까지 동원했지만 남한의 자유총선거는 무사히 진행되었다. 95.5%라는 경이로운 투표율을 기록하며 사상 첫 국회의원이 이날 선거를 통해 선출되었다. 당시 선거를 처음 해본 시민들은 '선거'라는 행위 자체가 굉장히 낯설었다. 특히 국가 지도자를 자기 손으로 직접 뽑는다는 것은 상상조차 할 수 없었다. 그저 타인이 주도하는 대로 끌려 다니던 삶에서 이제는 스스로 선택할 수 있는 '내'가 있는 세상이 만들어졌다. 감히 왕의 이름조차 입에 올릴 수 없던 나라에서 직접 국가의 방향과 정책을 인지하고 투표를 통해 지도자를 선출할 수 있게 되었다. 오늘 피었다 지는 이름 없는 잡초와 같은 삶을 살았던 옛 조선 사람들은 대한민국의 건국으로 이름이 생기고 정체성을 찾게 되었다. 대한민국의 건국은 한반도에서 전례가 없던 감격이었으며, 해방의 기쁨과는 다른 개념의 감격이었다.

이 선거는 유럽과 미국에서조차 온전히 적용되기까지 100년의 시간이 걸린 선거의 4대 원칙, 보통, 평등, 비밀, 직접선거를 단번에 시행한 혁신이었다. 지금의 관점에서 보면 이 4대 원칙은 너무나 당연하지만, 1948년의 정치 상황과 신생 독립국이라는 점을 고려한다면 그것은 엄청난 사건이었다. 당시 세계적으로 여성의 참정권이 있는 나라가 많지 않았다. 5월 10일에 이루어진 자유총선거는 만 21세 이상의 모든 남녀 국민에게 선거권이 부여되었다.

이날 실시된 선거 포스터나 투표용지에는 오늘날처럼 숫자기호가 있는 것이 아니라 '작대기'로 숫자를 표시했는데, 국민의 80%가 글자를 읽지 못하는 문맹이었기 때문이다. 아라비아 숫자 1,2,3조차 읽지 못하는 국민이 절대 다수였기 때문에 투표하기 위해 작대기의 개수를 세거나 포스터에 있는 사진을 보며 투표를 했다. 그럼에도 불구하고 95.5%라는 높은 투표율은 새로운 시대를 향한 국민들의 염원을 보여주었다. 이 투표를 통해 뽑힌 198명의 최초의 국회의원들이 헌법을 제정하는 제헌국회를 이루게 되었다.

5. 10 총선거 투표소의 한 장면이다. 그 당시 국민 문맹률이 80%였던 것에 비해 95.5%
라는 높은 투표율을 기록했다. 이 투표를 통해 대한민국 최초의 국회의원 198명이 선출
되었다. (1948)

It is a scene from the May 10 general election polling place. At that time, the turnout
was 95.5%, higher than the 80% national illiteracy rate. Through this vote, 198
lawmakers were elected for the first time in Korea.

ⓒ 중앙선거관리위원회

대한민국 헌법 : 정체성과 사명

제1조

① 대한민국은 민주공화국이다.

② 대한민국의 주권은 국민에게 있고, 모든 권력은 국민으로부터 나온다.

제2조

① 대한민국의 국민이 되는 요건은 법률로 정한다.

② 국가는 법률이 정하는 바에 의하여 재외국민을 보호할 의무를 진다.

제3조

대한민국의 영토는 한반도와 그 부속도서로 한다.

제4조

대한민국은 통일을 지향하며, 자유민주적 기본질서에 입각한 평화적 통일 정책을 수립하고 이를 추진한다.

제헌국회에서 만들어진 헌법에는 대한민국의 정체성이 민주공화국이며, 통일을 지향하는 사명을 지닌다고 기록되었다. 이와 같이 헌법은 국가의 정체성을 정의하고 국가의 사명과 방향성을 정의하며, 이후 제정되는 법의 기준이 된다. 헌법을 기초로 하여 대한민국 국민은 동등한 인권을 보장받게 되었다.

그렇게 7월 17일 제헌헌법이 공포되었고 3일 뒤인 7월 20일에는 국회의원들의 간접 선거를 통해 91.8%의 지지율로 1대 대통령으로 이승만이 당선되었다. 대한민국의 첫 대통령은 이승만, 부통령은 이시영, 국무총리는 이범석이었다.

분명히 한반도는 하나의 국가 하나의 민족이었지만 김일성은 나라와 국민들의 절반을 자신의 권력을 위해 소련과 스탈린에게 팔아 넘겼다. 북한은 1948년 9월 8일 헌법 초안을 채택하고, 다음날인 9월 9일 김일성을 수상으로 내각을 구성하여 조선민주주의인민공화국을 수립했다. 이렇게 하여 대한민국은 자유민주주의 국가로 건국되었고 북한은 공산주의 국가로 건국되었다.

토지개혁

　5.10 자유총선거는 국회의원 선거이었지만 자신의 한 표로 지도자를 선출하고, 그 국회의원이 대통령을 선출하던 간접 선거 방식이니 결국 자신의 한 표가 국가 지도자를 정하는 것이었다. 자신의 한 표로 인해 국가의 지도자가 정해지자 국민들에게는 '개인'이라는 개념이 착상되었다. 그러나 '개인'이라는 존재는 인정받았지만 '개인'으로 독립하지는 못했다. 그 이유는 경제적으로 자립하지 못했기 때문이다. 자취를 시작해도 계속해서 부모님께 용돈을 받아 생활한다면 그것을 완전한 독립이라고 보기 어렵듯이, 스스로 경제활동을 시작하고 자신의 삶을 책임질 수 있는 것이 독립의 시작이다. 하지만 건국 당시 대한민국 국민들은 대부분 경제적 독립을 하지 못하고 있었다. 그 이유는 '땅'에 있었다. 해방 후 어느 정부 관료가 토지 조사 후 다음과 같이 말했다.

　　'정부 수립 후 파악해보니까, 6명의 대지주가 전국 땅을 좌지우지
　　하고, 나머지는 사찰(절) 땅이더라.'

　당시 소작농들은 지주들에게 땅을 빌려서 농사를 지으면 한 해 수확량의 40~50%를 지주에게 소작료로 바쳐야 했다. 경우에 따라서는 60%~70%를 바치기도 했다. 그래서 양반은 손가락 하나 까딱하지 않고 어마어마한 재산을 모을 수 있었고 땅을 빌려 농사

짓던 소작농들은 뼈 빠지게 일을 해도 재산을 모을 수가 없었다.

1894년에 일어난 갑오개혁으로 신분제는 법적으로 폐지되었다. 그리고 일제와 해방, 건국까지 거치면서 신분제에 대한 개념은 옅어져갔으나, 관습과 생활 속에는 여전히 존재했다. 그 이유는 아주 간단했다. 땅을 가진 지주와 그 땅을 빌려 쓰는 소작농의 관계 때문이었다.

신분제가 폐지 되었어도 땅을 가진 지주들은 거의 양반 출신이었고 땅을 빌려 쓰던 소작농들은 하층민이었다. 소작농들이 이러한 시스템에 불만을 가지고 양반에게 불복하거나, 당신과 나의 신분이 같으니 존칭을 쓰지 않겠다면서 지주에게 쓴 소리를 하면 땅을 빌려준 지주는 고개를 한 번 끄덕인다. 그리고 그에게 빌려준 땅을 빼앗아 다른 사람에게 빌려줘 버렸다. 소작권을 빼앗긴 농부와 그의 가족은 먹고 살 길이 막연해진다. 따라서 소작농들은 지주들의 눈치를 보며 생활했다. 혹여나 지주의 심기를 건들지는 않을까 하며 소작료를 올려도 쓴웃음을 지으며 동의할 수밖에 없었다. 아무리 신분제가 폐지되었어도 경제적 자립이 되지 않으면 신분제에 묶여 있을 수밖에 없었던 것이다.

부강한 나라, 경제 인구를 만들어내기 위해서는 토지라고 하는 시스템의 개혁이 반드시 필요했다.

일제강점기 제주 서귀포시 대정리 농부들의 모습이다. 광복 직후 대한민국 토지의 80%를 소수의 지주가 소유하였고 대부분의 농민들은 소작농이었다. (1915)
It is the appearance of farmers in Daejeong-ri, Seogwipo-si, Jeju, in the Japanese colonial era. Immediately after liberation, 80% of the land in Korea was owned by a small number of landlords, and most of the farmers were tenant farmers.

ⓒ 국립중앙박물관

유상 매수, 유상 분배

　뜨거운 뙤약볕 아래에서 두 농부가 길을 걷고 있다. 이들은 소작농이다. 인생을 밭과 논에서 보내도 자신의 것이 없는 그런 사람들이다. 그래서인지 짚신을 신고 걷는 두 사람에게서 길게 늘어진 그림자는 유달리 무거워 보인다. 소작농들은 수확량 대부분을 땅의 주인에게 소작료로 지불한다. 그래서 가난은 대물림되고, 소작농의 지위는 세습되었다. 하지만 토지개혁은 농민들과 지주들 모두에게 아주 파격적인 사건이었다.

　1949년 6월 21일 제정된 농지개혁법에 의해 1950년 4월부터 전국적으로 토지개혁을 실시했다. 농지를 농민에게 적절히 분배하여 농가경제의 자립과 국민경제의 균형 발전을 이루고자 했다. 북한은 '무상 몰수, 무상 분배'하여 정부가 지주들의 땅을 강탈하여서 농민들에게 사용권을 나눠주었지만, 남한은 '유상 매수, 유상 분배' 방식을 채택했다. 즉 지주들의 땅을 정부가 빼앗는 것이 아니라 돈을 주고 매입하여 소작농들에게 판매했다. 북한과 달리 자본주의 경제체제를 근간으로 하는 남한에서는 사유 재산권 존중이라는 원칙이 고려되었기 때문이다.

　한 농가의 토지 소유 한도는 2정보에서 3정보(1정보는 약 3,000평)로 하여 남겨두고 나머지 땅은 정부가 값을 주고 사들였다. 또 토지개혁이 적용된 지주에게는 일본이 버려두고 간 부동산이나 산업공장 매각과 같은 국가사업 우선 참여권이 주어져 이들의 토지재산이 산업자산으로 전환될 수 있도록 배려하였다. 1950년 4월부터 농민에게 토지 분배가 시작되었고, 5월부터는 토지 장부 열람이 시작되었다. 드디어 농민들은 자기 토지를 소유할 수 있게 된 것이다.

본래 땅이 없던 소작농에게 값을 받고 분배해주었는데 값을 지불하는 방식이 파격적이었다. 소작농은 수확량의 30%를 5년간만 국가에 납부하면 그 땅을 자기 것으로 소유할 수 있었다. 이전에는 지주들에게 소작료로 한 해 수확량의 50%를 냈지만, 토지개혁으로 인해 그 절반 정도의 돈만 5년간 내면 경제적인 독립이 가능해졌다. 그렇게 대한민국 농민들은 더 이상 소수의 지주들에게 눈치를 보지 않게 되었다. 지주에게 늘 굽신거리며 다음 해의 소작권을 잃지 않기 위해 자신을 낮추지 않아도 되었다. 이처럼 이승만 대통령은 토지개혁을 단행하여 실질적으로 신분제를 철폐했다. 한민족 5000년의 역사에서 끝없이 반복된 신분제 노예계급사회와 가난을 끝낸 것이다.

1945년 말 남한의 전체 경작지 중 소작지는 65%, 자작지는 35%로 지주가 땅을 소유한 소작지의 비중이 자작지 보다 훨씬 많았다. 그러나 1950년 이승만 정부의 토지개혁으로 자작지 면적이 35%에서 92%로 급증했다. 농지개혁법은 농사짓는 사람만이 농지를 소유할 수 있다는 원칙에 따라 농지소유의 제한을 3정보로 정하고 소작을 금지했기 때문에, 농업 분야에서 일제강점기와 같은 대토지 소유는 더 이상 제도적으로 불가능했다. 그 결과 자작농이 된 농민들은 생산력을 높여 식량 공급을 확대했으며, 기존에 소작료로 납부하던 쌀과 재정이 소득증대로 각 가정의 교육비에 충당됨으로써 경제개발에 필요한 우수한 인력을 기르는 데 기여했다.

1960년대 이후 대한민국이 고도의 경제 성장으로 '한강의 기적'을 이룰 수 있었던 배경은 토지개혁의 성공으로 공평한 성장을 이루었기 때문이었다. 토지개혁 이후 농촌 인구 중 상위 4%의 소득은 80%가 감소한 반면, 하위 80%의 소득은 20~30% 증가했다. 땀을 흘리면 흘릴수록 소득이 증가하고, 아끼면 아낄수록 재산이 늘어나는 새로운 세상이 도래한 것이다. 쌀 공급량은 일제 강점기 200만 톤 수준에서 1960년대 초 350만 톤 수준으로 크게 증가했다.

교육 혁명

지금부터 불과 70년 전만 해도 우리 국민 대다수는 글을 읽을 줄 모르는 문맹자였다. 해방 직후 대한민국의 문맹률은 80%에 달했고, 전문학교 이상의 고등교육을 이수자한 자는 0.2%에 불과했다. 1948년 5월 10일 자유총선거를 시행하던 당시 국민들은 글을 읽을 줄 몰랐기 때문에 사진과 작대기 개수를 세면서 투표했다. 중요한 소식을 알리는 벽보나 신문도 대부분의 사람이 읽을 수 없었다. 이 때문에 글을 읽을 줄 아는 사람이 대신 읽어 주거나 라디오를 통해 소식을 알 수 있었지만, 라디오가 굉장히 귀했기 때문에 토지개혁이나 6.25전쟁과 같은 중요한 국가적 상황에서는 라디오가 있는 집으로 사람들이 모여들었다.

건국 당시 문맹률이 80%가 넘었던 이유는 한 사람의 인생이 농사로 시작해서 농사로 끝나기 때문이었다. 배움과 학습의 영역이 글과 언어의 영역이 아니라 흙과 작물에 국한되어 있었다. 힘이 붙기 시작하는 9살이 되면 연필을 잡는 대신 호미와 쟁기를 잡았다. 장래의 꿈과 희망을 심을 나이이지만 이들이 심을 수 있는 것은 씨앗과 모종뿐이었다. 어린 시절부터 배움의 기회가 주어지지 않으니, 글과 언어와의 거리는 점차 멀어져갔다.

하지만 국가 발전에 있어서 근간이 되는 것은 국민들의 교육 수준이었다. 민주주의는 교육받고 각성된 사람을 필요로 했다. 개개인이 자신의 권리와 의무를 알고 책임을 다하는 사회를 만들기 위해서는 무엇보다 교육이 가장 시급하고 중요한 과제였다. 어리석은 군중의 합의로 이루어지는 민주주의는 재앙이 될 것이 분명했다.

> "감화한 사람이 많이 생길수록 정치의 근본이 스스로 바로 잡히나니 이러므로 교화로써 나라를 변혁하는 것이 제일 순편하고 순리된 바로다. 이것을 생각지 않고 다만 정치만 고치고자 하면 정치를 바로잡을 만한 사람도 없으려니와 설령 우연히 바로 잡는다 할지라도 썩은 백성 위에 맑은 정부가 어찌 일을 할 수 있으리오. 반드시 백성을 감화시켜 새 사람이 되게 한 후에야 정부가 스스로 맑아질지니…" - <독립정신>, 이승만

이에 이승만 대통령은 "민주주의를 시행하려면 교육혁명을 일으켜야한다."고 역설하면서 '초등학생 의무교육'을 실시했다. 그 결과 1959년까지 학령 아동의 95.3%가 취학하여 문맹률은 22%로 크게 낮아졌다. 교육시설도 확대되어 1960년에는 초등학교 4,600여 개에 학생은 360만 명으로 늘어났다. 또 해방 당시 5만 명이던 중학생은 53만 명으로 10배 이상 증가했고, 20개교에 불과하던 대학교도 1960년에는 63개교로 3배 이상 늘었으며 대학생 수도 10만 명에 달했다.

한국인 식자공들이 새 교과서를 위해 식자작업을 하고 있다. 사용 중인 활자에는 한국어, 영어, 한자, 일본어 등이 포함되어 있다. (1946.4.11)
Korean literacy workers are working on literacy for new textbooks. The type in use includes Korean, English, Chinese, and Japanese.

아는 것이 힘, 배워야 산다

우리 역사상 최초의 의무교육은 건국과 동시에 추진되었다. 건국 당시 대한민국은 파산 직전의 가난한 상태였지만, 어려운 살림에도 국가예산의 10%를 교육 예산으로 편성하여 적극적인 문맹퇴치운동을 벌였다. 이승만 대통령은 건국 후 교육이 최우선이라고 생각하여 남녀를 불문하고 초등학교 6년 과정의 의무교육을 시행하였다. 그리고 헌법으로 대한민국 국민들은 의무적으로 교육을 받을 수 있도록 장치를 마련했다.

'모든 국민은 균등하게 교육을 받을 권리가 있다. 적어도 초등교육은 의무적이며 무상으로 한다.'

- 대한민국 건국 헌법 1장 16조(1948.7.17)

대한민국이 건국되기 이전의 우리 사회는 자녀 교육 권한이 부모에게 있었다. 부모가 허락해야 유년기에 글을 배울 수 있고, 학교를 다닐 수가 있었다. 따라서 초등교육이 의무적으로 시행된 초기에는 곳곳에서 마찰이 일어났다. 한창 파종하고 모내기를 해야할 시기에 자녀들이 학교로 가버렸기 때문이다. 그때는 자녀를 노동력의 일환으로 보는 부모가 많아서 자녀에 대한 교육을 그리 탐탁치 않게 여겼다. 그러나 헌법 제정으로 제도화된 의무교육으로 인해 최소한 초등 교육만큼은 의무적으로 받아야 했으며 이는 무상 교육으로 진행되었다. 초등교육을 의무적으로 시행하자 대한민국의 어린이들은 손에 쥔 호미와 쟁기를 내려놓고 학교로 등교하게 되었다.

6.25전쟁으로 인하여 의무 교육에 어려움이 있었지만 전쟁이 끝나고 나자 다시 추진되었으며 대대적으로 학교를 짓기 시작하여 1959년에는 전국의 남녀 아동의 95.3%가 취학하는 결과를 얻었다.

이승만 대통령의 교육을 통한 새로운 국가 건설 비전은 6.25 전쟁 중에도 계속되었다.[18] 전쟁으로 인한 피난살이의 와중에도 아이들의 손에는 책이 들려져 있었다. 정부는 전쟁 중에도 학교를 세우고 생활에 필요한 교재를 3회 발간할 정도로 국민 교육에 온 힘을 쏟았다. 특히 대학생은 병역을 면제시켜주는 과감한 결단을 내렸다. 전투력이 가장 뛰어난 연령대인 20대 청년들을, 대학생일 경우 전쟁에 내보내지 않았다. 터무니없는 조치에 군대와 참모진들은 당황을 금치 못했다. 하지만 대통령은 대한민국의 승리를 굳게 믿고 있었다. 이들은 전쟁이 끝난 후 대한민국을 재건해야 할 인재들이었다.

그 후 종전이 되자 이승만 대통령은 국가 재건을 위해 과학자와 기술자들을 미국에 파견해서 훈련받게 했다. 이로 인해 해방 당시 미국 유학생은 500명도 안 됐지만, 이승만 집권기에 유학, 훈련, 연수 등 다양한 형태로 미국에 배우러 간 인원은 2만여 명에 이르렀다. 이 같은 이승만 대통령의 교육관과 인재 육성 정책은 1960년대 산업화와 근대화에 큰 자산이 되었다.

없어지는 눈뜬장님, 자라나는 민주 대한

조선시대에 여자 아이를 출산하면 집안에는 환호대신 적막 가운데 아이의 울음소리만 들렸다. 모두가 실망하고 특히 산모는 고개를 들 수가 없었다. 산모와 시어머니가 딸을 낳아서 실망하고 있으면 누군가 와서 이렇게 위로한다.

'한 해 흉년 넘겼다고 생각 하시오…'

이게 무슨 말일까? 집안에 식솔이 늘면 가난해진다. 하지만 여자 아이가 태어나면 흉년이 들었을 때 한 번 버틸 수가 있었다. 여자 아이를 팔아서 받은 돈으로 한 해를 넘길 수 있었던 것이다. 조선 사회는 가난을 마주하면 딸을 팔아넘기는 부모들이 적지 않았다. 여성들은 교육을 기대할 수 없었다. 부유한 양반가에서 태어난 여성도 적극적인 교육을 받지는 못했다. 하물며 상민과 노비 출신 여성의 경우는 더욱 심했다.

그러나 건국이 되자 여성에게도 배움과 학습의 기회가 동등하게 주어졌다. 헌법 제1장 16조에 의해 대한민국의 모든 국민은 초등교육을 무상으로 받을 수 있게 되었다. 또 마을의 어머니들과 할머니가 모여 <한글 독본>을 읽으면서 환하게 웃을 수 있게 되었다. 여성의 배움을 금지하던 조선에서 태어났지만, 가슴 속에 숨겨둔 배움의 열정을 대한민국에서 꺼내 볼 수 있게 되었다.

문맹퇴치운동은 국가의 중요한 정책과제였다. 야학과 천막학교, 재건학교, 새마을학교 등을 중심으로 봉건제도 타파, 문맹퇴치운동이 활발히 일어났다. 그 결과 해방직후 80%에 이르는 문맹률을 10년 만에 1958년도에는 4%까지 끌어내리게 되었다.

경기도 포천에서 농한기를 맞은 마을 여인들에게 대학생들이 한글을 가르치고 있다. (1962.1.11)
College students are teaching korean language to village women in Pocheon, Gyeonggi-do during the agricultural and cold season.

ⓒ 국가기록원

여성들이 일어섰다

이승만 대통령의 의무교육 시행으로 여성들이 교육을 받게 되면서 대한민국은 잠들었던 절반의 우수한 인적 자원을 갖게 되었다. 그러던 중 1970년대 초기 산업화로 인해 노동집약적 형태의 공장들이 세워지자 여성들에게 많은 일자리가 제공되었다. 독립적인 경제력을 갖출 수 있게 된 여성들은 더 이상 생존을 담보로 남성에게 끌려 다니지 않을 수 있었다.

건국 초기에는 여성들에 대한 차별이 여전히 존재했지만, 여성들의 교육을 통해 인권이 조금씩 성장해갔다. 여성들이 남자에게 의존할 수밖에 없었던 사회는 여성들이 교육을 받으면서 점차 사라져갔다. 1960년 봄, 한국YWCA 주최로 축첩반대시위가 열렸다. 시위에 참여한 여성들은 '첩 둔 남편 나라 망친다' '아내 밟는 자 나라 밟는다' '여성은 축첩자에게 투표하지 않는다'라고 쓰여진 피켓을 들었다. 이들은 시위를 하며 서울 명동거리로 몰려들었다. 거리행진에는 백발의 할머니도 함께 목소리를 더했다. 당시의 슬로건은 현재의 시점으로 보면 생소하고 우스꽝스럽게 조차 들린다. 그러나 당시 축첩의 문제는 심각했다. 1970년대까지는 첩, 첩실 자식으로 불리는 사람들을 흔하게 볼 수 있었다.

헌법에는 남녀의 평등이 명시되었으나 그것과 상충되는 법률들이 고쳐지지 않은 채 남아있었고, 6.25전쟁이 끝나고 사회가 안정을 되찾자 첩을 두는 유교적 잔재가 되살아나는 조짐을 보였다. 당시 아내들은 남편의 지위가 올라가면 함께 기뻐할 수가 없는 실정이었다. 남편이 높은 지위에 올라가면 첩을 얻는 일이 많았기 때문이다. 따라서 YWCA에서는 혼인신고 강조 운동과 '축첩공무원 정비운동'을 중점적으로 전개했다. 여성들은 첩을 둔 국회의원에게는 투표하지 말자는 운동을 벌였다. 이 캠페인은 성공적이었다. 여성들도 동등하게 하나의 투표권을 가지고 있었기 때문에 여성들의 지지를 얻지 않고는 정치를 계속할 수가 없었다.

이후 여성들의 노력으로 대한민국은 첩을 두는 것을 법으로 금지시켰다. 건강한 국가는 건강한 가정으로부터 만들어진다. 당시 대한민국 여성들의 주최로 일어난 '축첩반대운동'은 대한민국이 건강한 가정을 가질 수 있게 한 씨앗이 되었다. 원래부터 당연한 것은 없다. 유교적인 인습의 망령을 떨쳐버리고 새로운 국가가 되는 길은 누군가가 싸워서 쟁취한 결과였다.

제 5대 국회의원 선거를 앞두고 한국YWCA주최로 열린 축첩반대 시위에 한복 차림의 여성들이 플래카드를 들고 거리로 나와 "축첩자를 대변자로 뽑지 말자"고 외치고 있다.(1960)
Ahead of the fifth National Assembly election in 1960, women wearing hanbok came out to the streets with placards and shouted, "Let's not pick a person as a representative."

우리의 후손들이 오늘에 사는 우리 세대가 그들을 위해 무엇을 했고

조국을 위해 어떠한 일을 했느냐고 물을 때

우리는 서슴지 않고 조국 근대화의 신앙을 가지고

일했고 또 일했다고 떳떳하게 대답할 수 있게 합시다.

- 박정희

6장

경제의 기적

6장
경제의 기적

에베레스트는 8,850m, 한국의 보릿고개는 9,000m

과거 한반도에는 보릿고개라는 넘기 힘든 고개가 있었다. 여기서 고개는 작은 언덕을 뜻하는 말이 아니라 삶과 죽음의 경계를 뜻했다. 보릿고개는 봄에 찾아오는 기근을 말한다. 조선의 기근은 항상 봄철에 찾아 왔는데, 가을에 수확한 곡식은 봄이 찾아오는 3월에서 4월에 다 떨어졌다. 그래서 쌀을 수확하고 나서 빈 땅에 보리나 밀을 심어 그때를 대비 했다. 그런데 그 해에 흉년이 들어 가을의 수확량이 적었다면 겨울을 넘기기 전에 쌀이 바닥나고 말았고 밀과 보리는 5월이나 6월이 되어야 수확을 할 수 있었다. 그래서 쌀이 떨어져 굶주렸던 사람들은 밀과 보리가 익기만을 기다리며 쫄쫄 굶을 수밖에 없었다. 그래서 이 굶주림의 시기를 '보리를 기다리는 시기'라고 해서 '보릿고개'라고 불렀다. 이 시기는 굉장히 힘들고 고달픈 시기였다. 만약 보릿고개를 넘지 못한다면 고개 아래에서 굶어 죽을 수밖에 없었다. 흉년이 있었던 해에는 전 국민이 익지 않은 보리만을 바라보며 굶으며 견뎌야 했다.

1953년 한국전쟁을 마친 대한민국은 그야말로 아수라장이었다. 휴전 직후 집을 잃고 거리에서 방황하는 전쟁 이재민의 수가 약 200만 명에 이르렀고, 굶주림에 고통당하는 사람이 전인구의 20~25%나 되었다. 약 900개의 공장이 파괴되었고, 제재소와 제지공장 및 금속공장을 비롯한 작은 생산시설은 거의 전부가 파괴되었다. 약 60만 채의 가옥이 파괴되었고, 특히 교통시설이 막대한 손해를 입었다. 이로 인해 1953년 휴전 직후에 실시된 세계은행의 통계에 의하면 대한민국의 1인당 국민소득은 55달러로 세계 최빈국이었다.

해방과 건국, 그리고 곧바로 3년간의 참혹한 전쟁을 겪었기에 굶주림은 누구도 피할 수 없었던 어려움이었다. 봄이 다가오면 과거 조선에서 경험했던 끔찍한 보릿고개를 다시 맞이하게 되었다. 오죽하면 '에베레스트는 8,850m, 한국의 보릿고개는 9,000m'라는 말이 있을 정도였다. 해발 9,000m미터의 보릿고개를 넘지 못한다면 죽을 수밖에 없었다. 당시 대한민국의 1인당 소득은 최빈국 중에 하나였던 파푸아뉴기니와 마다가스카르보다 낮았다. 북한과 필리핀, 가나 보다 두 배 이상 못살았고 가난에 지쳤던 대한민국 국민들에게 민주주의가 안정적으로 착상되기 위해서는 국민들의 굶주림이 먼저 해결되어야 했다.

대한민국의 경제의 기적은 '한강의 기적'이라고 하여 전 세계 사람들에게 알려져 있다. 우리는 이것을 시대적 상황과 요행으로 바라보지 않고, 그들의 정신문화에 집중할 필요가 있다. 오늘날 우리가 구분 짓지 않고 '꼰대'라고 통칭하며 배척하는 정신문화 안에는 기적의 씨앗들이 함께 섞여 폐기되고 있다. 무에서 유를 창조하는 정신, 도전 정신은 몇 문장의 말로 설명할 수 있는 정신이 아니다. 기적과 같은 일화들 속에서 그들의 태도와 선택들이 조각조각 모여 하나의 시대정신을 만들어내었고 이는 한강의 기적이 되었다.

중동, 모래바람의 기적

1973년 10월 한반도에 가을이 찾아올 무렵, 중동에서는 이집트가 이스라엘을 선제공격하면서 전쟁이 발발하게 된다. 이 날은 이스라엘의 축제일인 욤키푸르(대속죄일)였고 대다수 장병들은 휴가를 떠난 상황이었다. 이집트는 시리아와 연합하여 75만의 병력과 3,200대의 탱크를 이끌고 이스라엘로 진격했다. 승리가 코앞인 상황이었지만 미국과 유럽의 이스라엘 지원으로 결국 아랍 연합군은 전쟁에서 패배하게 되었다. 이로 인해 중동의 산유국들은 미국과 유럽이 이스라엘을 지지하는 데 불만을 가졌고 이를 보복하기 위해 석유를 정치적으로 무기화시켰다. 이들은 석유 가격을 4

배 가까이 올렸다. 당시 석유는 배럴당 2.9달러였지만 중동의 산유국들은 3개월 만에 석유 가격을 11달러까지 올렸다.

 이러한 오일쇼크로 인해 미국과 영국을 중심으로 세계경제는 큰 위기를 맞게 되었고 한국도 극심한 경제적인 위기를 겪었다. 1973년 3.5%이던 물가상승률이 이듬해에는 24.8%로 급등했고 경제성장률은 절반 가까이 떨어져 국민들은 신음하게 되었다. 반면에 중동과 기타 산유국들은 역사적인 호황기에 접어들었다. 그래서 넘쳐나는 달러를 도로와 교량 등의 사회 인프라 시설을 건설하는 데 쏟아 붓고 있었다.

 이때 대한민국은 오일쇼크로 인한 무역적자폭이 17억 1390만 달러까지 치솟았다. 이런 적자를 어떤 식으로든 메우지 못한다면 나라가 부도날 상황이었다. 한국을 찾아오는 외국 손님들마다 붙잡고 석유파동에 대한 대책을 물으니 한결같은 대답은 원유 값이 올라 중동 산유국에 달러가 흘러넘치고 있고, 그 나라들이 지금 이 돈으로 경제 건설을 한다고 하니 그곳에 기회가 있다는 것이었다.19)

중동건설 붐으로 해외로 파견된 근로자의 모습이다. 뒤에는 '조국이여! 제발 좀 조용해다오'라고 쓰여있다.(1980.9)
This is the appearance of a worker dispatched overseas due to the Middle East construction boom. In the back It says, 'My country! Please be quiet.'

1975년 여름 어느 날, 박정희 대통령은 현대건설의 정주영 회장을 청와대로 급히 불렀다.

　　"달러를 벌어들일 좋은 기회가 왔는데 일을 못하겠다는 작자들이
　　있습니다. 지금 당장 중동에 다녀오실 수가 있겠소? 만약 정 회장
　　도 안 된다고 하시면 나도 포기하지요."
　　"그래요, 제가 오늘 당장 떠나겠습니다."

　정주영 회장은 5일 만에 다시 청와대에 들어가서 박정희 대통령을 만났다.

　　"중동은 이 세상에서 건설 공사하기에 제일 좋은 지역입니다."
　　"뭐요? 제일 좋다니?"
　　"1년 12달 비가 오지 않으니 1년 내내 공사를 할 수 있고요."
　　"또 뭐요?"
　　"건설에 필요한 모래, 자갈이 현장에 있으니 자재 조달이 쉽고요"
　　"물은?"
　　"그거야 어디서 실어오면 되고요."
　　"50도나 되는 더위는?"
　　"천막을 치고 낮에는 자고, 밤에 일하면 되고요."
　　"정 회장, 그게 사실이라면 우리가 공사를 다 독점해 버립시다."

위의 대화는 고 정주영 현대그룹 명예회장의 중동 진출 일화이다. 당시 석유 파동으로 유가가 크게 오르면서 달러가 넘치던 중동 국가들이 앞을 다투어 사회 인프라 건설에 나섰다. 정부에서 파견한 현장조사 위원들은 모두가 일제히 불가능을 말했지만 정주영 회장의 생각은 달랐다.

1973년 사우디아라비아는 164km짜리 고속도로 공사를 할 예정이었다. 수주 경매를 세계 여러 건설회사들을 대상으로 진행했는데, 이때 대한민국의 '삼환기업'이 7:1의 경쟁률을 뚫고 수주를 따내게 되었다. 대한민국 역사상 최초로 중동으로 진출한 기업이 된 것이다. 이때 건설 수주를 준 사우디아라비아에서 조금 황당한 질문을 했다. 12월에 있는 성지 순례 이전에 2km 구간을 40일 만에 완공이 가능한 지 물었다. 성지순례로 사람들이 몰리게 될 것이기 때문에 공항까지 고속도로가 필요했다. 하지만 지반이 다져지지 않은 상태에서 2km 구간을 40일 만에 완공하는 것은 사실상 불가능했다. 그런데 삼환기업은 자신 있게 할 수 있다고 나섰다.

이 소식은 전 세계로 전해졌고 다른 해외 건설기업들은 한국의 도전이 무모하고 불가능하다고 말했다. 하지만 삼환기업은 24시간 3교대로 밤 낮 가리지 않으며 쉬지 않고 일했다. 가로등조차 없었던 중동의 사막에서 대한민국 사람들은 쉼 없이 일했다. 마침내 도로 공사가 완공되었는데, 지반 공사도 되어 있지 않았던 2km 도로를 33일 만에 완공 시켰다. 40일의 기한을 주었지만 일주일이나 단축시킨 것이다. 이 모습을 사우디 국왕이 보고 깜짝 놀랐는데, 횃불까지 켜들고 야간작업을 감행하는 데 감동한 것이었다. 이 일을 통해 중동 국가들은 대한민국의 기업을 달리 보게 되었다.[20]

　삼환기업의 중동 일화를 통해 자신감을 얻은 현대 정주영 회장은 중동 진출을 준비하게 된다. 1975년 10월 현대는 중동의 섬나라 바레인의 조선소 건설을 수주하면서 중동 진출을 시작하게 된다. 추가로 12월엔 사우디아라비아의 해군 기지 건설 공사를, 76년에는 '주베일 항만 공사'를 건설하게 되는데, 주베일 항만공사에서만 9억 3천만 달러를 벌어 들였다. 이는 당시 대한민국 한 해 예산의 25%에 달하는 금액이었다.

　현대에게 있어서 주베일 항만공사는 최고의 기회이자 최고의 위험이었다. 주베일 항만 공사의 조건은 총 길이 8km, 폭 2km, 그리고 대형 유조선 4척이 동시에 접안할 수 있어야 하고, 수심 10m의 깊이의 바다를 매립해서 만들어야 하는 고난이도의 프로젝트였다. 그리고 현대는 해상 유조선 정박 시설을 공사해본 이력이 없었다. 공사를 수주 받긴 했지만 현대는 기술력과 경험이 없다는 이유로 신뢰를 받지 못했다. 공사 수주를 따내지 못한 해외 기업들은 현대의 기술력과 자금 현황을 지적하며 힐난에 가까운 우려를 표했다. 그리고 실제로 프로젝트는 가히 압도적인 난이도를 자랑했다. 항만공사에는 설계상 '자켓'이라는 철 구조물이 필요했다. '자켓'은 항만을 받치는 말뚝과 같은 역할을 하는 해상구조물이다. 그런데 '자켓'은 제작비만 5억이고 무게는 550톤, 높이는 36m에 달하는 구조물이었다. 그런 10층 건물과 같은 구조물이 무려 89개가 필요했다. 그렇지만 중동 현지에서 자켓을 제작하려니 시간과 예산이 부족했다. 당시 주베일 항만공사는 완공을 약속한 기한이 36개월이었다. 현대는 3년 만에 불가능을 가능케 해야 했다. 하지만 정주영은 할 수 없는 것에 집중하지 않았다. 그는 오히려 할 수 있는 것에만 집중했고 망설임 없이 해결 방안을 찾아 시행했다.

주베일 항만공사에 쓰일 자재를 1만2000㎞ 바닷길을 통해 대형 바지선으로 수송하고 있다.
Materials for the construction of Jubale Port are transported by large barges through a 12,000km sea route.

ⓒ 현대자동차

정주영이 해결책으로 내놓은 것은 모든 기자재를 울산 조선소에서 제작하고, 해로로 운송하는 것이었다. 직접 제작하기 때문에 단가가 대폭 줄어들고, 제작 속도도 빨랐다. 하지만 긴 수송 거리와 환경은 절망적인 상황이었다. 울산에서 주베일항 공사 현장까지는 총 1만 2000km였다. 게다가 10층짜리 건물과 같은 자켓을 실어 나르는 배는 튼튼한 화물선이 아닌 뗏목처럼 생긴 바지선이다. 정주영이 들고 온 방안에 전문가들은 모두 고개를 저으며 불가능하다고 단언했다. 총 35일 동안 필리핀 해협과, 인도양, 걸프만을 거쳐 이동하는 도중에 바지선이 태풍을 맞아 전복되는 상황이 발생할 수도 있기 때문이다. 그리고 한 번만 수송하는 것이 아닌 무려 19번에 걸쳐서 수송해야만 했고 도중에 한 번 이라도 바지선이 전복 되거나 충돌 사고가 발생한다면 치명적인 손해를 입을 수밖에 없었다.

하지만 19번의 시도 중 단 두 번의 사고 외에는 모두 무사히 수송을 마쳤다. 두 번의 사고도 큰 사고가 아니었는데, 8회 차에서 대만 국적의 배와 충돌해서 자켓 파이프가 살짝 구부러졌고, 다른 한 번은 태풍을 만나 배를 잃어버렸는데, 나중에 대만 해협에서 발견되어 다시 끌고 왔다.

정주영의 결정은 최고 묘수가 되든지, 최악의 악수가 되든지 둘 중 하나였다. 하지만 정주영은 시도하지 않고는 그 어떤 결과도 만들어지지 않는다는 것을 누구보다 잘 알았다. 그에게 있어서 주베일 항만공사는 가장 가슴이 뛰는 프로젝트였다. 그는 모든 일을 다른 시선으로 바라보았다. 상황이 불가능해보여도 그는 습관적으로 가능성을 먼저 살폈다. 그에게 있어 불가능은 중요하지 않았다. 그는 가능성이 단 1%라도 있다면 망설이지 않고 나아갔다. 이 같은 정신을 바탕으로 이때부터 한국 경제는 초고속으로 성장하였다.

뜨겁고 척박했던 중동에 대해 많은 나라가 공사를 기피했다. 그렇지만 대한민국에게는 기회의 땅이었고, 그 결과는 기적이 되었다. 한국 사람들은 낮에는 자고, 밤에는 사방에 횃불을 켜고 일을 했다. 중동으로 파견된 30만 명의 대한민국 국민은 매일 밤 고국을 그리워하며 잠들었다.

중동으로 파견을 갔던 대한민국 국민이 보잉 747 특별기편으로 달러를 싣고 돌아왔다. 현대는 중동 건설 수주를 통해 78년에는 세계 100대 기업 중에 98위를, 이듬해인 79년에는 78위까지 오르게 된다. 대한민국과 중동의 계약은 연달아 체결되고, 사우디의 아파트 건설이나 해상기지 같은 대형 프로젝트를 수행했다. 달러가 부족했던 그 시절, 1979년까지 총 51억 6400만 달러의 외화를 벌어들였다.

민둥산을 금수강산으로

　과거 대한민국의 모습은 일제강점기의 수탈, 한국전쟁, 무분별한 산림 훼손으로 벌겨 벗겨진 민둥산의 모습이었다. 한국은 온돌난방을 하고 가마솥에 밥을 지어먹는 나라였기 때문에 많은 양의 장작을 땔감으로 사용해야만 했다. 사람이 들어가기 힘든 깊은 산을 제외하고는 한반도의 숲은 사라져갔다. 그리고 6.25전쟁으로 그나마 남아있던 산림마저도 모두 파괴되어 버렸다.

　1949년 4월 5일을 식목일로 정한 정부는 공휴일로 지정하면서까지 민둥산에 나무를 심었지만 당장 추위를 날 수 있는 대안이 없었기 때문에 밑 빠진 독에 물 붓는 꼴이었다. 처벌보다 다가오는 겨울이 더 무서운 국민들은 처벌이 시행됨에도 불구하고 몰래 산으로 올라가 나무를 베었다. 장작으로 난방을 하고 나무로 집을 짓는 한국에서 나무를 심기만 해서는 땔감이 될 뿐이었다.

　1952년에는 산림보호법을 시행했다. 나무를 벌채하거나 훼손하면 감옥에 갈 정도로 강력하게 처벌했다. 대한민국 석탄산업의 선구자로 불린 정인욱 석탄 과장은 한창 산림 문제로 골머리를 앓던 이승만 대통령에게 이러한 말을 듣게 되었다.

　'내가 산에 올라가 나무 한 토막이라도 베는 사람은 엄벌에 처한다
　고 공포했지만 소용이 없어요.…당장 땔감이 없어 밥도 못 지어먹
　을 형편인 국민들에게 나무를 베지 말라고 해봐야 무슨 소용이 있

겠느냐 말이오.…지금 우리가 석탄을 열심히 캐지 않으면 어느 세월에 산에 나무가 우거지겠소. 내가 어떻게 하든 식량은 미국에서 끌어다 댈 테니 당신은 땔감 문제를 책임지시오.…우리 힘을 합쳐 나라를 살려봅시다. 내 눈에 서울시내에 장작 실은 마차가 다니는 모습이 안 보이게 해주시오.'21)

근본적인 문제 해결을 위해서는 나무를 대신할 난방 연료와 건축자재를 제공해주어야만 했다. 이에 정부는 나무를 대체할 재료로 석탄과 시멘트를 주목했다. 강원도에 탄광 시설을 건축해서 석탄 산업을 개척했고 시멘트 공장을 지었다. 탄광들이 가동되기 시작하자 연탄이 보급되었고, 목조 주택은 시멘트 양옥으로 대체되기 시작했다. 강원도의 석탄은 열량이 낮아서 공업용으로는 부적합했지만 가정용으로 사용하기에는 적절했다. 그리고 매장량이 풍부했기에 연탄의 대중화는 빠른 속도로 이루어졌다. 연탄이 대중화되기 시작하자 사람들은 더 이상 땔감을 구하러 산으로 올라가지 않았다.

그러나 정부는 산림 복원에 박차를 가했지만 당시 공무원들은 정부 지시로 묘목을 받으면 심지 않고 팔거나 방치했다. 성과를 조작하는 경우도 있었다. 공무원들의 이러한 행동은 산림복원 사업에 큰 걸림돌이 되었는데, 정부는 한 가지 묘수를 두었다. 그것은 서로 다른 지역끼리 교차로 검사하여 경쟁하게 한 것이다.

박정희 대통령이 식목일 행사에서 나무를 심고 있는 모습이다. (1970)
President Park jung-hee is planting trees at an Arbor Day event.

ⓒ 국가기록원

예를 들어 경상도 공무원은 전라도 지역으로 가서 검사하고, 전라도 공무원은 경상도 지역으로 가서 검사하도록 했다. 따라서 공무원들은 서로 경쟁하기 시작했다. 묘목이 죽지 않고 제대로 자라나는 지역 공무원들에게는 성과와 더불어 특진의 기회를 주었고 나무 상태가 좋지 못한 지역에는 업무 성과 점수를 깎았다. 공무원들은 승진을 위해 서로를 까다롭게 평가하기 시작했다. 얼떨결에 극진한 보살핌을 받은 묘목들은 생존율이 크게 증가 했다.

하지만 엉뚱한 곳에서 산림 훼손이 일어났는데, 그것은 화전민이었다. 1965년에 집계된 화전민 호수는 4만 7000호였다. 화전민들은 산을 태워서 경작지를 만들고 그곳에 작물을 재배하면서 먹고 살았던 사람들이다. 불에 탄 풀과 나무의 재를 비료로 이용하여 농사를 짓지만 몇 년 동안 한 곳에서 계속 농사를 지으면 지력이 다해 수확이 감소하므로, 다른 곳으로 옮겨 다니면서 또 산을 태워야만 했다. 애써 가꾼 나무들은 화전민들이 지른 산불로 인해 모두 타버리고 말았다. 그래서 정부는 1967년에 화전을 금지하였다. 산에 거주하던 화전민들을 모두 산에서 내려오게 했다. 평생 화전을 하며 살아왔던 그들에게 정부는 교육의 기회와 일자리를 주었다. 초기에는 화전민들의 반발이 있었으나, 자식들도 평생 화전민으로 살게 할 것이냐는 정부의 질문에 화전민들은 곧 설득 당하고 산에서 내려오게 되었다.

정부는 내려온 화전민의 정착을 위해 집과 학교를 지어주었다. 화전민 출신의 여성들은 묘목을 키우는 농장으로 채용했고, 남성에게는 양봉을 할 수 있도록 지원했다. 그리고 산에 살고 싶은 사람들에게는 산을 지키는 산지기로 채용하였다. 도시 이주를 원하는 화전민은 환경미화원으로 고용하면서 화전민 이주정책에 지원을 아끼지 않았다. 당시 화전민들은 숲이 많았던 강원도에 주로 거주하고 있었는데, 정부는 이러한 방법으로 화전민들을 해결할 수 있었다.

　이렇게 대한민국은 울창한 산을 가진 나라가 되었다. 지금처럼 국토 어디를 가나 끝없이 펼쳐져있는 건강하고 울창한 산은 대한민국의 또 하나의 기적인 것이다.

제철보국, 우향우 정신

건물 하나 없던 모래벌판에 제철소를 건설하고 철강 제조기술을 습득해 생산량을 비약적으로 늘린 모든 과정에는 박태준 회장의 '좋은 철로 나라를 이롭게 한다'는 '제철보국(製鐵報國)'의 신념과 불굴의 추진력이 있었다. 당시 대한민국은 농업국가에서 중공업국가로 도약하기 위해서 고군분투 하고 있었고, 산업의 쌀이라고 불리는 철강은 반드시 확보되어야 할 핵심 산업이었다.

포항제철은 1960년 초반부터 구상되었지만 건설자금이 없어 10년 가까이 착공이 지연되었다. 미국 영국 등 선진국들은 최빈국 한국의 철강 산업 육성계획을 믿지 않았다. 세계은행은 한국에 제철소를 지으면 투자금을 날릴 것이라는 보고서를 발표하였다. 박태준은 미국에서 자금 요청을 거절당하고 귀국하는 길에 대일청구권자금으로 건설하는 아이디어를 떠올렸는데, 수년간의 물밑작업 끝에 이를 결국 성사시켰다.[22]

대일청구권자금은 일본과의 화해와 수교의 명분으로 받은 배상금이었다. 아직 일본과의 수교는 국민들이 받아들이기에는 일렀고 반대의 여론이 거셌지만, 박정희 대통령은 이 배상금을 통해서 가난을 끝내고 국력을 길러서 강해지는 것만이 역사의 반복을 막는 길이라 믿었다.

이 돈은 일제강점기에 식민지배로 고통 받았던 조상의 땀과 피에 대한 값이었기 때문에 제철 사업에 대한 책임감은 막중했다. 이러한 이유로 박태준은 근로자들을 모아놓고 이같이 말했다.

"이 제철소는 식민지배에 대한 보상금으로 받은 조상의 혈세로 짓는 것이니 만일 실패하면 바로 우향우해서 영일만 바다에 빠져 죽어야 한다는 각오로 일해야 한다" - 포스코 회장 박태준

1973년 7월에 종합제철소가 완공되었다. 한국의 중화학 공업의 발전은 포항제철의 준공으로 실체화 되었다. 부지는 여의도 크기의 3배에 이르렀고, 생산 능력은 연간 100만 톤이 넘었다. 박태준의 '우향우 정신'은 '좋은 철로 나라를 이롭게 한다'는 '제철보국'의 정신과 함께 포스코의 창립 이념이 되었다. 그는 항상 매사에 군인처럼 행동했다. 항상 절도있는 자세와 말투, 강인한 정신으로 제철소를 운영했다.

그렇지만 박태준은 정이 많은 사람이었다. 일례로 1970년대 후반에 크레인 기사가 야간근무를 하던 도중에 시뻘건 쇳물을 잘못 부어 배선이 완전히 망가지는 대형사고가 발생했다. 크레인 기사가 잦은 야근과 과로로 인해서 깜빡 조는 순간에 사고가 났지만, 박태준은 기업에 큰 손실을 끼친 크레인 기사에게 징계를 내리지 않았다. 오히려 중간 간부를 꾸짖었다. 그는 직원의 근무 상황과 건강을 살폈던 사람이었다.

박태준사장이 포항종합제철 제2고로 점화식에 참석하여 브리핑하고 있다.
President Park Tae-joon attends and briefs the ignition ceremony of Pohang Steel's second furnace.

ⓒ 국가기록원

'당신들은 잠도 안자나? 야간 근무라면 출근하기 전에 충분히 수면을 취했을 텐데, 그럼에도 사고가 났다면 집에 무슨 일이 있다는 뜻이 아닌가? 당신들은 부하 직원들에게 무슨 일이 일어나는지도 모르는가?'

박태준은 특히 부실공사에 가장 민감하게 반응했다. 한 번은 부실공사 현장을 발견하자 손수 다이너마이트를 가져와서 폭파시킨 뒤 다시 짓게 했다. 70% 정도 진척된 공사 현장에서 불과 30cm 정도의 오차였지만 그는 대충 넘기지 않았다. 그리고 제강공장의 파일에 콘크리트를 붓는 공사에서 박태준은 높다란 철 구조물 위에서 그 작업을 지켜보고 있었다. 레미콘이 콘크리트를 쏟아내자 땅 속의 강철 파일들이 슬며시 한쪽으로 기울었다. 그때 그의 동공에 불꽃이 튀었다. 그는 즉각 공사를 중단시키고 불도저를 불러와서 파일을 밀어보게 시켰다. 불도저가 살짝 기운 파일을 건드리자 맥없이 쓰러졌다. 옆의 똑바로 서 있던 파일도 맥없이 쓰러졌다.

'책임자 나왓!'

박태준의 부름에 제강공장 건설 책임자가 부리나케 달려왔다. 박태준은 달려온 건설 책임자의 안전모를 지휘봉으로 내리쳤다. 그는 공사 책임자를 보고 민족 반역자라고 하며 크게 야단쳤다. 이 사건은 빠르게 현장으로 퍼져나갔다. 박태준은 부실공사를 가장 경계하였다. 매사에 정직과 청렴함을 강조했고 또한 그렇게 살아왔다.

한국의 제철산업에 부정적 보고서를 발표하여 원조를 막았던 세계은행의 존 자페 박사는 이후 1986년 박태준을 다시 만난 자리에서 이렇게 말했다.

'당시 내 보고서는 정확했지만, 당신이 상식을 초월하는 바람에 내 보고서가 엉망이 됐다'

2011년 노년의 박태준은 창업 초기의 옛 동료들을 만나 이런 당부를 남겼다.

'포스코의 종자돈이 대일청구권자금이었다는 사실을 명심해야 고도의 윤리성이 나옵니다. 포스코와 조국 근대화의 역사 속에 우리 피땀이 별처럼 반짝이고 있다는 사실을 인생의 자부심과 긍지로 간직합시다.'

자기 자신을 녹여내어 만든 박태준의 포항제철소는 대한민국의 경제 발전의 일등공신 역할을 하게 된다. 그리고 그의 청렴함과 국가를 향한 사명감은 '포스코 주식을 한 주도 가지지 않은 포스코 창업자'라는 그의 수식어가 증명하였다.

시련은 있어도 실패는 없다

대한민국의 기적 조각이 바다 위에 떠있다. 얼마 전까지만 해도 전쟁의 곡소리가 울렸던 곳에서 이제 쇠를 두드리는 소리가 들린다. 현대는 황무지나 다름없던 울산의 백사장에 세계 최대 규모의 조선소를 건설했다.

당시 대한민국의 조선공업은 영세하기 이를 데 없었다. 조선 경험은 고작 1만7000t급 선박이 최대였다. 경험도 숙련된 기술자도 전혀 없었다. 하지만 정주영은 달리 생각했다.

'길이 없으면 길을 찾고, 찾아도 없으면 만들면 된다.' - 정주영

정주영은 영국 최고 은행인 바클레이은행을 찾아 갔다. 그는 자신의 조선사업계획을 설명했다. 바클레이 은행은 현대의 선박 제조기술 능력이 부족하다고 평가하여 차관을 거절했다. 차관에 실패한 정주영은 포기하지 않았고, 독일의 선박 컨설턴트 회사인 '애플도어'의 회장을 찾아갔다. 애플도어의 롱바텀 회장도 정주영의 기획안에 고개를 저었다. 이때 정주영은 재치를 발휘하여 재빨리 자신의 지갑에 있던 500원짜리 종이 화폐를 꺼내 보였다. 정주영은 꺼내든 종이 화폐에 그려진 거북선을 가리키며 롱바텀 회장에게 이렇게 말했다.

"이게 거북선이오. 영국보다 300년 앞선 1500년대에 우린 이미 철

갑선을 만들었소. 쇄국정책으로 산업화가 늦었지만 잠재력은 그대

로요."

　롱바텀 회장은 결국 한국을 방문했다. 그는 대한민국과 현대건설을 둘러본 뒤 바클레이은행에 추천서를 작성하여 보냈다. 그렇지만 바클레이 은행은 선박을 구매할 사람의 보증을 요구했다. 그는 조선소를 짓기 전에 배를 먼저 팔아야 했다. 그리고 이 거짓말 같은 일은 실제 일어났다.

　정주영은 즉시 배를 구매할 선주를 수소문했지만 조선소도 없던 현대에게 그 누구도 배를 먼저 구매하려 하지 않았다. 그래도 그는 멈추지 않았다. 그러다가 그리스 회사 '선 엔터프라이즈'가 값싼 배를 구하고 있다는 소문을 듣게 되었다. 정주영은 곧장 그리스로 가서 '선 엔트프라이즈'회장인 리바노스를 만났다. 정주영은 리바노스에게 미포만 백사장 사진과 선박 도면, 5만 분의 1 비율의 지도를 보여줬다. 정주영은 이미 여러 번 거절당한 상태였지만 자신감을 잃어버리지 않았다. 리바노스는 정주영에게 조선소가 없는데 어떻게 배를 만들 것이냐고 질문했다. 이에 정주영은 배를 먼저 구매할 것을 약속해주면, 그 증명서로 영국 은행에서 차관을 받은 돈으로 조선소를 지어 배를 만들어주겠다고 대답했다. 정주영은 자신의 계획에 확신을 가지고 리바노스의 마음을 움직여 원유운반선 두 척을 계약하였다.

한국 조선역사의 새 시대를 연 국내 최초의 초대형 유조선인 애틀랜틱 배런이다. (1976. 5. 22)
It is Atlantic Baron, the first supertanker in Korea to open a new era in Korean shipbuilding history.

ⓒ 국가기록원

정주영은 선 엔터프라이즈와 맺은 계약서를 들고 영국 바클레이 은행으로 가서 당당하게 선박 수주 계약서를 내밀었다. 이렇게 정주영의 말도 안 되는 계획은 실제로 성사되었다.

그는 영국에서 빌려온 차관으로 조선소 부지를 매입하고 경부고속도로 건설에 사용 되었던 장비를 빌려 조선소 건설을 시작했다. 조선소 도면은 영국 기술로 만들었고 한국은 조립을 하는 식으로 진행했다. 조선소를 짓는 데 소요되는 시간이 2년에 가까웠고 유조선 두 척을 만드는 시간 또한 비슷했다. 그래서 현대는 조선소를 지어나가면서 동시에 유조선 두 척을 만드는 놀라운 방법을 시도하였다. 이 작업에 총 100만 명이 동원되었고 철재 3만 5천 톤이 투입되어 1년 9개월 만에 현대는 조선소와 유조선을 동시에 완공시켰다.

한국의 대동맥

경부고속도로 건설은 많은 이들의 반대를 무릅쓰고 진행된 쉽지 않은 결정이었다. 언론과 학계에서는 공사에 들어갈 막대한 자금을 조달할 수 있을지 의문을 제기했다. 세계은행은 한국의 교통량이 경부고속도로를 뚫어야 할 만큼 충분치 않다는 보고서를 발표했다. 그러나 박정희 대통령은 독일을 방문했을 당시 독일의 라인강의 기적은 아우토반 고속도로로부터 시작되었다는 것을 확신했다.

박정희는 1964년 말, 대통령 당선 직후에 독일을 방문했다. 독일을 방문한 첫 날 뤼브케 대통령과 만나 환담을 나눴는데, 대화 도중에 뤼브케는 박정희에게 아우토반(고속도로)에 대해 설명해주었다. 다음날 쾰른시로 가기 위해 오른 아우토반은 박정희의 마음을 홀렸다. 그가 아우토반에 마음을 뺏긴 이유는 빠르게 달리는 차량이 흔들리지 않고 편안하게 달렸던 것과 이동의 효율성이었다.

박정희는 한참 도로를 달리는 차를 세워 아우토반의 이곳저곳을 살폈다. 독일 관계자에게 아우토반이 어떻게 건설되었고, 관리방법과 소요시간 및 비용을 자세하게 물었다. 도로의 표면을 자세히 살피기도 했고 중앙분리대의 형태와 위치, 도로의 간격을 머리에 각인시키려 애썼다. 박정희는 주행 중에 다시금 차량을 세웠다. 차에서 내려 무릎을 꿇고 아우토반에 입을 맞췄다. 그는 검고 길게

뻗은 도로에서 국가의 미래를 보고 입맞춤으로 감사함을 표현 했던 것이다.23)

　박정희는 독일 방문 일정을 마치고 귀국하자 독일 아우토반에서 얻은 영감을 토대로 직접 고속도로 모양과 구간을 상세하게 그려 가면서 고속도로를 구상했다. 고속도로는 이미 그의 머리 속에서 선명한 비전으로 완공되어 있었다. 박정희를 지지하지 않았던 야당과 언론사는 대대적인 반대 여론을 조성해 나갔다.

　유진오 신민당 당수는 "독재자 히틀러의 그 유명한 아우토반을 연상했다"며 "자고로 독재자는 거대한 건축물을 남기기를 좋아한다"고 날을 세웠다. 신민당 국회의원이었던 김대중 전 대통령은 "고속도로를 만들어도 달릴 차가 없다. 부유층을 위한 호화시설이 될 뿐"이라 말하며 고속도로 건설 현장에 드러누워 시위했다. 농업국가인 대한민국이 농민들의 농지를 훼손하여 부유층의 전유물인 고속도로를 건설한다는 비판이었다. 이들은 도로 건설비용을 가뭄으로 피해를 입은 남부지방 농민들에게 사용할 것을 주장했고, 여당마저 고속도로 건설 소식에 등을 돌렸다.

　하지만 박정희는 대통령에 당선되자마자 경부고속도로 건설에 박차를 가했다. 그는 독일의 아우토반을 보면서 대한민국의 고속도로는 나라 발전의 초석이 될 것이라는 것을 확신했다. 대선공약으로 걸었던 경부고속도로 건설에 대해 관련 부처가 건설 계획을 세울 것을 지시했다. 박정희는 고속도로 건설에 필요한 인력과 장비를 구체적으로 물었다.

박정희 대통령이 경부고속도로 건설 예정지를 시찰하고 있다.
President Park Chung-hee is inspecting the planned construction site of the Gyeongbu Expressway.

하지만 인력과 장비가 문제가 아니라, 공사에 필요한 예산이 문제였다. 건설부가 측정한 예산은 450억 원이었다. 도로만 새로 놓는 것이 아니라, 산을 뚫고 다리도 만들어야 했기 때문에 도로 건설에 드는 비용은 실로 천문학적인 비용이었다. 당시 국가 예산의 20%를 넘기는 큰 금액이었고, 결국 공사비용은 330억으로 결정되었지만 당장 마련할 수 있는 뾰족한 수가 없었다.

1965년 한일협정으로 일본에게 받은 대일청구권자금이 있었지만 소양강 댐과 포항제철소 건설에 배상금의 대부분이 사용되어 남은 금액은 20억뿐이었다.

경부고속도로를 건설할 수 있도록 한 초기 예산은 파독 광부와 간호사들의 급여를 담보로 독일로부터 얻어온 차관과, 미국으로부터 받는 파월 장병의 급여와 같이 가슴 저리게 눈물겨운 재원이었다.

이렇게 건설된 경부 고속도로는 혈액처럼 물류와 자본이 국토를 흐를 수 있도록 한 국가의 경제 대동맥이 되었다. 경부고속도로는 한국의 눈부신 경제 발전에 역동적으로 활력을 불어넣었고, 대한민국 경제 성장에 큰 역할을 하게 되었다. 그리고 세계에서 가장 짧은 기간에 가장 값싸게 건설한 고속도로라는 기록을 남겼다.

기적의 영웅들

파독 광부 간호사

세계 최빈국에서 '한강의 기적'을 이룩한 대한민국. 그 배경에는 지구촌이 기술과 인력을 필요할 때마다 독일로, 베트남으로, 중동으로 떠난 젊은이들이 있었다. 세계 시장에서 무역하고 거래하기 위해서는 원화가 아닌 달러가 필요하였다. 경제개발에 턱없이 부족한 달러를 어떻게든 확보해야만 했다. 이러한 배경 가운데 한국 정부는 독일에 광부와 간호사를 파견하여 국내의 일자리 문제를 해소하고 외화를 확보하고자 하였고, 마침 독일은 부족한 노동력을 해결하고자 하였다.

당시 서독으로 파견되는 광부와 간호사 모집 경쟁률은 아주 높았다. 국내 임금의 7~8배를 준다는 말에 광부는 5천 명 모집에 4만 명 가량이, 간호사는 2천 명 모집에 2만 명이 몰려 들었다. 경쟁률은 대략 10:1이었다. 정부는 특히 광부 모집에 2년 이상의 경력자로 제한을 두었는데, 육체노동과는 거리가 멀었던 대학 졸업자들이 가짜 서류를 가지고 대거 지원하는 해프닝이 있기도 하였다.

그러나 막상 낯선 땅 서독에서 그들에게 주어진 일은 열악하고 고된 일이었다. 지하 1000미터, 35도 이상인 갱도에서 석탄을 캐는 고된 노동과, 죽은 사람의 시신을 닦는 등의 고된 일거리가 주어졌다. 독일 청년들이 기피하는 고되고 어려운 일들을 대한의 청년들이 나서서 감당했다. 이들은 최소한의 생활비만을 남겨두고 모든 돈을 고국의 가족을 위해 송금했다. 이때 그들이 보낸 송금액은 외화가 부족하던 시절, 한국 경제 발전의 종자돈이 되었다.

1964년 박정희 대통령이 독일의 함부른탄광을 방문하여 현지의 광부와 간호사에게 전한 격려사는 장내를 눈물바다로 만들었다. 이날 박 대통령의 연설은 '조국을 떠나 이역만리 남의 땅에서 얼마나 노고가 많으십니까.…'라는 대목에서 눈물로 인해 중단될 수밖에 없었다. 현장에 있던 광부와 간호사, 수행원도 모두 함께 울었고, 함께 있던 뤼부케 독일 대통령도 눈물을 글썽였다. 박 대통령은 힘들게 연설을 이어갔다. '비록 우리 생전에는 이룩하지 못하더라도 후손을 위해 남들과 같은 번영의 터전만이라도 닦아 놓읍시다.'

연설을 마치고 일행이 아우토반 고속도로를 달릴 때도 차 안은 온통 울음바다였다. 뤼브케 대통령이 손수건을 꺼내어 가난한 나라 대통령의 눈물을 닦아주며 말했다. '울지 마십시오. 우리가 돕겠습니다. 분단된 두 나라가 합심해 경제부흥을 이룩합시다. 공산주의를 이기는 길은 경제 건설뿐입니다.'

이렇게 박정희 대통령의 독일 방문 이후 독일 정부의 도움으로 차관을 도입하고 한국 경제개발은 속도를 낼 수 있었다. 이역만리

타국 땅 수천 미터 지하에 내려가 힘들게 고생했던 광부들과 굳어
버린 이방인의 시체를 닦으며 힘든 병원 일을 한 간호사들의 희생
이 대한민국 경제기적의 바탕이 되었다.

환한 표정을 짓고 있는 탄광지대 광부들의 모습이다. (1976.7.12)
These are the miners of the coal mine area with bright faces.

ⓒ 파독근로자기념관

아이를 안고 있는 파독 간호사의 모습이다.
This is the appearance of a dispatched nurse holding a baby.

ⓒ 국가기록원

베트남 파병 장병

1954년 제네바협정 체결로 베트남은 북위 17도선을 군사분계선으로 남북이 양분되었다. 이후 대치 상황에 놓여 있다가 북부 월맹의 무력 침공으로 인해 베트남 전쟁이 시작되었다. 1964년부터 1975년까지 총 31만여 명에 달하는 대한의 군인들이 베트남으로 떠났다. 월남 파병은 당시 '미국의 용병'이라는 비판까지 제기되며 야당의 극심한 반대에 부딪혔다. 그러나 한국정부는 한국전쟁에 참전한 동맹국에게 보답한다는 명분과 공산주의와 대척점에 선 베트남의 공산화는 한국의 안보와도 직결되어 있었기 때문에 국회의 동의를 얻어 파병을 결정하였다.

1966년 3월 미국 정부가 한국군 전투사단의 추가 파병을 요구해 오자 한국 정부는 전제 조건으로 경제 원조에 관한 양해사항을 제시하였고, 미국 정부는 당시 브라운 주한 미 대사를 통해 각서를 보내 한국의 제안을 받아들였다. 그리고 이를 '브라운 각서'라고 불렀다.

첫째, 한국군 1개 사단과 1개 예비여단 편성에 소요되는 예산을 제공한다.

둘째, 한국군 파월 기간 중 군사원조 이관을 중지한다.

셋째, 파월 한국군에 필요한 보급물자, 용역 등 을 한국에서 발주한다.

넷째, 한국의 수출 진흥을 위해 기술 협력을 강화한다.

다섯째, 현재 지원중인 1억5천만 달러의 AID차관 외 한국의 경제발전을 돕기 위해 추가로 1억5천만 달러를 제공한다.

여섯째, 베트남 수출지원을 위해 1천5백만 달러의 프로그램을 제공한다.

한국에게 베트남은 전장인 동시에 거대한 시장이었다. 제2차 세계대전은 미국, 한국전쟁은 일본을 부강하게 만들었다고 말한다. 전쟁은 군인들의 싸움인 동시에 군수물자의 싸움이었다. 군수품과 소비품들이 급속도로 소비되는 공간이었다. 그러나 전쟁에 참여한 국가만 군수품 공급에 대한 경매와 입찰에 참여할 수 있었다.

당시 국군 장병들은 월급의 80%를 고국의 가족을 위해 송금하고 나머지 20% 금액만을 비닐주머니에 넣어 전투할 때도 품에 넣어 다녔다. 파병 군인의 국내 송금과 미군 물자의 조달과 수출, 건설 용역 등을 중심으로 연간 2억 달러의 경제적 특수를 얻게 된다. 이것이 베트남 특수가 되어 한국 경제 발전에 결정적 영향을 미치게 되었다.

그러나 베트남 전쟁의 실상은 참혹했다. 한국전쟁에서 한반도의 자유를 지키기 위해 싸운 수많은 푸른 눈의 참전 군인처럼, 대한민국의 국군 장병들도 타지에서 목숨을 다해 싸웠다. 베트남전 참전으로 한국은 전사자 5000여 명과 부상자 1만 5000여 명의 큰 희생을 치러야만 했다.

그 시절 학생들은 월남전에 참전한 군인들을 위해 위문편지를 썼다. 편지의 답례로는 미군 PX에서 산 연필과 초콜렛 등이 돌아오기도 했다. 당시 집안에 월남전 파병 용사나, 독일로 광부나 간호사로 떠난 가족이 있는 집은 동네에서 경제적으로 잘 사는 집이었다. 가족을 위해 국가를 위해 타국으로 떠난 사람들의 가슴 울리는 이야기는 아주 오래된 역사가 아니다. 부모님께 물어보면 들을 수 있는, 그 시절 모두가 겪었던 모습이자 대한민국의 유산이다. 베트남으로 파병 간 대한민국 국군 장병들의 애국과 희생으로 한국은 눈부신 발전을 이룩할 수 있었다.

베트남으로 파병된 장병들의 열을 맞추어 이동하는 모습이다.
It appears that the soldiers dispatched to Vietnam are moving in line.

ⓒ 국가기록원

새벽종이 울렸네 새 아침이 밝았네

너도나도 일어나 새 마을을 가꾸세

초가집도 없애고 마을길도 넓히고

푸른 동산 만들어 알뜰살뜰 다듬세

서로서로 도와서 땀 흘려서 일하고

소득증대 힘써서 부자마을 만드세

우리 모두 굳세게 싸우면서 일하고

일하면서 싸워서 새 조국을 만드세

살기 좋은 내 마을 우리 힘으로 만드세

- 새마을 운동 노래 -

새마을운동

그 시절의 새벽은, 닭의 울음소리가 아닌 흥겨운 노래가 알렸다. 도시와 시골 할 것 없이 노래가 나오면 마을사람들이 밖으로 하나둘씩 모여들었다. 이들은 힘을 합쳐 낡은 초가 지붕을 걷어 내어 바꾸거나, 흙길이었던 도로를 시멘트를 사용해서 튼튼하게 닦았다. 어떤 마을은 빨래터를 시멘트로 보수하여 쾌적하고 튼튼한 빨래터로 만들었다.

새마을운동은 근면·자조·협동정신과 '잘 살아보세'라는 구호를 바탕으로 빈곤 퇴치와 지역 사회 개발을 위해 1970년부터 전개된 운동이다. 공업 중심의 경제개발로 도시와 농촌간의 소득 격차가 벌어지면서 각종 농촌문제가 발생하였다. 이에 정부는 전국 마을에 시멘트를 무상지원하며 마을 공동사업을 실시했다.

새마을운동을 시행하는 데 가장 우선적으로 필요한 물자는 시멘트였다. 때마침 쌍용양회가 생산하는 시멘트가 재고가 많이 쌓여서 회사가 어려움을 겪자 정부가 이 시멘트를 모조리 사들였다. 시멘트는 총 1천만 포대로 그 양이 어마어마했다. 처음에는 3만 3천여 개 마을에 300포대 씩 지급했다. 시멘트를 활용하여 마을을 보수하자 대한민국의 농촌은 눈에 띄게 달라졌다. 정부는 시멘트를 각 가정이 아닌 마을 단위로 배포했다. 만약 가구당 시멘트를 배포했다면 구석에 쌓아두고 그대로 굳혀버렸을 수도 있었다. 하지만 마을 단위로 배포하자 마을의 사람들이 힘을 합쳐 마을의 문제를 집단으로 해결해나가기 시작했다.

새마을운동이 성공할 수 있었던 가장 큰 이유는 마을 단위로 자발적인 경쟁심을 유도하는 방식에 있었다. 정부는 각 마을마다 시멘트를 얼마나 잘 활용하는지를 기준으로 삼았다. 만약 배급받은 시멘트를 모두 사용하지 않으면 다음번 지원대상에서 제외시켰다. 하지만 배급받은 시멘트를 잘 활용하는 마을에게는 지원을 아끼지 않았다.

1970년도 당시 시골의 농가는 70%가 초가지붕이었다. 대부분의 도로가 흙길이었다. 하지만 새마을운동 이후 1975년에는 전국 농가들의 지붕이 슬레이트나 시멘트 기와 지붕으로 대부분 바뀌게 되었고, 사실상 초가지붕은 이때 거의 사라졌다. 농촌은 눈부시게 달라졌고, 농민들이 느꼈던 감회는 특별하였다. 새마을운동은 대한민국 국민들이 단순히 물질적인 풍요만을 이룬 것이 아닌 정신적인 풍요로움도 함께 이루어낸 국민운동이었다.

오랜 봉건국가에서 살아온 사람들은 아무리 노력해도 얻을 수 있는 것이 없었기 때문에 열심과 의지가 결여되어 있었다. 그렇게 자연스레 자리 잡은 민족적 의식은 '게으름'이었다. 술과 담배, 그리고 게으름은 조선에서 희망을 찾을 수 없던 백성의 슬픈 삶의 일면이었다. 하지만 새마을운동의 가장 큰 의의는 우리 농민들에게 '잘 살려는' 의욕과 '잘 살 수 있다'는 자신감을 심어준 것이었다.

'잘 살아보세'라는 구호는 너무도 단순하지만, 국민의 가슴 깊은 곳에 있었던 본질적인 욕구를 이끌어 낼 수 있었다. 새마을운동은 국민들의 근면과 성실을 깨우쳐준 운동이었다.

농촌의 새마을운동 모습이다. 팻말에는 '협동하고 알뜰이 가꾸어 후손에게 영광주자'라고 쓰여있다.
It is the appearance of the Saemaul Movement in the countryside. The sign reads, "Let's cooperate and make the village affordable and give glory to our descendants."

ⓒ 국가기록원

기적을 알리다: 88 서울 올림픽

　꼬마 남자아이가 굴렁쇠를 굴리며 푸른 운동장을 가로 질러간다. 그리고 한국의 아름다움을 선과 움직임으로 말하는 분홍빛 무용수들이 운동장을 채웠다. 한 남자가 빠른 발자국을 남기며 저기 멀리서 봉화 불을 가지고 달려온다. 그 위로 날아드는 비둘기, 마구 겹쳐 보이는 사람들의 손뼉은 마치 햇살이 부서져 내리는 모습이었다.

　　　'손에 손 잡고 벽을 넘어서 서로 서로 사랑하는 한마음 되자, 손잡고'

　코리아나의 멤버 이용규씨가 88서울올림픽 주제가인 '손에 손잡고'를 시원시원한 목소리로 불렀다. 현장에 있던 사람들의 마음은 하나가 되었다. 불붙은 봉화가 하늘 높이 솟아오르고 모두의 가슴이 고동쳤다. 모두가 일어났다. 그리고 함께 살아 왔던 삶을 회상하며 벅차오르는 감격과 감동을 나누었다. 하늘에는 오륜기 모양의 비행운이 떠있고 그 아래에는 형형색색으로 물든 대한민국 국민이 원을 그렸다. 세계 각국의 사람들도 전통 의상을 입고 묘기를 보이며 축제에 조화를 이루었다. 1988년 9월 17일, 팔랑거리는 소고, 분분한 가을은 그들의 꿈과 부대끼며 감격의 농도를 더 짙게 했다.

1988년 9월 17일부터 10월 2일까지 개체된 제 24회 서울 올림픽의 한 장면이다. 88 올림픽은 화합과 전진이라는 모토 아래 160개국이 참여한 최대 규모의 올림픽이다.
A scene from the 24th Seoul Olympics held from September 17 to October 2, 1988. The 1988 Olympics is the largest Olympic Games in which 160 countries participated under the motto of harmony and progress.

1981년 서독의 바덴바덴에서 올림픽 후보 도시들의 설명회가 있었다. 당시 한국은 유치권을 가져오는 데 불리한 상황이었다. 재정에 대한 우려도 있었고 무엇보다 여러 공산국가들의 방해가 있었다. 하지만 대한민국은 포기하지 않고 적극적인 유치전을 펼치면서 불리한 상황과 싸우고 있었다.

1981년 정주영 대한체육회 회장은 88올림픽 유치를 위해 두 팔을 걷고 나섰다. 정주영은 88올림픽 유치의 일등 공신이었다. 그의 재치는 기업 발전에만 국한되지 않았다. 올림픽을 유치하기 위해서는 IOC 위원들의 환심을 사는 것이 가장 중요한데, 다른 국가들은 값비싼 선물을 준비했다. 하지만 정주영은 완전히 다른 전략을 구상했는데 '꽃바구니 전략'이었다. 서울올림픽 유치위원들은 정주영의 '꽃바구니 전략'을 듣고는 모두 반대했다. 하지만 그는 대한민국 국민이 하나하나 정성스럽게 만든 꽃바구니를 IOC 위원들의 방에 넣어 주었다. 그런데 꽃바구니에 대한 반응은 아주 대단했다. 정성과 마음이 담긴 꽃바구니를 받은 IOC 위원들은 로비에서 한국 대표단을 보며 감사하다는 인사를 건넸다. 그들은 아름다운 꽃을 보내준 것에 있어서 진심으로 감사를 표했다. 정주영은 그저 값비싼 선물이 아니라 정성이 담긴 선물이 부담을 주지 않고 사람의 마음을 움직일 수 있다는 것을 알고 있었던 것이다.

이 사건을 계기로 해외 IOC 파견단이 바라보는 대한민국의 인식은 완전히 달라졌다. 모두가 1988년 올림픽 유치 결과를 기다리고 있었다. 긴장감은 고조되었고 사마란치 위원장은 올림픽 유치지가 적힌 종이를 조심스럽게 펼쳤다.

'쎄울 코리아'

88올림픽 유치 결과는 모두의 예상을 깬 대한민국의 승리였다. 올림픽 유치전은 대한민국의 승리로 끝났다.

대한민국은 1948년 8월 15일 건국이 된 지, 2년도 채 되지 않아 전쟁을 겪었다. 겨우내 피워낸 감격을 빼앗겼다. 대한민국을 국가를 재건하는 데 필요한 기간을 100년으로 예상한 맥아더의 시선은 결코 과장이 아닌, 배려 섞인 위로로 느껴졌다. 대한민국은 실로 절망적인 상황이었다. 사랑하는 사람의 존재를 땅에 묻고 기억하는 고향을 마음에 묻었다. 그러고는 절망을 뒤로하고 다시금 이를 악물고 선명한 그림을 심었다. 몸을 던져가며, 자기 자신을 아끼지 않고 대한민국을 일구고, 가꿔나갔다.

88서울올림픽이 끝난 후 대한민국은 과거의 절망에서 벗어나서 미래를 바라보는 나라가 되었다. 과연 기적을 화려하게 피워낸, 동양에서 가장 상처 많고, 가난하고 작은 나라이던 대한민국은 현재 세계에서 총 GDP순위 10위에, 무역규모는 9,800억 달러로 세계 7위의 강대국으로 성장하였다. 그야말로 20세기 세계사에서 유례가 없는 경제 기적을 일구어낸 것이다.

정치만 고치고자 하면 바로잡을 만한 사람도 없을뿐더러,
우연히 바로잡는다 하더라도 썩은 백성 위에 맑은 정부가 일할 수는 없다.

- 이승만

7장
신앙의 기적

7장
신앙의 기적

지금까지 대한민국의 '한강의 기적' 중에서 '정치의 기적'과 '경제의 기적'을 살펴보았다. 그러나 그 모든 기적을 이루어내기 위해서는 한 가지 전제 조건이 반드시 필요했다. 그것은 그 기적의 주체가 되는 한 사람 한 사람의 내면이 바뀌는 것이었다. 조선이 대한민국이 되는 과정은 몇몇 선각자들의 개혁 노력과 민주 정부의 설립만으로 가능한 것이 아니었다. 반드시 조선에서 살던 조선인이 대한민국의 국민으로 바뀌어야만 했다. 그것은 반만년 동안 자유와 인권을 경험해보지 못한 노예상태의 사람들이 자신의 권리와 책임을 아는 자유인이 되는 변화를 의미했다.

> 정치는 항상 교회 본의로서 딸려나는 고로 교회에서 감화한 사람이 많이 생길수록 정치의 근본이 스스로 바로잡히나니 이럼으로 교화로써 나라를 변혁하는 것이 제일 순편하고 순리된 바로다. 이것을 생각지 않고 다만 정치만 고치고자 하면 정치를 바로잡을 만한 사람도 없으려니와 설령 우연히 바로 잡는다 할지라도 썩은 백성 위

에 맑은 정부가 어찌 일을 할 수 있으리오. 반드시 백성을 감화시켜

새 사람이 되게 한 후에야 정부가 스스로 맑아질지니 이 어찌 교회

가 정부의 근원이 아니리요. - 이승만 '독립정신'

청년 이승만이 조선에 심고자 죽음을 불사하고 투쟁했던 정치사상은 '자유·민주·공화주의'이다. 이승만은 아펜젤러 선교사가 세운 배재학당에서 '이상 국가' 미국을 처음 발견하고는 미친 듯이 파고들기 시작했다. 이것은 그에게 있어서 한줄기 빛과 같은 자유사상이었다. 20세의 이승만은 무능하고 부패한 성리학의 노예국가를 어떻게든 일깨워서 자유·민주화하고자 애썼다. 그는 이 사상의 청사진을 조선인들에게 계몽하고 알리기 위해 신문을 창간하고, 거리에서 만민공동회를 개최하며 투쟁을 벌이다 결국 반역자로 잡혀 한성감옥에 투옥되어 사형수가 되었다.

이승만은 그가 쓴 옥중 저서 <독립정신>에서 이렇게 말한다. "정치만 고치고자 하면 바로잡을 만한 사람도 없을뿐더러, 우연히 바로잡는다 하더라도 썩은 백성 위에 맑은 정부가 일할 수는 없다." 이것은 이승만 뿐 아니라 기독교 신앙을 지닌 독립운동가들이 가진 공통된 생각이었다. 그들은 때론 총과 칼을 들고 투쟁하였으나, 대부분의 에너지를 학교를 세우고 백성을 교육하고 계몽하는 일에 쏟아 부었다. 그리고 모두가 일제로부터의 해방을 목표로 싸울 때, 이들은 독립 이후에 어떤 국가를 세워야 하는지에 대해

몰입하였다.

왜, 신앙의 기적이 대한민국의 기적이 되었을까. 기독교 신앙의 기적은 특정 종교만의 기적이 아니었다. 이것은 조선인 한 사람, 한 사람의 삶에 자유를 가져다 준 기적이었다. 그 결과 대한민국의 국민은 모두 이 기적의 열매들을 누리며 살고 있으며, 신앙이 있든 없든 자유라고 하는 사상에 있어서는 모두가 기독교에 빚을 지고 있다.

개화의 뿌리

중국에서 서양문물을 접한 지식인들은 실학과 개화사상을 바탕으로 조선의 운명을 바꿔보고자 하였다. 쇄국정책으로 선교사들을 학살하는 조선 정부를 의식하여 종교가 아닌 학문의 형태로 연구하였지만, 그들이 중국에서 접한 서구 문명은 기독교 문명이었다. 서구 문명을 받아들이기 위해서는 그것을 가능하게 만든 세계관인 기독교를 받아들여야 한다는 진실을 깨우친 이들은 이를 실행에 옮겼다. 이들이 이끈 반유교적 노력을 통해서 조선은 점차 외부세계로 문을 열기 시작했다.[24)]

한국 역사에서 고대 왕권국가를 등장할 수 있도록 견인한 동력은 삼국시대 불교의 유입이었다. 조선 왕조는 새로운 시대를 열기 위해 성리학과 조우했다. 그런데 근·현대사에서 기적의 문을 열어 젖힌 근본적인 힘을 제공한 것은 기독교였다. 이 변화의 선두에는

이승만을 비롯한 수많은 건국의 선각자들이 있었다.25)

따라서 '불교는 고려를, 유교는 조선을, 기독교는 대한민국을 만들었다'고 평가할 만큼, 유교에서 기독교 사상으로의 대전환이야말로 20세기 한국인들의 정신세계에서 가장 큰 변화였다. 조선 망국의 근본 원인이던 유교의 망령과 성리학의 세계를 끝내고, 개인의 자유를 전파한 것이 기독교였다. 한민족이 봉건사회에서 근대사회로 전환하게 되는 변곡점에는 기독교가 있었다.

기독교는 명을 다해가는 조선에서는 개화를 이끌었고, 일제강점의 어둠 속에서는 독립을 이끌었으며, 전쟁 후 폐허 속에서는 발전을 이끌었다.

부흥의 시작

'야소!!'

1866년 9월 4일, 제너럴셔먼호는 물이 빠져 나간 대동강의 진흙 바닥에서 좌초되었다. 그리고 그 아래는 조선 관군이 외국인 선원들이 배에서 내리는 것을 기다리며 서늘하게 날이 선 창과 검을 겨누고 있었다. 제너럴셔먼호는 평양성을 향해 대포를 발사했고 대동강 일대는 아수라장이 되었다. 다음 날이 되자 조선 관군들은 좌초된 제너럴셔먼호에 불을 놓았다. 배에 타고 있던 선원들은 강으로 뛰어내리기 시작했다. 뭍으로 헤엄쳐 나온 선원들은 조선 관군의 창에 목숨을 잃었다. 그런데 한 외국인이 포를 쏘는 제너럴셔먼호의 선장을 말리면서 백기를 들고 조선말로 고함을 질러댔다.

'야소! 야소 믿으시오! 야소!!'

그는 한 손에는 백기를 한 손에는 책을 들고 공격하는 조선 관군에게 책을 던져 주며 계속해서 '야소'(예수)를 믿으라고 외쳤다. 강에 뛰어든 선원들은 모두 죽었고 붙잡힌 사람은 책을 던지며 외치던 외국인을 포함한 4명이 전부였다. 그리고는 모두 참수되어 죽었다. 성경을 던지며 외쳤던 청년은 토마스 선교사였다. 토마스를 참수했던 박춘권은 아래와 같은 글을 남겼다.

'내가 서양 사람을 죽이는 중에 한사람을 죽인 것은, 내가 지금 생각할수록 이상한 감이 있다. 내가 그를 찌르려고 할 때에 그는 두 손을 마주잡고 무삼 말(기도)을 한 후 붉은 베를 입힌 책을 가지고, 우스면서 나에게 밧으라 권하였다. 그럼으로 내가 죽이기는 하엿스나, 이 책을 밧지 않을 수가 없어서 밧아왔노라.' -오문환, 토마스 목사전 토마스 선교사가 순교한 후에도 여전히 낙후되고 위험한 국가로 인식되던 '금단의 땅' 조선에도 변화의 움직임이 나타나기 시작했다. 영국, 미국, 프랑스 등의 선교사들이 '야소'를 전하기 위해 목숨을 걸고 조선으로 향했다. 조선을 찾은 그들은 토마스 선교사가 그렇게 부르짖던 '야소'를 전했다. 선교사들은 조선 땅에서 '야소'와 '성경' 그리고 서로 '사랑하는 것'을 가르쳤다.

토마스 선교사에게 성경을 받은 박춘권은 그후 오위장과 안주우후 등의 벼슬자리에 올랐다. 세월이 흐른 후 예순의 노인이 되었을 때 평양에는 미국인 선교사 마펫이 널다리골교회(훗날 장대현교회)를 세웠다. 박춘권은 과거 토마스 선교사가 순교하면서 건네준 성경을 읽다가 큰 감명을 받아 마펫 선교사에게 세례를 받고, 기독교로 개종하게 되었다.[26]

동방의 예루살렘, 평양

특히 평안도 지방은 기독교를 적극적으로 받아들였다. 평안도는 중국과의 국경지대에 위치하고 있어서 무역을 통한 중국이나 외국과의 교류가 많아 상당히 개방적이었다. 그래서 이들은 새로운 사상이나 문물을 접하고 배우는 것을 두려워하지 않았고 자유에 더 일찍 눈뜨게 되었다.

게다가 사(士)·농(農)·공(工)·상(商)의 신분질서를 강조하는 조선 사회는 장사꾼을 천하게 여겼기 때문에, 장사하고 무역하는 평안도 지역의 사람들은 조선에서 차별을 받고 살았다. 그런데 외국인 선교사들이 전하는 "모든 사람은 평등하고, 한 생명이 천하보다 귀하며, 죄인인 나를 구원하기 위해 예수님이 십자가에서 대신 죽었다"는 말씀에 귀가 쫑긋해지기 시작했다. 하늘아래 모두가 평등한 종교를 믿자, 양반 상놈 구분할 것 없이 한 공간으로 모여 성경 말씀을 듣는 상상도 할 수 없었던 현상이 벌어졌다.

　평양에서의 선교활동은 감리교 의료선교사 홀^{William James Hall}로부터 시작되었다. 1860년 캐나다에서 태어난 홀은 퀸즈대학교 의과대학을 졸업한 후 뉴욕에서 의사가 되었다. 독실한 크리스천이던 그는 뉴욕 빈민가에서 의료봉사를 하다가 조선 선교를 준비하던 의사 로제타^{Rosetta Sherwood}를 만났다. 이때부터 교제하던 두 사람은 1890년 로제타가 조선 선교사로 파송되자, 홀도 다음 해 조선으로 찾아와서 서울에서 결혼식을 올렸다. 그리고 홀이 평양에서 의료활동을 하며 교회를 개척하였다.

　그러나 홀은 1894년 평양에서 벌어진 청일전쟁의 부상자들을 치료하기 위해 밤낮으로 애쓰다가 발진티푸스에 걸려 사망하였고, 서울의 한강변 양화진에 안장되었다. 남편이 죽은 후에 만삭의 몸으로 어린 셔우드를 데리고 미국으로 돌아간 로제타는 남편이 이루지 못한 조선사랑을 이루기 위해 미국을 순회하면서 병원을 건립하기 위한 모금활동을 벌인 후, 1897년에 다시 두 아이와 함께 한국으로 돌아왔다. 그런데 이듬해에 딸 에디스가 풍토병에

결려 4살의 나이로 죽자 아버지 닥터 홀의 묘지 곁에 묻어야 했다. 그럼에도 불구하고 로제타는 포기하지 않고 남편 홀을 기념하는 기홀병원과 여성병원인 광혜여원을 설립했다.

홀과 같은 시기에 평양 선교를 개척한 장로교의 마펫^{Samuel Austin Moffett} 선교사는 홀을 이렇게 추모하였다.

> "홀은 주님의 명령에 따라 살다가 죽었다. 예수님이 명령하매 한국
> 에 기꺼이 왔고, 다시 명령하매 하늘나라에 갔다. 그는 위대한 신
> 앙, 위대한 사랑, 위대한 자비의 사람이다."

마펫 선교사는 홀이 평양 선교를 개척한 이듬해부터 평양 선교를 시작했다. 그는 1893년 평양에 첫 번째 교회인 널다리골교회^{후에 장대현교회로 발전}를 세웠고, 1894년에는 광성학교를 설립했다. 이때부터 1907년까지 평안도 지방에는 소학교 256개, 중등학교 11개, 전문학교 1개의 미션 스쿨이 설립되었다. 평안도 지역의 선교활동은 교회와 학교와 병원이 유기적으로 협력하면서 큰 성과를 거두었다.

> "평안도 지역의 척박하던 영적 토양을 병원이라는 쟁기로 갈고, 학
> 교라는 써래로 고른 후에, 교회에서 말씀을 파종하였다."
> - 미국 의료선교협회 보고서

이렇게 평안도 지방은 조선의 유교적 봉건질서에서 벗어나려는 변화의 열망이 강했던 데다가, 선교사들의 헌신적인 선교활동이 더해지면서 기독교가 크게 번성하였다. 1932년 통계를 보면 전국의 기독교인 28만여 명 가운데 48%가 평안도와 황해도에 분포되었고, 그로 인해 그 중심 도시인 평양은 '동방의 예루살렘'으로 불리어지게 되었다.

평양대부흥운동

평양이 '동방의 예루살렘'으로 불리면서 기독교인들에게 마음의 고향으로 자리하게 된 것은 1907년에 일어난 평양대부흥운동에서 비롯되었다.

평양대부흥은 4년 전인 1903년 원산에서부터 시작되었다. 1903년 8월 원산서 일주일간 열린 연합기도회에서 의사인 하디[R.A.Hardie] 선교사가 한국인 교인들 앞에서 자기 죄를 고백했다. 그는 백인 선교사로 조선을 찾아왔지만, 마음 속 한편으로는 조선 사람을 미개하다고 생각하며 우월의식에 빠져 있었음을 고백했다.

조선 사람들은 그의 고백에 큰 충격을 받았다. 그의 죄에 놀란 것이 아니라, 체면에 살고 체면에 죽던 조선사회에서 백인 목사가 자신의 죄를 회중 앞에서 자복한 것에 놀랐다. 그들은 하디 선교사에게 실망하지 않았다. 오히려 하나둘씩 앞으로 나와 사람들 앞에서 자신들의 죄를 하디와 같이 자복하기 시작했다.

그들은 간음, 증오, 미움, 질투, 횡령, 절도 등의 비도덕적인 죄를 고백하면서 남편은 아내에게 용서를 구하였고 아내는 남편을 용서하기 시작했다. 양반이 상민에게 용서를 구하고 상민들은 기득권층이었던 양반을 용서하는 진풍경이 벌어졌다. 사람들은 일본인을 미워했던 것과 물건을 속여 판 것까지 용서를 구했다.

이날 하디의 고백을 시작으로 서로 화해하고 용서하고 아픈 역사와 과거를 용서하기 시작했다. 이러한 운동이 원산에서부터 평양과 조선 전역으로 불길같이 번져갔고 기독교는 사람들의 깨끗한 양심을 일깨우기 시작했다. 이것이 이듬해 평양대부흥운동의 불씨가 되어 한국교회 성장의 계기를 마련해주었다.

1907년 1월, 장대현교회에서 평양 시내의 네 교회의 연합집회가 시작되었다. 이때 길선주 장로는 한 주간 동안 진행된 새벽기도회를 통해서 큰 은혜를 끼쳤다. 무엇보다 그는 자신이 '아간'과 같은 죄인임을 사람들 앞에서 고백하며 회개했고, 이를 계기로 수많은 교인들의 회개가 터져 나왔다.

그러던 중 1월 14일(월) 저녁 집회 때 블레어^{W.N. Blair} 선교사가 '너희는 그리스도의 몸이요 그리스도의 지체들이라'^{고전 12:27}는 주제의 설교를 마치고 수백 명의 성도가 통성 기도할 때 성령의 큰 역사가 임했다. 수많은 사람이 자신의 죄를 대중 앞에서 자복하고 눈물로 회개하고, 서로 다투고 반목하던 사람들이 서로 껴안고 화해했다. 감동적인 회개가 새벽 2시까지 계속되자 이런 장면을 목격한

한 선교사는 "입으로 고백하기 어려운 상상할 수 없는 무섭고 추한 죄악이 쏟아져 나왔다. 마치 지옥 지붕이 젖혀진 것 같은 착각이 들 정도였다."라고 회고했다.

이런 부흥의 불길은 전국으로 번져나갔다. 평양에서 시작한 대부흥의 불씨가 전국으로 확산되면서 한국교회는 2년 동안 2배 이상 성장하는 비약적인 성장을 이루었다. 1905년과 1907년을 비교하면 교회 수가 321개에서 642개로, 전도소가 470개에서 1,045개로, 세례교인은 9,761명에서 18,964명으로, 학습교인은 30,136명에서 99,300명으로 393%가 급증했다.

독립운동가의 결기

기독교는 가장 극적인 순간에 한반도를 찾아왔다. 우리나라에 기독교가 전파되기 시작한 1800년도 후반은 조선왕조가 저물어가며 제국주의 열강의 침략으로 인한 국가적 절체절명의 시기였다. 그리고 1907년 평양대부흥운동이 일어난 지 3년 만인 1910년 조선은 한일합방으로 국권을 상실하게 되었다. 기독교는 조선에 착상되자 마자 일제강점기라는 국가적으로 가장 절망적이고 어두운 시기를 통과해야만 했다.

일본제국에게 조선의 기독교는 서양 열강들과 연결되어 백성들을 계몽하고 일깨우며 독립정신을 고취시키는 눈엣가시같은 존재였다. 일제는 1911년 '데라우치 총독 암살 미수사건'을 조작하여 기독교 교세가 강성한 평안도와 황해도 지역을 중심으로 대대적인 탄압을 가했는데, 그것이 '105인 사건'이다.

그러나 교회는 망국의 아픔을 독립과 자유를 향한 소망으로 변환시켰다. 105인 사건으로 옥고를 치른 민족주의자들이 옥중신앙으로 단련되면서 오히려 항일운동의 전면에 부상하기 시작했다.

이후 이들은 1919년 3.1운동에서 내적으로 성숙된 '신앙의 힘'을 외적 '민족운동'으로 표출해냈다. 민족대표 33인 중에 이승훈 길선주 양전백 등 기독교인 16인이 참여했고, 전국에서 3.1운동을 주도한 혐의로 경찰에 구금된 9,059명 중에서 2,039명이 기독교인으로, 구금자의 23%종교인의 57%를 차지했다.

당시 기독교 인구는 전 인구의 1%가 채 되지 않았지만, 생명을 내어놓는 살생부와 같은 3.1운동 민족대표 명단에는 절반에 가까운 숫자를 기독교인들이 차지하였다.

2장 '선각자의 씨앗'에서 다룬 이승만 이상재 안창호 서재필 이준 손정도 조만식 이승훈과 같은 독립운동가들도 모두 기독교인이었으며, 옥중에서 생명을 바친 유관순을 비롯한 수많은 독립운동가들 또한 기독교신앙을 바탕으로 국가를 향한 깨끗한 정신과 결기를 지켰다. 독립운동가들을 보호하며 조선의 독립을 위해 보이지 않게 지원하고 지지하였던 것도 조선에 들어와있는 서양 선교사들이었다. 기독교는 선각자들과 독립운동가들에게 자유에 대한 갈망과 결기를 불러일으켰다.

1937년 중일전쟁을 일으킨 일본은 조선인의 민족성을 말살하고 일본에 동화시킴으로써 식민지 지배를 강화하려는 황국신민화정책을 펼쳤다. 이를 위해 신사참배와 창씨개명, 일본어 사용을 강요하자, 가장 강력히 반대하고 거부운동을 펼친 세력이 기독교였다. 신사참배 거부로 투옥된 사람이 2천여 명에 달하고, 2백여 교회가 폐쇄 당했으며, 50여 명의 순교자가 발생했다.

그러면 조선의 독립을 위해 피 흘린 독립운동가들의 결기와 정신은 어디서부터 생겨난 것일까? 국가와 민족을 위해서 개인의 생명을 희생할 수 있는 극도의 이타심은 어떻게 만들어졌을까?

기독교는 사랑의 종교이자, 얽매인 자를 해방시키는 자유의 종교다. 성경은 "네 이웃을 네 몸과 같이 사랑하라"고 가르치며, 복음은 자기 목숨을 내어주는 이타적인 사랑에 대한 소식이었다. 따라서 복음의 진수를 맛본 선각자들은 생명의 존엄과 개인의 자유, 그리고 이웃들의 집합체인 민족을 위해 몸 바쳐 싸우지 않을 수 없었다.

날 때부터 서원된 국가

1900년경 조선 사람의 평균 수명이 36세이었던 것을 생각하면, 일제강점기 36년이라는 기간은 한 세대가 모두 끝날 만큼이나 긴 시간이다. 그들이 태어나고 자랐던 나라는 일본이 되어버린 조선이었다. 이것은 또한 36년 뒤에 끝나리라는 기약을 갖고 기다리는 시간이 아니었다. 부흥과 자유를 경험한 기독교인들은 곧 이어 언제 끝날지 모르는 견디기 어려운 핍박과 고통의 시간을 지나게 되었다. 평양대부흥운동을 경험했던 그들은 무엇을 기도하였을까?

성경에는 아기를 갖지 못해 자녀를 갖기를 간절히 기도하는 한나라는 여인이 등장한다. 간절히 기도하는 그녀의 모습을 본 주변 사람들이 미친 사람으로 오해할 만큼, 그녀는 절박한 심정으로 기도했다. 한나는 자녀를 얻게 된다면 그 자녀를 하나님을 섬기는 제사장으로 드리겠다고 서원기도를 했다. 그리고 기적과 같이 태어난 사무엘은 그녀의 서원과 같이 태어나자마자 성전에서 살며, 장차 이스라엘을 이끄는 선지자이자 제사장이 되었다.

이와 같이 부흥을 경험했던 수많은 조선의 기독교인들은 견디기 어려운 압제의 시간을 지나며, '만약 독립을 허락해주시면 …' '만약 일제의 폭압에서 벗어나게 해주신다면 …' 으로 시작하는 수많은 서원기도를 드렸을 것이다. 그들이 서원한 내용이 무엇이었을까? 이는 이승만의 저서 <한국교회 핍박>에서 유추해 볼 수 있다. 일제강점기가 막 시작된 1910년내에 그는 '기독교를 배척하는 아시아의 모든 국가가 한국의 영향을 받아 기독교를 받아들일 것'이라는 예언을 했다. 즉 성경에 자유 평등 사상이 포함되어 있으니 기독교가 '한국 혁명'의 기초이며, 장래 한국이 아시아에 이러한 자유와 평등을 전파하게 될 것이라는 실로 담대한 비전의 선포였다. 27)

   아직 존재하지도 않은 상상 속의 나라 '대한민국'은 태어나기 전부터 특별한 사명을 약속하며 서원되었다. 압제 속 조선의 기독교인들은 독립된 자유국가를 허락해주시면 그 나라를 아시아의 제사장 국가로 드리겠다고 서원했다. 그리고 갑작스럽게 기적과 같은 독립이 주어졌다. 일본에 떨어진 '팻 맨'과 '리틀 보이' 두 번의 원자탄 공격은 조선에 해방을 가져왔다. 감히 누구도 이 독립에 있어서 영웅으로 추앙받지 못하도록, 누구 공로도 아닌 기적과 같이 주어진 해방이었다.

새벽녘 교회에 앉아서 손을 모으고 기도하는 할머니의 모습이다.
It is the appearance of a grandmother sitting at a church at dawn and praying with her hands together.

민족의 각성

노인이 두 손을 모으고 기도하고 있다. 질끈 감은 눈의 주름에서 세월의 흔적이 담긴 간절함이 느껴진다. 대부흥운동을 경험한 조선의 기독교인들은 산으로 들로 나가 어디서나 기도했다. 한밤에도 기도하고 꼭두새벽에도 기도했다. 지금도 한국 기독교에 자리 잡은 산기도, 새벽기도, 철야기도의 문화는 조선에 기독교가 뿌리내린 시점부터 시작된 깊은 역사를 지니고 있다. 한국의 기도 유산은 세계 어디에서도 찾아볼 수 없는 독특한 문화를 갖고 있다.

많은 사람들은 한국교회 성장을 이끌어온 뿌리로 산기도와 새벽기도를 말한다. 모세의 산기도, 예수님의 산기도와 같이 수많은 대한민국 초기의 신앙인들은 개인의 위기 혹은 국가적 위기를 맞을 때마다 산을 찾았다. 당시 산은 하나님을 가장 잘 만날 수 있는 장소 중의 하나였다. 그 시절 평창동의 삼각산^{북한산} 일대는 기도하는 이들로 가득했다. 무릎을 꿇을 수 있는 자리만 있으면 저마다 돗자리를 깔고는 밤을 새우며 기도했다. 민족복음화에 대한 열기는 기도를 통해 밤낮을 가리지 않고 타올랐다.

1945년 해방될 당시 우리나라 기독교인 수는 남북한을 다 합쳐 약 40-50만 명으로 추산됐다. 이 중에 2/3가 북한에 살고 있었고, 남한의 기독교인 비율은 인구의 0.5% 수준이었다. 그런데 한국전쟁 발발과 함께 북한에 살던 기독교인들이 대거 남쪽으로 내려오면서, 이들의 주도로 한국교회는 큰 성장세를 보이기 시작하였다. 정부 통계가 처음 집계된 1970년에는 기독교인 비율이 인구 대비 6.7%로 증가했는데, 이것은 해방 당시에 비하면 10배 이상 늘어난 수치이다. 25년 동안 정말 엄청난 성장을 해온 것이다.

이는 기독교가 한국 사회에 기여한 역할에 따른 결과였다. 전쟁 후 폐허와 잿더미만 남아있는 한반도를 재건하는 일에도 교회가 앞장섰다. 미국의 교회와 기독교 그룹은 평양대부흥이 있었던 동양의 작은 한 나라를 지원하는 일에 재정을 아끼지 않았다. 수많은 선교적 지원과 구호물품들이 교회의 손을 거쳐 대한민국으로 들어왔다.

그리고 선교사들이 조선 땅에 세운 배재학당과 이화학당 등 수많은 근대식 교육시설들은 전쟁의 폐허 가운데 태어난 다음세대들에게 희망을 가르쳐주었다. 원조받는 것을 넘어서 스스로 일어서고 민족적 가난을 떨칠 수 있는 근본적이면서도 유일한 방법은 다음세대의 교육에 있었다. 한국교회는 해방 전 중등교육기관의 20-40%를 담당했고, 특히 기독교가 운영한 4개 전문학교(숭실전문, 연희전문, 이화여전, 세브란스의전)의 졸업생은 4천 명 이상이었다. 이들은 사회 각 분야의 지도자로 활동했으며, 건국 과정에서도 중추적 역할을 담당했다.

이후에도 1970년대 대한민국은 산업화로 인해 농촌 인구가 도시로 집중되었는데 그와 함께 한국교회는 성장을 거듭하였다. 이때 1973년의 '빌리 그레이엄 전도 집회'와 1974년의 '엑스플로 74'는 평양대부흥 이후 한국 교회 성장에 폭발적인 부흥을 일으킨 대표적인 사건이었다.

70년대 청계천 활빈교회에서 아이를 등에 업고 기도하는 어머니
A mother praying with her child on her back at Hwalbin Church in Cheonggyecheon in the 1970s.

ⓒ 노무라 모토유키

1973년 빌리 그레이엄(Billy Graham) 전도집회
: 오천만을 그리스도에게로

1973년 5월 30일 구름떼처럼 많은 사람들이 집회에 참석하기 위해 여의도광장을 가득 채웠다. 세계적인 부흥사로 유명세를 떨치던 빌리 그레이엄 목사의 전도 집회에 수많은 인파가 여의도광장으로 몰려들고, 현장에는 첫 국가적 대형집회에 대한 기대가 가득했다. 마실 물도 구하기 힘들고, 용변을 볼 화장실도 제대로 없는 열악한 환경이었지만 '우리가 한 번 모여 기도해서 이 민족을 구원해보자'는 한국교회 성도들의 마음이 하나로 모여져 불길같이 번져나갔다. 모래벌판이던 여의도광장에는 '오천만을 그리스도에게로'라는 슬로건으로 연인원 300만 명이라는 기록적인 인파가 모여들었다. 대회를 이끈 한경직 목사는 개회사에서 다음과 같이 말했다.

'이 역사적인 한국 대회를 계기로 5천만 우리 겨레가 서로 사랑하고 깨끗하고 아름다운 통일된 나라를 건설하게 선열의 새로운 역사가 일어나도록 하자.'

집회가 시작되기 한참 전부터 사람들로 가득 찬 광장은 축제 분위기 그 자체였다. 조지 비벌리 시어의 지휘로 6천명의 성가대가 부르는 찬송가 '주 하나님 지으신 모든 세계'가 울려 퍼지자 집회

분위기는 최고로 고조되었다. 마지막 날 집회에는 110만 명의 성도들이 모였다. 이는 빌리 그레이엄 선도 집회 역사상 최대의 인원이었다. 빌리 그레이엄 목사는 '50여 개 국을 순방하면서 집회했으나 한국의 집회는 2천 년 기독교 역사에서 가장 큰 역사적인 전도의 첫 날이며, 한국 어느 곳에서나 영적인 감동을 일으키고 있다'라며 감격했다. 설교를 마치고 결신자는 자리에서 일어나라고 하자 군중 속에서 2만여 명이 일어났다. 실로 놀라운 순간이었다.

당시 정부는 이례적으로 버스노선을 변경해 집회장소 근처를 지나도록 해주기도 했고, 군악대를 지원해서 집회 참석에 기대감을 더하기도 했다. 빌리 그레이엄 목사는 한국교회가 초청한 부흥강사이었을 뿐 아니라 국가적으로 중요한 귀빈이기도 했다. 그 이유는 한국전쟁에 끼쳤던 그의 영향력과 헌신 때문이었다. 그는 박정희 대통령을 만나 성경을 선물하였고, 한국 국민과 박정희 대통령을 위해 기도하자고 제의하여 약 3분간 기도하였다.

미국 종교계에서 큰 영향력을 발휘하던 빌리 그레이엄 목사는 한국과 깊은 인연을 맺고 있었다. 한국전쟁이 발발하자 그는 트루먼 대통령에게 다음과 같은 내용의 전보를 보냈다.

여의도 광장, 빌리 그레이엄 한국 전도 대회에 모인 성도들. (1973)
The saints gathered at Yeouido Square and Billy Graham Exhibition in Korea.

'수백만 미국의 기독교인들은 국가가 위기에 처한 지금, 대통령께 지혜를 주시라고 하나님께 기도드리고 있습니다. 공산주의자들에게 지금 이 순간 맞서야 한다고 강력하게 주장하는 바입니다. 한국은 세계 어느 곳보다 기독교 신자의 비율이 높은 나라입니다. 그들이 공산주의자들에 의해 쓰러지도록 허락할 수는 없는 일일 것입니다.'

빌리 그레이엄 목사가 태평양 건너 작은 나라 한국을 위해 전 미국 국민에게 호소하고 국회를 움직이도록 한 배경에는 그의 아내인 루스 그레이엄Ruth Bell Graham과의 인연이 있었다. 그녀의 아버지 넬슨 벨L. Nelson Bell은 중국 오지의 의료선교사였다. 이 때문에 루스는 13살 때 평양으로 유학하여 평양외국인학교를 다녔다. 그곳에서 그녀는 동양의 작은 나라 조선에서 일어나는 부흥의 기적을 눈으로 보고 경험하였다. 1950년 한국전쟁이 일어나자, 이것을 아시아의 신앙과 자유의 전파를 두고 일어난 영적인 전쟁으로 인식하고 남편을 설득하기 시작했던 것이다. 그녀는 빌리 그레이엄에게 한국이 겪은 평양 대부흥을 설명했고, 한국을 돕는 일이 하나님의 뜻이라며 그를 강하게 설득했다.

박정희 대통령과 방한한 미국 빌리 그레이엄이 접견하여 악수를 하고 있다. (1973. 5. 26)
Billy Graham, who visited Korea with President Park Chung-hee, is shaking hands.

당시 미국에서 가장 영향력 있는 설교자 중 한 사람이었던 빌리 그레이엄은, 라디오 연설과 집회를 통해 미국 국민들에게 한국전쟁 참전을 호소했다. 그는 여론을 이끌어서 국회를 움직였고, 헌금과 모금을 통해 무너진 한국의 성도들과 피난민들을 돕기 시작했다.

빌리 그레이엄 목사는 한국 전쟁 중이던 1952년 성탄절 무렵 처음으로 한국을 방문해 5만 명의 신도들 앞에서 집회를 인도했다. 기독교인 이었던 이승만 대통령은 그를 직접 맞이했고 한국에서 싸우는 많은 미군 병사들은 그에게서 많은 위로와 용기를 얻었다. 한국 방문 중 쓴 일기를 '당신 아들을 전쟁터에서 보았습니다' 라는 책으로 발간하여 판매 수익 전액을 한국전쟁 구호금과 선교비로 한국에 보내기도 하였다. 그는 미국에 돌아가서 자신이 전쟁 중인 한국에서 목도한 것을 이렇게 보고했다.

'사도행전에 나타난 성령의 역사가 한국에서 재연되고 있다. 당신들이 선교한 한국 안에서 현재 일어나고 있다. 만일 오늘 사도행전에 기록된 오순절 성령의 역사를 믿을 수 없다면 지금 한국에 가보라. 많은 피난민들이 부산 바닷가 산언덕에 천막을 치고 난로도 피우지 않은 곳에서 새벽 4시에 열심히 기도하는 것을 볼 수 있으며, 거리에서 전도하는 것을 볼 수 있다. 수백 명의 목사, 전도사가 공산당에 의해 죽임을 당하고 끌려가서 생사를 모르게 되었다. 그런 가운데서도 신학교마다 수백 명이 모여서 순교자의 뒤를 따르기로 결심하고 열심히 공부하고 있는 것을 이 눈으로 똑똑히 보았다.'28)

그는 전쟁 중에 자신이 바라보았으며 믿어 의심치 않았던 대한민국의 '신앙의 기적'을 전쟁이 끝나고 20년이 지난 1973년에 여의도광장에 모인 구름떼와 같은 흰옷 입은 무리들을 통해서 확인하게 되었다. 빌리 그레이엄 목사는 1973년의 여의도집회 뿐 아니라, 이후에도 1984년의 한국기독교 백주년 기념 선교대회 등 한국의 큰 부흥 집회에 초청되어 한국의 민족복음화에 기여했다.

1974년 여의도광장을 EXPLO집회에 참석한 수많은 사람들이 가득 채우고 있다.
Yeouido Square in 1974 is filled with countless people who attended the EXPLO.

1974 엑스플로
: 그리스도의 계절이 오게 하자

빌리 그레이엄의 첫 민족적인 대규모 집회가 있고, 1년이 지난 뒤 1974년에 열린 '엑스플로EXPLO 74' 집회는 대한민국 역사상 가장 많은 사람이 참가한 집회였다. 집회에 참석한 전도 훈련생만 30만 명이었고, 5박 6일 동안 집계된 참석 인원은 첫 날의 130만 명을 비롯해서 총 665만 명으로 추산되었다. 이 많은 인파를 감당하는 것은 정부의 숙제가 되었다. 특히 부족했던 화장실과 복잡해진 교통 상황은 당장 해결되어야 할 문제였다. 게다가 이 수많은 군중들이 밤새 광장에서 노숙하며 기도하겠다고 하니 정부 입장에서는 난처할 만도 했다. 70년도에는 야간 통행금지가 있었는데, 밤 8시가 되면 새벽 5시까지 허가를 받지 않는 이상 통행이 제약받았다. 주목적은 치안 때문이었다. 그러나 당시 여의도에서 열린 엑스플로대회 기간에는 정부가 통금을 해제하였다.

대전에서부터 집회에 참석하기 위해 청년·학생 3천명이 자전거를 타고 여의도광장에 도착했다. 자전거 행렬은 총 10일 동안 이어졌다. 3천명의 청소년과 청년들이 자전거에 '민족 복음화'라고 적힌 깃발을 달고 190km에 달하는 거리를 달려왔다. 이들은 각 지역 교회를 숙소로 이용하며 서울로 올라가는 동안 마주치는 사람들을 붙잡고 복음을 전했다. 그렇게 수천 명의 자전거 전도요원들은 수원공설운동장에 도착하게 되었다. 언론들은 이 광경을 전국에 보도했다.

그리고 30만 명의 전도영성 훈련생들을 수용하기 위한 텐트가 여의도광장에 설치되었다. 하지만 이것으로도 부족해서 용산구, 영등포구, 마포구, 서대문구에 있는 학교들을 빌려서 남은 인원을 수용했다. 낮에는 전도훈련을 받고 해가 지면 여의도광장에 모여 철야기도를 시작했다. 그리고 이들은 서울 거리로 쏟아져 나가 전도하기 시작했다. 전 국민을 전도하겠다는 다소 믿기 힘든 목표를 수립하고는 실행에 옮겼다.

5박 6일간 진행되는 집회 일정에서 또 다른 문제가 발생했다. 그것은 100만 명이 넘는 인파의 식사 문제였다. 당시 여의도는 지금처럼 개발이 된 상태가 아니었고 황량한 시멘트 광장이었다. 100만 명이 넘는 사람들이 이용할 수 있 수 있는 식당은 없었다. 5박 6일 동안 집회에 참석한 사람들이 굶게 될 상황이었다.

이 집회를 주최한 김준곤 목사는 취사 문제를 해결하기 위해서 군부대를 찾았다. 김 목사는 육군의 군사령관과 논의했지만 이들은 포기할 것을 권했다. 훈련된 군대도 5만 명의 군인을 동원하며 먹이는 데 3개월가량의 훈련이 필요한데, 100만 명이 넘는 인파를 5박 6일 동안 먹일 수 있는 방법이 없었다. 게다가 30만 명을 합숙시키면서 교육해야하는 상황을 밝히자 군사령관은 고개를 저었다.

대전지구에서 참가하는 신자 중 청년·학생 3천명이 「엑스플로 74」의 「붐」을 일으키기 위해 여의
도광장까지 자전거 행렬로 올라오고 있는 모습이다. (1974)
Among the believers participating in the Daejeon district, 3,000 young people and students appear
to be climbing up to Yeouido Square to create a boom in "Explo 74."

하지만 김준곤 목사는 과거 유대 광야에서 200만 명의 이스라엘 백성을 먹이고 재우신 하나님을 기억했다. 김 목사는 대책이 없는 상황에서 대책을 구하기 위해 기도했다. 한참 기도하던 때에 그는 문득 벽돌과 기와를 떠올렸다. 벽돌과 기와는 많은 양을 균일하고 체계적으로 만들어내기 위해, 긴 터널 같은 가마 속에서 바퀴달린 레일 위로 지나가면서 구워졌다. 그는 여기서 힌트를 얻었다. 벽돌과 기와를 굽던 가마처럼 터널을 만들고 레일을 깔아서 그 위를 솥을 지나가게 해서 밥을 짓는 것이었다.

아이디어는 즉시 실행되었다. 여의도광장 인근의 아파트 보일러에 관을 연결하여 거대한 탱크에 스팀을 채웠다. 하지만 문제는 솥이었다. 30만 명의 식사를 감당할 수 있는 숫자의 솥을 구할 수가 없었다. 수소문하며 솥을 구입하기 위해 애썼지만, 집회 7일 전까지 대형 솥을 7개 밖에 구할 수가 없었다. 땔감으로 쓸 목재를 현장에 쌓아 놓고는 바라보고 있을 수밖에 없었다. 다들 간절하게 밥을 지을 수 있는 솥을 기다리며 기도했다. 그때 한 청년이 김 목사에게 다가왔다.

'제가 알기로는 중국 사람이 하는 솥 공장이 하나 있긴 한데요…'

그는 청년의 말을 듣자마자 곧장 청년이 말한 솥 공장으로 갔다. 크기가 크지 않은 공장이었다. 당시 일반 솥보다 양은솥이 대중화되었고 그 솥 공장은 파산 직전이었다. 김준곤 목사는 중국인 사장에게 솥이 있느냐고 물었다. 그러자 중국인 사장은 그를 창고 귀퉁이로 데리고 갔다.

'10년 전에 만들어 놓은 건데, 아직도 팔리지 않아 이렇게 쌓여 있습니다.'

그곳에는 솥 100개가 먼지와 함께 쌓여 있었다. 그는 전율을 느꼈다. 모든 것이 미리 준비된 것 마냥 일이 술술 풀려나갔다. 10년 전부터 엑스플로집회를 위해 준비된 것처럼 솥이 팔리지도 않은 채 쌓여 있었던 것이다. 드디어 현장 봉사자들이 수많은 넙적한 밥솥을 탱크에 집어넣어서 밥을 짓기 시작했다. 취사를 돕는 요원만 300명이 넘고, 식재료를 실어 나르는 차량만 50대가 넘었다. 지어진 밥은 5,000개의 그릇과 200개의 밥통에 담겨 50대의 차량으로 운송되었다.

엑스플로 집회에 모인 사람들을 위해 바퀴달린 솥에 밥을 짓고있는 청년들의 모습이다. (1974)
It is the appearance of young people cooking rice in a wheeled pot for the people gathered at the Explo 74.

식수는 수돗물로 대신했고, 반찬은 새우젓과 단무지가 전부였지만, '짠 걸 먹어야 복음을 토해 낼 수 있다.' 농담하며 불평하지 않았다. 그리고 서로 물을 떠먹여 주는 모습은 그들의 하얀 옷만큼이나 눈부셨다. 당시 여의도는 상업지구 개발 및 아파트 공사 중이었다. 아파트보다 도로 및 상수도가 먼저 설치되어 있었다. 그래서 상수도 위에 수도꼭지를 달아 사람들은 세수와 목욕을 할 수 있었고 식수를 해결할 수 있었다. 먹고, 자고, 기도했던 1974년 엑스플로는 대한민국의 가장 뜨거운 순간 중에 하나가 되었다.

엑스플로 74집회에서 서로 서로 물을 떠먹여주고 있는 성도들의 모습이다. (1974)
It is the appearance of the saints feeding each other water at the Expo 74.

ⓒ 국가기록원

집회 시기는 장마철과 맞물렸다. 대회기간 동안 밤 10시부터 새벽 4시까지 매일 철야기도회가 이어졌는데 그때 마다 비가 왔다. 집회가 한창일 때에도 어김없이 장대비가 쏟아졌다. 하지만 100만 명이 넘는 군중들은 비를 맞아가면서까지 집회에 참석했고 이 중에 10만 명은 장대비가 쏟아지는 밤에도 돌아가지 않고 나라와 민족을 위해 무릎을 꿇고 새벽을 지새웠다. 장대비에 섞인 한 밤의 기도 소리는 장엄한 기류를 형성했다.

'낮에 50도 이상 올랐던 아스팔트 때문에 물에 온기가 남아 깊은 밤에도 추위를 느끼지 않았습니다.'

김준곤 목사는 비가 와 따뜻한 빗물이 얇은 홑이불을 덮고 있는 것과 같았다면서 '마치 불기둥과 구름기둥으로 이스라엘 백성을 인도한 하나님의 섭리와 같은 것이었다'고 회상했다.

장대비가 쏟아지는 가운데 광장에 모여 기도하는 사람들의 모습.
In the midst of heavy rain, people gather in the square and pray.

ⓒ 국가기록원

훗날 노인이 된 김준곤 목사는 기력이 쇠하였지만 분명한 목소리로 집회를 참석한 청년들 앞에서 이렇게 기도했다.

민족의 가슴마다 피 묻은 그리스도를 심어

이 땅에 푸르고 푸른 그리스도의 계절이 오게 하소서

가정마다 이 집의 주인은 그리스도라고

고백하게 하여 주소서

길에 있는 할머니들이 성경을 펴 놓고

예수를 믿으라고 말하게 하여 주소서

두 남녀가 데이트를 하면서도 예수님으로

이야기꽃을 피우게 하여 주소서

두메 마을 산골 우물가에 여인들이 모여서도

찬송하게 하여 주소서

학교에서도 아무의 강요나 방해 없이

예수 그리스도의 이름으로 기도하고

공부하게 하여 주소서

국회의원들이 출세하려고 국회의원이 되었지만

여기저기에서 회개하고 금식하고 기도하고

무릎 꿇는 국회가 되게 하소서

성도들이 전부 합심해서 기도하여

올바르게 대통령이 당선되면

그가 무릎을 꿇은 후에 '주여 나는 당신의 종일뿐

당신이 나의 대통령입니다' 고백하게 하소서

선교받던 나라에서 선교하는 나라로

예수 그리스도를 사랑해서 조선을 사랑으로 품었던 외국인 선교
사들이 심었던 기독교는 이후 대한민국에서 폭발적으로 성장하였
다. 전쟁의 위협 가운데서도 전 세계의 성도들은 한국을 위해 기도
했고, 목소리를 내었고, 자신의 아들들을 이 땅에 보내어 싸웠다.

1973년 '빌리 그레이엄 전도 집회'와 1974년 '엑스플로'를 통해
한국 교회는 본격적인 선교사 파송이 이루어지기 시작한다. 선교
를 받던 나라 조선에서 선교하는 나라 대한민국이 되었다. 한국 선
교사들은 과거 조선으로 왔던 외국인 선교사들처럼 해외에 복음
을 전하고 학교를 세우고 교육과 의료와 기아 문제를 해결해나갔
다. 모두가 가기 싫어하는 오지에도 한국 선교사들은 길을 만들어
들어갔다. 문명과 단절되어서 원시적인 삶을 살아가는 그들을 미
개하다고 생각하지 않고 사랑으로 품었다. 한국의 기독교인들은
과거의 은혜를 잊지 않고, 받았던 사랑을 도움이 필요한 나라에 전
했다. 시간이 지나 대한민국의 선교사 파송 규모는 미국 다음으로
높은 세계 2위를 기록하게 된다. 가장 가난했던 나라가 이제는 가
난한 나라를 위해 섬길 수 있는 나라가 된 것이다.

한국의 기독교는 성장을 계속하면서 기적을 연출했다. 기독교
는 이웃 사랑을 강조하는 교리처럼 많은 봉사를 통해 우리 사회에

선한 영향력을 미치고 있다. 2005년 기준으로 장애인시설, 아동시설, 노인시설 등 전체 사회복지시설의 절반 이상을 기독교가 담당하고 있다. 1998년부터 2002년까지 종교기관별 헌혈 실적을 비교하면 기독교가 83.4%로 압도적으로 높은 비율을 차지했으며, 2002년과 2003년의 골수 및 장기 기증자 또한 종교인과 비종교인이 절반씩인 가운데, 종교인의 절반을 기독교인이 차지하고 있다.

이밖에도 각종 사회 통계를 보면 수재의연금의 69%(1996년부터 7년간), 2003년 발생한 대구지하철 화재사고 의연금의 70%, 해외 구호금의 65%(1996년부터 7년간) 등 모든 분야에서 "네 이웃을 사랑하라"(마 22:39)는 가르침대로 자기희생과 사랑을 실천하고 있다.

이처럼 한국 기독교의 성장과 사회적 공헌은 한국은 물론 세계적으로 그 유례를 찾을 수 없는 기적이다. 우리가 대한민국의 역사를 두고 '한강의 기적'이라고 말할 때, '정치의 기적' '경제의 기적'과 함께 '신앙의 기적'을 언급하는 이유이다.

사랑의 승리여라

서울 마포구 합정동 한강변 양화진에는 '외국인 선교사 묘원'이 있다. 1890년 7월 미국 공사관요청으로 조선 정부가 외국인 매장지로 확정한 곳이다.

현재 이곳에는 한국에 온 최초의 선교사인 언더우드·아펜젤러와 "나는 웨스터민스터 사원보다도 한국 땅에 묻히기를 원하노라"고 유언한 헐버트 박사 등 15개국에서 온 417명이 안장되었다. 그동안 많은 선교사 유해가 그들의 고국으로 돌아갔다. 그러나 145명의 선교사와 그들의 가족들은 죽어서까지 이 땅에 묻히기를 바랐던 진정한 한국의 친구들이다.

양화진 묘역에 세워진 한국기독교 100주년 기념교회에는 이들을 기리는 추모시가 새겨져 있다.

가난과 질병과 무지와 억압 속에서
신음하던 이 땅의 사람들을
그리스도 예수께로 인도하고
우리들의 가난 우리들의 질병을
함께 지고 가다가

한 알의 밀알로 땅에 떨어져

죽은 이들이 그 육신을 묻은 언덕

강물은 세월의 매듭을 풀어

끝없이 흐르는데

이 땅의 역사와 개혁의 진통

뭇 형제의 목숨을 이 언덕에 심었으니

그 사람의 터 밭에서 열매 맺은 그 믿음

이 땅을 하나님의 나라로 만든

사랑의 승리여라.

우리는 무엇을 잊었는지를 떠올려야 하며,
무엇을 이어야 하는지를 깨달아야 한다.

8장

대한민국의 유산

8장

대한민국의 유산

　지금 대한민국에는 3가지 종류의 세대가 공존한다. 기적을 본 세대, 기적을 들은 세대, 기적을 보지도 듣지도 못한 세대가 같은 시간과 공간 안에서 함께 살아가고 있다. 이들이 각각 자라며 경험한 세계는 너무나도 달라서, 서로를 전혀 이해할 수 없는 수준에 이르렀다. 세대 간 차이와 갈등은 점점 더 빠른 속도로 벌어지게 되었고 이것이 우리 시대의 가장 큰 숙제가 되었다.

　기적을 본 세대는 소멸하고 있고, 기적을 들은 세대는 늙어가고 있으며, 기적을 보지도 듣지도 못한 세대가 자라나고 있다. 기적을 바라보는 관점과 깊이가 세대마다 극명하게 갈라진 지금이지만, 동시에 전 세대가 가진 하나의 공통점이 자리한다. 그것은 도저히 풀어낼 수 없을 만큼 꼬여버린 대한민국의 현실에서 지금과 같은 나라를 우리의 자녀세대에게 물려주고 싶지 않으며, 대한민국의 다음을 꿈꾸고 있다는 점이다.

기적을 본 세대

조선왕조의 연장선에서 태어난 이 세대는 해방과 함께 대한민국 건국의 기적을 보았다. 전쟁을 치르면서 재와 먼지밖에 남지 않은 절망적인 땅에서 '한강의 기적'을 체험했다. 앞장에서 다룬 정치의 기적, 경제의 기적, 신앙의 기적을 직접 경험하면서, 눈으로 본 세대가 대한민국을 바라보는 시선에는 '감격'이 있다.

이 세대가 공감하는 대한민국에 대한 자부심과 감격은 88올림픽에서 찾아볼 수 있다. 1988년 서울올림픽은 이들에게 어떤 의미였을까? 1910년에 나라가 망했고, 1945년에 해방이 되고, 1950년에는 한국전쟁으로 국토가 초토화되었다. 그로부터 38년 만에 세계인의 축제 '올림픽'을 개최하게 된다. 이보다 더 드라마틱한 국가가 또 어디 있을까? 한 인물이 조선의 몰락과 일제 식민지, 광복, 한국전쟁 그리고 올림픽을 모두 겪게 된다면 그게 곧 영화와 같은 삶이 아닐까?

당시 중장년층은 일제시대와 6.25전쟁을 겪었고, 심지어 80대 이상 노인들은 조선왕조 말기의 혼란까지 모두 겪었기에 감회는 남달랐다. 가수 코리아나의 '손에 손잡고'라는 노래가 경기장에 울려 퍼질 때 이들은 TV앞에서 그저 울었다. 1960년대부터 80년대까지 우리나라의 발전상이 주마등처럼 스치면서 알 수 없는 감정에 눈물을 닦아냈다.

'손에 손잡고(Hand In Hand)'

하늘 높이 솟는 불 우리들 가슴 고동치게 하네
이제 모두 다 일어나 영원히 함께 살아가야 할 길 나서자

어디서나 언제나 우리의 가슴 불타게 하자
하늘 향해 팔 벌려 고요한 아침 밝혀주는 평화 누리자

손에 손잡고 벽을 넘어서 우리 사는 세상 더욱 살기 좋도록
손에 손잡고 벽을 넘어서 서로 서로 사랑하는 한마음 되자

손잡고

기적을 들은 세대

'지난 기적'을 들으며 '현재 진행되는 기적'을 어린 눈으로 지켜보았다. 해방과 건국과 전쟁을 직접 경험하지는 않았으나, 책이 아닌 부모를 통해 경험한 자들만이 할 수 있는 살아 숨 쉬는 이야기를 전해 들었다. 나라를 잃어버린 아픔이 얼마나 처절한 고통인지, 우리가 누리고 있는 자유와 인권을 위해서 얼마나 많은 피가 이 땅

에 흘러야 했는지를 전해 들으며 자랐다. 그리고 건국의 세대가 일구어낸 국가의 터전 위에서, 1970-80년대의 '한강의 기적'을 학생 또는 사회 초년기를 지나며 지켜보았다.

그러나 부모세대가 주역이었던 급격한 대한민국의 변화와 발전 속에서 많은 모순과 부조리를 발견하였다. 조선의 봉건성이 벗겨지고 자유민주주의와 자본주의 체제가 자리 잡는 과정에서, 봉건성과 자본이 만나며 이뤄내는 과도기적 추악함도 발견하게 되었다. 조선왕조의 연장선에서 태어난 부모를 경험하며 전통과 구습에는 절망했고, 찬란해 보이는 기적 속의 어두운 그림자들을 바라보며 모순에는 분노했다.

하지만 절망과 분노 속에서 상속되어야 할 유산마저 함께 거절하고 말았다. 자신이 전해 들었던 대한민국의 기적과 유산을 거절하고, 자녀세대에게 전달하지 못했다. 먹고사는 문제가 점차 해결되어져 가면서 그동안 차순위로 미뤄 두었던 더 높은 차원의 선진국가를 향한 고민에 빠졌고, 이들은 부조리와 싸우고 민주화를 위해 투쟁했다.

기적을 보지도 듣지도 못한 세대

직접 보지도 못했고, 경험한 자에게 듣지도 못했다. 이 세대는 기적을 글과 교과서로 읽을 수밖에 없었다. 글은 정보는 전달했지만 감격과 감정을 전달하지는 못했다. 그래서 이들은 '기적을 본 세대'가 국가를 향해 가지는 특별한 감정과 반응을 공감할 수 없었다.

이 세대는 부모 세대의 정신문화 전체를 싸잡아서 '꼰대'라고 명칭하고 거절했다. 사회적으로 만들어진 강력한 프레임이 집단 전체의 생각을 마취시키기 시작했다. 세상의 수많은 선배와 스승과 어버이가 있지만 '꼰대'라는 이름이 그들 모두를 대체하게 되었다. 지금의 세상과 삶을 뚫어나갈 수 있는 유산이 자신에게 상속되어져 있다는 사실을 알지 못한 채, 그저 모든 것들을 포기하고 말았다.

코로나 시대를 살아가는 MZ세대의 가장 큰 고통은 희망과 꿈이 없다는 사실이다. 즉, 지금의 어려움 뒤에 더 나은 삶이 있으리라는 생각과, 무엇을 하고 싶거나 무엇이 되고 싶다는 종류의 생각을 상실하게 된 것이다. 언제부터인가 청년들 사이에 3포 세대(연애, 결혼, 출산을 포기한 세대)란 말이 유행한다. 되도록이면 연애를 하지 않으려 들고, 연애를 하더라도 결혼을 꺼리며, 결혼을 하더라도 출산을 포기하는 현상이 일어나기 시작했다. 여기에다 취업과 내 집 마련까지 포기하여 5포 세대, 건강과 외모 관리까지 포함하여 7포 세대, 인간관계와 희망과 삶까지 포기한다고 해서 완포 세대 또는 N포 세대 등으로 불리게 되었다.

일각에서는 이런 현상을 자살 심리의 반영이라고 말했다. 자살을 시도하려는 사람이 정작 자살 징후를 보이는 이유가 사실은 자살을 말려주기를 바라는 마음의 표출인 것처럼, 스스로를 N포세대라고 부르는 이유는 오히려 이것들을 포기하고 싶지 않고 갈망하고 있음을 말한다는 것이다.

> 낙망은 청년의 죽음이요, 청년이 죽으면 민족이 죽는다.
>
> - 도산 안창호

낙망은 청년을 죽였다. 대한민국의 자살률은 OECD 국가 중 제일 높다. 10~30대의 사망 원인 중 자살로 인한 사망은 10대는 37.5%, 20대는 51%, 30대는 39%를 차지한다. 엄청난 숫자의 청년이 N포에 이어 목숨까지 포기하기 시작했다. 그리고 이런 청년의 죽음은 민족의 죽음으로 필연적으로 이어진다.

대한민국 청년 대다수가 우리사회를 열심히 노력해도 나아질 희망이 없는 '헬 조선'이라고 말한다. 이 사회에 벗어날 수 없는 계층과 계급이 있다고 바라보았고, 공정한 경쟁의 기초가 될 법과 제도를 불신하며 자신의 나라를 지옥으로 평가했다.

여론조사에 따르면 20대의 61.6%는 한국이 헬 조선이라 단언했고, 30대는 절반에 가까운 48.5%, 40대(35.3%), 50대(26.9%), 60대(23.3%) 순으로 세대 간에 국가를 바라보는 생각에는 극명한 차이가 존재했다.29)

감격과 저주, 두 가지의 시선

조선의 사람, 세계 최악의 후진국 사람, 그리고 세계 최고 수준의 선진국의 사람이 같은 나라에서 함께 살아가고 있다. 100년이 지나기도 전에 이뤄진 놀라운 기적의 여정은 세대가 채 바뀌기도 전에 시대를 바꾸어 버렸고, 같은 공간에 서로 다른 시대의 사람들을 욱여넣었다.

각 세대가 대한민국을 바라보는 시선은 갈라졌다. 한 세대는 '한강의 기적'이라고 말하고, 한 세대는 '지옥^{헬 조선}'이라고 말한다. 누군가에게는 '감격의 나라'이지만, 누군가에게는 '태어나지 말았어야 할 나라'가 되었다.

잊다, 잇다.

정치의 기적, 경제의 기적, 신앙의 기적을 경험했던 대한민국은 지금 전례 없는 위기를 경험하고 있다. 어디로 가야할 지 길을 잃었기 때문이다. 우리는 무엇을 잊었는지를 떠올려야 하며, 무엇을 이어야 하는지를 깨달아야 한다.

대한민국은 전 세계가 인정하는 눈부신 '기적'을 일군 나라다. 세계가 놀라고, 극찬을 아끼지 않았던 감동의 역사이지만 대한민국의 기적은 아직 완전히 이루어지지 않았다. 정치의 기적도, 경제의 기적도, 신앙의 기적도 38선 아래에만 머물러 있는 기적이다. 아직 우리에게는 이뤄지지 않은 절반의 기적이 남아있으며, 세대를 넘어 이어받아야 할 유산이 남아있다.

　대한민국의 번영은 찬란하고 화려했지만 북한은 그렇지 못했다. 서로를 향해 총과 칼을 겨누기 전 우리가 한 민족이었음을 기억하자. 우리는 조선의 멸망이라는 무거운 역사 앞에 함께 신문을 창간하고 광장에 모이며 국민들을 깨웠다. 같은 미래를 꿈꾸며, 함께 학교를 세우고 청년들을 가르쳤다. 조선의 부흥은 38선을 경계로 삼지 않았고, 모세혈관 끝까지 혈액이 흐르듯 한반도 전역에 흘렀다. 건국의 선각자들이 감옥 안에서, 망명 가운데, 참혹한 고문 가운데 심었던 씨앗은 두 개의 미래가 아니었다.

　우리는 무엇을 잊었고, 또 무엇을 이어야 하는가? 밝고 눈부신 번영 속에 잊혀진 대한민국의 유산을 찾아야겠지만, 기억해야 할 과거만큼이나 중요한 것은 우리 세대가 이어가야 할 미래이다. 우리는 우리가 이어가야 할 미래에 대한 확신을 가져야만 한다. 우리에게는 그들이 이루지 못한 국가의 사명이 있다. 상속받을 자가 없는 유산이 우리들 앞에 놓여 있다. 위기를 한 번에 뒤집어 낼 해결책이 우리 앞에 놓여있다.

대한민국이 직면한 모든 정치적, 경제적, 신앙적 위기에 대한 답은

'통일'에 있다.

꺼져가는 양초처럼 희미한 불빛만이 남은 북한 또한, 우리가 되찾아야 할 대한민국이다.
North Korea, which has only a faint light like a dying candle, is also the Republic of Korea that we need to regain.

정치의 미래

북한 동포 해방

선각자들이 심었으나 대한민국에 이루어지지 않은 기적은 북한 동포에 대한 해방의 기적이다. 건국자들은 제헌국회의 개회 기도 에도, 이어서 제정한 헌법에서도 국가의 사명을 말할 때마다 북한 동포를 향한 사명을 빼놓지 않았다.

헌법 제3조

대한민국의 영토는 한반도와 그 부속도서로 한다.

헌법 제4조

대한민국은 통일을 지향하며, 자유민주적 기본질서에 입각한 평화적 통일 정책을 수립하고 이를 추진한다.

헌법은 대한민국의 영토를 규정하고, 지향해야 할 국가의 사명을 규정하고 있다. 그것은 한반도 전역이 대한민국의 영토이며, 자유민주주의로의 통일을 지향하고 추진해야 하는 것이 국가적 사명이라는 것이다.

인천상륙작전 이후 유엔군의 반대에도 불구하고 38선을 돌파하며 북신하여 올라갔던 이유도, 휴전으로 전쟁을 멈출 수 없었던 이유도 북한 동포들의 해방 때문이었다. 이승만 대통령은 정전협정 조인 당시 '차후도 당분간 공산압제에서 계속 고생하지 않으면 안 되게 될 우리들의 동포들에게 우리는 다음과 같이 외친다'며 성명을 냈다.

> '동포여, 희망을 버리지 마시오. 우리는 여러분을 잊지 않을 것이며 모른 체 하지도 않을 것입니다. 한국 민족의 기본 목표, 북쪽에 있는 우리 강토와 동포를 다시 찾고 구해내자는 목표는 계속 남아 있으며 결국 달성되고야 말 것입니다'
> - 이승만, 1953년 7월 27일 정전협정 조인 시 성명서

대한민국의 대통령은 '잊지 않겠다', '모른 체 하지 않겠다'는 약속을 남겼다. 정전협정 반대 시위에 나섰던 부산의 여고생들과 전국의 국민들도 동일한 다짐을 가슴속에 남겼다.

그러나 '우리의 소원은 통일'은 이제 옛 말이 되었다. 국민들은 더 이상 통일을 원하지 않는다. 통일연구원의 2021년 발표자료에 따르면, 남북관계의 미래를 바라보는 관점이 '통일 선호'는 25% '평화공존 선호'는 56%로 2016년 이후로 급격하게 갈라지고 있다. 국민들은 위험을 감수하는 통일보다는 평화와 공존을 택했다.[30]

평양 도시의 전경이다. 대동강의 모습과 멀리 류경호텔의 모습이 보인다.
It is a panoramic view of Pyongyang city. Have in sight the Daedong River and the hotel Ryugyong in the disrance.

전쟁이 일어날까봐 경제적인 어려움을 겪을까봐 북한 동포를 해방하고 통일이 되는 것을 원하지 않았다. '통일'이냐 '평화공존'이냐 두 가지의 갈라진 생각이 점차 더 양극화되고 있다.

서둘러 답을 내리기 이전에 이 평화가 누구를 위한 평화인지 고민해 볼 필요가 있다. 혹시 피해자가 아닌 가해자를 위한 평화는 아닌가? 압제당하는 자들을 위한 평화가 아닌, 나를 위한 평화는 아닌가? 독재자와 타협해서 만들어낸 평화는 아닌가?

남과 북은 우리민족끼리 정신에 따라 통일문제를 자주적으로 해결해 나가며 남과 북은 내부문제에 간섭하지 않는다.
- 2007년, 노무현 김정일, 10.4 남북공동선언

나는 노예상태의 북한동포들을 해방하기 위하여 평화적 방법으로, 그러나 필요하다면 무력을 동원해서라도 통일을 성취하는 것이 한국인 지도자로서 나의 의무라고 생각합니다.
- 1953년, 이승만이 아이젠하워 대통령에게 보내는 편지

윌리엄 윌버포스, 아브라함 링컨

청년들이 가장 많이 하는 질문, "잘하는 일을 해야 할까요, 좋아하는 일을 해야 할까요?" 라는 질문에 누군가는 이렇게 답했다.

"가치 있는 일을 해라"

우리는 인생의 대부분의 기로에서 실용적이고 합리적인 것들을 택한다. 득과 실을 잘 따져서 나에게 더 유익한 결정을 하기 위해 노력한다. 그러나 인생의 어느 순간에는 실용적이거나 합리적이지 않더라도 '옳은 일'을 선택해야 하는 순간이 찾아온다. 나 자신에게, 후손에게, 역사에 부끄럽지 않은 선택을 해야 하는 순간이 있다.

역사 가운데 이런 선택을 한 두 사람이 있다. 세계 최초로 영국의 노예해방을 이뤄낸 윌리엄 윌버포스와, 미국의 노예해방을 이뤄낸 아브라함 링컨이다. 이들은 모두 압제받는 자들을 위해, 경제적 이익과 평화의 위기를 감수하는 선택을 하였다.

인류역사에서 서구 국가들이 저지른 최악의 범죄 중 하나는 아프리카 흑인 노예들을 수입하고 매매한 일이었다. 지금의 우리에게는 사람이 사람을 인격적으로 지배하고 부리는 '노예 제도'를 상상할 수 없다. 그러나 200년 전 19세기 영국에서는 오히려 '노예 제도'가 지극히 당연한 것이었다. 당시 대영제국의 노예 제도는 거

대한 제국을 움직이는 힘과 동력이었다. 영국의 노예제도와 이로 파생한 이익은 국가 재정의 3분의 1을 차지하였고 이 재정은 해군력 증강에 사용되는 등 국가 안보에도 큰 영향을 미치고 있었다. '옳은 선택'을 위해 치러야 하는 대가지불은 너무도 커보였다. 노예 제도가 당연했던 그 시대, 28세의 어느 젊은 청년의 일기장에 시대를 바꿀 꿈이 기록된다.

> '노예제도 폐지는 전능하신 하나님이 내 앞에 두신 커다란 목표이다'
> - 1787년 10월 28일, 윌리엄 윌버포스

영국의 젊은 하원 의원 윌리엄 윌버포스는 1798년 아무도 외치지 않는 노예 제도 폐지를 주장하기 시작했다. 정의와 공의를 위해 국가 경제 3분의 1을 포기하는 결단, 그의 노예폐지 운동은 영국 사회에 엄청난 파문을 일으켰다. 식민지 기득권과 권력을 가진 세력들은 그를 제거하기 위해 암살 기도, 중상모략, 악의에 찬 비방, 협박편지 등 모든 수단을 동원하였다. 그러나 윌버포스는 생명의 위협 속에서도 대영 제국의 악법과 맞서 싸웠다. 윌버포스는 영국에 경고했다.

> '영국이 진정으로 위대한 나라가 되려면 하나님의 법을 따라야 한다. 영국이 물질에 눈이 어두워 노예제도를 계속 고집한다면 살아남지 못할 것이다.'

1833년, 46년 만에 영국 의회는 노예제도를 영원히 폐지하는 '노예 해방 법령'을 통과시킨다. 그리고 열흘 후 8월 6일 그는 영광을 이룬 환희와 감격 속에 생을 마감했다.

그리고 30년 뒤, 미국에서도 같은 일이 발생했다. 링컨은 가난한 개척자의 집안에서 태어났다. 청년시절 우연히 방문한 남부 뉴올리언스에서 노예시장을 목격한 링컨은 충격을 받고 노예제도를 없애는 일을 가슴에 품게 된다. 노예제도 폐지에 앞장서는 링컨이 열렬한 지지를 받으며 대통령으로 선출이 되자, 노예제를 지지하는 남부 주들이 미합중국연방으로부터의 분리를 선언한 뒤 찰스턴 항의 요새를 포격하며 '미국 남북 전쟁'이 시작되었다. 미국의 남북전쟁은 1861년부터 1865년까지 4년 가까이 이어졌다. 링컨과 미국이 전쟁을 감수하면서까지 지키고자 했던 것은 인간의 근본적 '자유'와 하나로 '통일'된 연방이었다. 자유와 통일을 위해 전쟁을 두려워하지 않았다. 링컨은 미국 남부 주에 거주하는 모든 노예가 영구히 자유이며 연방 정부가 그들의 자유를 승인한다는 노예 해방 예비 선언에 서명하며 이렇게 말했다.

"내 평생 이 선언서에 서명하는 것 보다 더 '옳은 일'을 한 적은 없다."
- 1863년 1월 1일 링컨

전쟁의 판도가 바뀌었던 결정적 분기점이었던 게티즈버그 전투에서의 링컨의 연설은 '모든 인간은 평등하다' 라는 미국의 건국이념을 분명히 드러냈다. 그리고 '국민의, 국민에 의한, 국민을 위한 정부가 이 땅에서 영원히 사라지지 않게 합시다'라는 말로 연설을 끝맺었다. 민주주의의 정신을 가장 간결하게 잘 나타낸 이 표현은 오늘날에도 많은 사람들에게 인용된다.

선택은 항상 시간이 지난 뒤에 역사와 후대에 의해 평가된다. 결과적으로 영국과 미국이 선택한 '옳은 일'은 두 국가의 전성기를 이끌어내는 가장 위대한 선택이 되었다. 18세기 영국 사람들의 걱정처럼 당시 거대한 대영제국을 움직이는 힘인 노예 제도가 폐지되자 영국의 경제와 안보가 무너졌을까? 결과는 오히려 그 반대였다. 인간은 처벌보다는 보상을 통해 움직이는 존재였다. 자발적으로 일하지 않는 노예들에 대한 가혹한 처벌, 그리고 그들을 감시하고 처벌하기 위한 사람을 고용하고 노예들의 의식주를 책임지는 일 보다, 노동에 대해 적절히 보상하고 그들의 자유와 인권을 보장하는 것이 더 놀라운 생산성을 발휘하기 시작했다. 산업혁명으로 넘어가는 역사적 분기점에서 영국이 선택한 '옳은 일'은 예상치 못한 결과를 만들어내기 시작했고, 영국을 세계 1등 패권국가(G1)로 만들었다.

미국도 마찬가지였다. 링컨의 노예해방선언 이후, 이미 법령으로 노예해방을 선포했던 영국과 프랑스가 북부미국을 지지하기 시작했고 이때부터 전쟁의 판도가 바뀌기 시작했다. '옳은 일'을 선택한 미국은 전쟁에서 승리하여 연방을 지킬 수 있었고 전쟁이 끝난 뒤 혼란을 수습하며 굳게 단결했다. 모든 인간이 평등하다는 자유와 평등의 사상은 산업혁명과 근대화의 길로 접어든 미국을 강하게 만들었다. 자유하고 평등하며 기회가 주어지는 미국을 향해 많은 지식인들과 노동자들이 대서양을 건너 몰려들기 시작했다. 그리고 영국을 뒤이어 오늘날까지 세계 패권국가(G1)가 되었다.

노예제 폐지는 이익이 보장된 선택이 아니었다. 국가의 경제와 안보를 담보해야 했고, 때로는 전쟁을 감수해야만 했다. 그러나 악법을 철폐하고 사회의 정의를 다시 세울 때, 영국과 미국은 산업혁명과 함께 세계최고의 국력을 바탕으로 전 세계를 선교하며 자유를 전파하는 진정으로 위대한 나라가 되었다.

21세기, 노예제도는 역사 속에서 사라진 것처럼 보인다. 그러나 우리의 무관심 속에 묻혀 있을 뿐 지금도 노예는 존재하고 있다. 전 세계가 나치가 자행한 유대인 학살 홀로코스트를 보며 경악하였지만, 이와 같은 집단 학살이 70년 동안 이어지고 있는 곳이 있다. 그곳은 바로 북한이다.

> 역사는 이렇게 기록할 것이다. 이 사회적 전환기의 최대 비극은 악
> 한 사람들의 거친 아우성이 아니라, 선한 사람들의 소름 끼치는 침
> 묵이었다고
> - 마틴 루터 킹

압제당하는 자들을 해방시키는 '자유의 여정'은 영국에서 대서양을 건너 미국으로, 그리고 미국에서 태평양을 건너 한국까지 지구를 반 바퀴 돌며 서쪽을 향해 전진해왔다. 오늘날 대한민국은 다시 한 번 노예 해방이라는 '옳은 일' 앞에 놓여있다. 자유의 여정은 한반도의 허리에서 멈춰 서있다.

대한민국이 선택하게 될 북한 동포 해방은 계속하여 서쪽을 향해 자유를 전달하는 문을 열어낼 것이다. 북한을 넘어 중국과 티벳, 신장 위구르, 그리고 이슬람권까지 압제당하는 자들을 해방시키는 자유가 서쪽을 향해 전진할 것이다.

경제의 미래

영국과 미국의 사례에서 살펴볼 수 있는 역사의 교훈과 같이, 이웃을 사랑하고 억압받는 자를 풀어주고 희생을 감수하는 일은 역사의 한 시대를 이끄는 막대한 국력을 선물로 가져왔다. 대한민국이 선택하게 될 '옳은 일'은 4차 산업혁명이라는 역사적 분기점에서 예상치 못한 결과를 만들어내게 될 것이다.

월스트리트 최대의 투자은행 중 하나인 골드만삭스는 2050년에 대한민국이 1인당 국민소득이 8만 달러를 넘게 되고 일본 독일 프랑스 등을 제치고 미국 다음의 세계 2위의 국가(G2)가 될 것이라는 다소 믿기 어려운 보고서를 공개했다. 골드만삭스가 이런 놀라운 예측을 하기 위한 가정은 다름 아닌 통일이다. 골드만삭스는 세계사에 유례가 없는 기적의 경제발전을 이룩한 대한민국을 주목하였다. 그리고 남한과 북한이 통일할 경우 북한이 보유하고 있는 풍부한 인력과 천연자원이 남한이 보유한 기술 및 자본과 만나 막대한 시너지 효과를 발생시킬 것으로 바라보았다. 그리고 남북의 군사대치를 바라보는 해외 투자자들의 우려가 종식됨에 따라, 투자처를 찾는 세계의 자본이 북한으로 집중되게 될 것으로 보았다.

가장 큰 위기, 인구문제

제2차 세계대전 이후 출산율이 폭발적으로 증가한 세대를 베이

비붐 세대라고 한다. 한국의 경우 6.25전쟁 이후 약 1955년부터 1974년에 태어난 인구를 뜻하는데, '한강의 기적'이라는 경제성장의 바탕에는 인구성장이 있었다. 한국은 해방 이후 의료적인 발전으로 인해 신생아의 조기 사망율이 낮아지고 평균수명이 크게 높아졌다. 그리고 한국전쟁 이후 사회적인 안정을 찾아가면서 출산율이 폭발적으로 높아졌고, 이 세대가 자라 1970~80년대 한강의 기적을 이루는 노동인구와 경제인구로 공급되었다.

그러나 현재 대한민국의 가장 큰 위기는 인구소멸이다. '하나만 낳아 잘 기르자'라는 표현이 무색하게 우리나라 여성 1명이 평생 낳을 것으로 예상되는 평균 출생아 수는 0.84명으로, 2018년 부터는 1명 아래로 떨어졌다. 이는 인구 유지를 위해 필요한 출산율의 절반에도 미치지 못하는 수치이다. 1970년대 100만 명대였던 한 해 출생아 수는 2020년에는 27만 명으로 줄었다.31)

인구소멸의 출발 또한 8년이나 앞당겨졌다. 2019년 통계청에서 발표했던 대한민국 총인구 감소시점인 2028년보다 8년이나 앞당겨진 2020년에 대한민국의 인구는 처음으로 감소하기 시작했다. 대한민국은 전 세계적으로 가장 낮은 출산율, 가장 빠른 속도로 인구가 감소하고 있는, 가장 빠르게 늙어가고 있는 국가이다.

한반도 통일에 따른 북한 인구의 유입은 저출산과 고령화 문제를 극복할 수 있는 돌파구가 될 수 있다. 통일연구원의 자료에 따르면 조출생률_{인구 1,000명 당 출생아 수}이 저소득국가는 약 35명, 중하소득국가는 22명, 중상소득국가는 14명, 고소득 국가는 11명으로, 소득이 높은 국가일수록 조출생률이 낮아지는 경향을 보인다.32)

그런데 북한은 저소득국가임에도 불구하고 중상소득국가와 유사한 약 14명이라는 낮은 조출생률을 보인다. 기아, 의료보건, 영양, 여성인권 등 여러 가지 요인으로 인해 북한의 출생률은 비정상적으로 낮은 수치를 보이고 있다. 통일 이후 북한의 사회 안정과 소득증대, 의료보건 시스템 개선, 여성의 권리와 건강의 향상은 북한의 높은 출산율로 이어지고 대한민국에 다시 한 번 베이비붐 세대가 등장할 것으로 기대할 수 있다.

인구는 강대국의 필수조건이다. 대한민국은 국력, 경제력, 군사력 등 국가 파워 지수와 비교할 때 세계 인구 랭킹이 그보다 훨씬 아래인 50위권이다. 독일_{8390만 명}과 일본_{1억 2600만 명}을 뛰어넘는 강대국으로 도약하기에는 전체적인 국력에 비해 인구 규모가 너무나 작다는 의미이다.

그런데 통일을 가정하게 되면 이야기가 달라진다. 통일 한반도는 7800만에 가까운 인구를 가지게 된다. 영국_{6800만 명}, 프랑스_{6500만 명}, 이탈리아_{6000만 명}를 즉시 넘어서게 되는 규모이다.

광물자원

북한의 광물 매장량은 금의 경우 세계 7위, 철광석은 10위, 아연은 5위, 희토류는 6위로 알려져 있다. 북한의 광물자원의 잠재가치는 남한의 20배에 달한다. 이같이 북한에 지하자원이 풍부한 이유는 광산 형성에 유리한 지질구조가 넓게 펼쳐져 있기 때문이다. 함경남도 단천과 양강도 혜산에 걸쳐있는 '마천령 육괴'라는 지형은 중국의 지린성과 랴오닝성까지 연결되어 있는데 이 지형에 엄청난 지하자원이 매장되어 있다. 33)

또한 북한은 비공식적으로 세계 최대 우라늄 매장지역이다. OECD산하 국제에너지기구는 세계 우라늄 총 매장량을 474만톤으로 보고 있다. 이중 호주가 114만톤으로 가장 많다. 호주가 우라늄 수출을 통해 벌어들이는 수입은 2011년 기준 연 평균 7억 8천만 달러로 추산된다. 그러나 해당 자료에는 북한에 매장된 막대한 우라늄 통계가 빠져있다. 2차 세계대전 말 일본은 당시 핵무기 제조를 위해 북한 지역에 대한 대대적인 지하자원 탐사를 실시했고, 이 과정에서 엄청난 양의 우라늄이 북한에 매장되어 있다는 사실을 확인했다. 핵 물리학자인 신성택 박사는 국방연구원 재직 당시 논문을 통해 '북한은 흥남, 평산, 웅기 등지에 2천6백만 톤에 달하는 우라늄이 매장된 것으로 알려지고 있으며, 가채량은 4백만 톤에 달하는 것으로 추정된다'고 밝혔다. 한국은 세계 최고 수준의

원자력발전소 기술을 가지고 있으나 원자력발전소 가동을 위한 천연 우라늄과 농축 우라늄을 전량 수입에 의존하고 있다. 북한에 매장된 막대한 우라늄 자원은 통일 대한민국의 에너지 안보와 에너지 기술 수출에 발판이 될 전망이다.[34]

또한 북한에는 4차 산업혁명의 핵심 광물이 되는 마그네사이트, 희토류, 흑연이 다량 매장되어 있다. 그중 마그네사이트 매장량은 러시아 27%, 중국 23%, 북한 19%로 이들 3개국이 전 세계 매장량의 70%를 차지하고 있다. 마그네사이트는 공정을 통해 합금재료, 건전지 등으로 만들어지는데 항공기, 자동차, IT제품의 경량화에 중요한 광물이다.

전문가들은 4차 산업혁명과 함께 2025년 까지 글로벌 자동차 1억대 가운데 2,000만 대가 전기자동차가 될 것으로 예상하고 있다. 이에 따라 2차전지의 핵심원료가 되는 흑연이나, 전기모터 영구자석의 원료인 희토류, 특히 전기차 경량화의 핵심소재인 마그네사이트 수요가 급증할 것으로 전망된다.

세계 자동차기업들이 생존을 걸고 경쟁하고 있는 이때, 한국의 현대 기아와 같은 글로벌 자동차기업이 핵심 자원들을 북한 지하자원을 통해 확보할 수 있다면 경쟁에서 유리한 고지를 얻을 수 있다. 한국광물자원공사는 한국의 광물소비량이 세계 5위권 임에도 불구하고 92%를 전량 수입에 의존하는 상황을 볼 때, 광물수입을 북한에 매장된 광물로 대체하면 45조원 이상의 효과가 있을 것으로 분석했다.

북한에 매장된 막대한 지하자원은 북한의 고질적인 전력부족과 채굴 및 제련 설비의 노후화, 운송 인프라 부실로 인해 제대로 활용되지 못하고 있다. 그러나 통일 후 남한의 전력과 기술, 자본과 만난다면 통일에 드는 비용을 감당하고 이후 경제발전을 이루는 데 큰 역할을 기대할 수 있다.

대륙 무역 노선의 출발점

21세기의 실크로드라고 불리는 아시안하이웨이^{AH, Asian Highway}는 고대의 동양과 서양을 연결했던 무역로와 같이 아시아와 유럽을 연결하는 고속도로망이다. 아시아 32개국을 그물망처럼 연결하며 그 길이는 14만km에 이른다.

그러나 문제는 나라별로 다른 도로 안전 기준이었다. 국경을 넘을 때마다 달라지는 표지판과 교통질서는 운행자의 안전을 위협할 수 있었다. 이에 UN은 제7차 회의에서 나라별로 다양한 도로 안전기준을 대한민국 기술로 표준화한다고 결정했다. 한국의 도로안전기준을 바탕으로 만든 설계안이 만장일치로 채택되었다. 14만km라는 거대한 도로망에 우리가 설계한 도로표지판과 중앙분리대, 유도봉과 가드레일이 설치되는 것이다.

우리나라는 한국-중국-인도-터키를 연결하는 AH1 노선과 한국-북한-러시아를 연결하는 AH6 노선까지 2개 노선이 지나게 되며, 이미 2006년 말부터 경부고속도로에 아시안하이웨이 노선 표지판이 설치되기 시작했다. 부산에서 출발한 차량은 AH1 도로를 따라 서울과 평양 신의주를 지나 대륙을 만나게 되고, 이어서 중국과 인도를 지나 터키까지 닿는다.

아시안하이웨이 뿐만 아니라 대륙횡단철도 또한 대한민국이 맞이하게 될 경제부흥에 대한 큰 잠재력을 가지고 있다. 선박을 통한 해상무역은 많은 물량을 저렴하게 운송할 수 있다는 장점을 갖고 있지만, 기상사정에 따라 잦은 지연 문제가 발생하여 정시성이 떨어지고 운반에 오랜 시간이 걸린다는 단점이 있다.

선박을 통하여 부산을 출발 후 DEEP SEA^{원양항로}를 이용시 유럽까지 대략 46일 정도가 걸리지만, 대륙 횡단 철도를 이용할 경우 23일이면 운송이 가능하다.

무역은 가득 싣고 가서 내려놓을 뿐 아니라, 가득 싣고 되돌아오는 것이다. 아시아에서 유럽 방향으로 갈 뿐 아니라 역으로 아제르바이잔이나 카자흐스탄과 같은 산유국에서 원유를 가지고 돌아와 세계 최고의 정유기술을 갖춘 한국에서 정유하여 태평양을 통해 세계로 수출할 수 있다.

육지를 향해 다가가는 대형 컨테이너선의 사진이다.
This is a picture of a large container ship approaching the land.

　워렌 버핏, 조지 소로스와 함께 세계 3대 투자자로 불리는 짐 로
저스는 2020년 평창을 방문하여 '유라시아 철도 연결 : 한반도 신
경제 구상'이라는 발표를 통해 한국의 철도 잠재력을 높이 평가했
다. 중국의 '일대일로'와 비교하며, 일대일로는 아시아대륙과 중국
을 이으려는 시도이지만 한국은 이를 넘어 유럽까지 뻗어나갈 수
있다며 교통 발전의 가능성이 높다고 평가했다. 그는 통일을 통해
북한의 저렴한 노동력, 풍부한 지하자원, 중국이라는 세계 최대 시
장, 남한의 풍부한 자본과 기술이 만난다면 그 어느 나라보다 흥미
로울 것이라고 말했다. 해외 투자자본이 훨씬 더 많이 유입될 것이

고 자신도 더 많은 투자를 할 것이라 밝히며, 이러한 철도의 발전이 우리가 알고 있는 모든 것을 바꿀 것이라며 매우 낙관적으로 바라봤다. 세계적인 투자가로 손꼽히는 '소프트뱅크'의 손정의 역시 한국의 물류기업 쿠팡에 3조 3천억원에 달하는 거액의 투자를 감행했다. 2조원에 가까운 엄청난 적자가 지속됨에도 불구하고 쿠팡에 계속되는 투자를 하는 배경에는, 통일 이후 한국이 거점이 되어 대륙으로 뻗어나가게 될 물류 이권을 선점하기 위함이라는 일각의 평가가 있다.

대한민국은 대륙에 붙어있는 나라이지만 동-서-남 3면이 바다로 둘러싸여 있고 북쪽마저도 국경이 휴전선으로 막혀있어 마치 섬나라와 같다. 여행이나 무역을 위해서는 비행기와 배를 타야만 했다. 그러나 과거 고종의 특사였던 이준 열사가 헤이그회의 참석을 위해 탔던 열차도, 베를린 올림픽에 참석한 손기정 선수가 마라톤 금메달을 목에 걸고 귀국을 위해 탔던 열차도 모두 '시베리아 횡단철도TSR'였다. 통일을 통해 70년간 운행하지 못한 대륙철도가 다시 연결될 때, 대한민국은 대륙의 시대를 열고 아시아 교통의 중심이 될 것이다. 4차 산업혁명이라는 시대적 분기점에서 통일은 누구도 예측하지 못한 큰 축복이 될 수 있다. 통일 대한민국은 대륙의 항구가 되어 세계의 선박이 함흥과 원산과 같은 국제항구로 들어올 것이고, 아시안하이웨이와 TCR중국횡단철도, TSR시베리아횡단철도 등 대륙의 무역노선의 출발기점이 될 것이다.

신앙의 미래

대한민국은 2차 세계대전 말에 얼렁뚱땅 생긴 나라가 아니다. 묵시, 소망, 그리고 사명이 있었다. 건국 대통령 이승만의 휘호는 다음과 같다.

방구명신(邦舊命新) : 나라는 오래나 사명은 새롭다.

이것은 한민족 5천년의 역사는 오래지만 완전히 새로운 사명을 가진 국가가 태어났다는 선언이다. 대한민국은 이승만의 저서 <한국교회 핍박>에서 '장래 한국이 아시아에 이러한 자유와 평등을 전파하게 될 것'이라고 기록한 것과 같이, 19세기 영국과 20세기 미국의 영적 유산을 이어받아 21세기 세계 선교를 완성 짓는 마지막 파도를 일으키는 나라가 될 것이다. 대륙을 향해 공산진영의 막힌 담을 허물어 만주로, 몽골로, 카자흐스탄으로, 이슬람으로 자유와 복음을 전하며 뻗어나갈 것이다.

만주, 기회의 공간

압록강을 건너 우리가 제일 먼저 만나게 되는 공간은 만주이다. 만주라는 공간은 역사적으로 특별하다. 1894년 청일전쟁이 일어난 뒤 1931년 만주사변이 일어나기 전까지 약 40년의 기간 동안 만주는 아주 독특한 공간이었다. 청나라가 일본과의 전쟁에서 패한 이후, 만주는 청나라의 지배력이 제대로 미치지 못했다. 전쟁을 이긴 일본군이 만주로 진입하자 러시아가 견제를 했고 다시 러시아는 영국의 견제를 받기 시작했다. 만주는 정치공학적인 측면에서 열강의 힘과 압력이 균형을 이루며 진공상태가 되었다. 중국 내륙에서 온 이주민들과 한족, 조선인, 만주족, 몽골인, 일본인 등 다양한 국가의 사람들이 섞여서 사는 국제지구와도 같았다.

영화 '좋은 놈, 나쁜 놈, 이상한 놈'의 배경이 된 시대와 공간이 바로 이곳 만주이다. 마치 미국서부 개척기의 무법지대와 같이 표현된 영화의 배경이 만주라는 공간의 특성을 잘 설명하고 있다. 이러한 배경 속에서 만주는 조선의 독립운동가들이 독립군 기지를 세우거나 학교를 세울 수 있는 특수한 공간이 되었다. 이회영 이시영 형제도 이곳에 신흥학교를 세웠으며, 손정도도 이곳 만주에서 독립운동을 전개했다.

그러나 이곳에서 진짜로 주목해야 할 것이 있다. 과거 영국의 청교도들이 신앙의 자유를 찾아서 신대륙으로 떠나 공동체와 마을을 세웠던 것처럼, 조선에서도 신앙의 자유를 찾아서 만주로 떠난 사람들이 신촌락을 만들기 시작했다. 19세기 말 조선인들이 만주로 대거 이주하게 된 것은 함경도와 평안도 일대에 기근이 심해지자 새로운 삶의 터전을 찾기 위해서였다. 그러나 그들 중 일부는 신앙적으로 뜻을 함께하는 사람끼리 집단적으로 이주하여 기독교

공동체를 건설하였는데, 구세동, 영생동, 명신동, 낙원동 등과 같이 자신의 신앙적 신념을 담아 마을의 이름을 지었다.

이들은 미국 청교도들이 먼저 교회를 건축하고 그 후에 자기 집을 지었던 것처럼, 마을 중앙에 학교와 예배당을 세우고 주거지를 주변으로 만들며 마을을 세웠다. 그리고 기독교 근대교육과 독립운동을 이끌었다.

북간도에 세워진 명동촌은 김약연이 6개 가족으로 구성된 142명의 이주자들을 데리고 두만강을 건너 세워졌다. 그는 조선 관리들의 부정부패를 피해서 간도 땅에서 빈부귀천이 없는 이상촌을 건설하고 민족을 깨울 인재를 양성하고자 하는 꿈을 가지고 있었다. 이렇듯 식솔들을 이끌고 강을 건너 척박한 땅으로 떠난 계획적인 이주를 두고, 후대 사람들은 김약연을 '한국의 모세'라고 불렀다.

이렇게 세워진 마을들 중 일부는 지금도 그 이름을 갖고 여전히 그 자리에 있다. 누군가는 한반도를 대륙을 향해 겨누어진 총의 손잡이의 모습과 같다고 했다. 통일과 함께 대륙을 향해 쏘아질 한민족은 100년 전 신앙공동체를 세워나갔던 선조들과 같이, 만주와 몽골과 중앙아시아 전체를 누비며 마을과 학교를 세우고 선교하게 될 것이다.

먼저 보내진 사람들

과거 톈산 남북로라고 불리는 실크로드가 있었고 오늘날 대륙철도노선이 자리한 중앙아시아에는 놀랍게도 이미 다수의 한민족이 거주하고 있다. 그들은 바로 고려인이다.

외교부가 발표한 재외동포 현황에 따르면 우즈베키스탄과 카자흐스탄 등 중앙아시아에 거주하는 고려인은 약 30만 명에 달한다. 대륙을 향해 뻗어나가는 중에 우리는 우리와 생김새가 같으며, 우리의 전통문화를 여전히 간직하고 있는 수많은 고려인들을 만날 수 있다. 2세부터는 거의 한국말을 이해하거나 구사하지 못하지만 고려인은 고려인과 혼인하는 경우가 많아 생김새가 한국인과 흡사하다. 김치와 잔치국수 등 한식과 유사한 음식문화를 가지고 있고, 돌잡이 문화나 설날, 추석과 같은 우리의 명절문화를 여전히 간직하고 있다.

과거 조선에서는 봉건지주 양반들의 수탈과 착취, 횡포를 피해 많은 조선인들이 국경을 넘어 만주와 연해주로 건너가 모여 살았다. 해마다 그 숫자가 늘어 급기야 1882년에는 연해주의 고려인의 수가 1만 137명으로 러시아인 8,385명 보다 많았다. 일제강점기가 되자 수만 명의 고려인들이 항일운동과 독립운동에 앞장섰고, 연해주는 항쟁기지가 되었다. 그러나 1937년 소련의 스탈린은 연해주의 고려인 사회에 일본 첩자들이 침투하는 것을 막는다는 구실로 고려인들을 중앙아시아 지역으로 강제 이주시켰다.

약 18만 명의 조선인들이 3~4주간 시베리아 횡단열차에 실려 6,000km나 떨어진 중앙아시아의 황무지로 옮겨졌다. 이동 중 목숨을 잃은 사람들과 도착하여 추운 겨울을 넘기지 못한 사람들을 포함하여 약 1만명 이상이 강제이주 전후로 사망했다. 살아남은 고려인들은 척박한 땅을 개척하며 정착하였고, 집단농장콜호스을 만들었다. 고려인들은 쉽지 않은 시간을 그곳에서 견뎌왔다. 외모와 문화로 인해 타국에서 차별받았고 정체성의 혼란을 겪어야만 했다.

오늘날 태극기를 가슴에 달고 중앙아시아를 걸으면, '나도 코리안이다' 라는 의미로 반갑게 말을 걸어오는 고려인들을 만날 수 있다. 한류와 함께 높아지는 대한민국의 문화적 위상은 고려인들로 하여금 자신이 가진 한국인의 뿌리에 대한 자긍심을 느낄 수 있게 하고 있다.

대한민국이 나아갈 선교의 행로, 실크로드에는 이미 먼저 보내진 고려인들이 흩어져있다. 이들은 중앙아시아의 선교의 연결고리와 마중물이 될 것이다.

동방박사 프로젝트

눈을 감고 상상해보자. 100대의 사륜구동 SUV차량이 천정에는 태극기를 달고 일렬로 유라시아 대륙을 횡단하고 있다. 서울에서 출발한 행렬은 평양을 지나 긴 여행을 마치고 대륙의 초원 위에 멈춰 섰다. 대열이 멈춰서는 곳에는 텐트를 치고 무대를 만들며 임시로 작은 마을이 세워진다. 미리 훈련된 문화, 교육, 의료 봉사자들이 인근 마을과 도시로 흩어져 사람들을 섬기며 복음을 전파한다. 짧게는 몇주, 길게는 수 개월 간의 머무름 뒤에는 바울의 전도여행과 같이 그 지역에 남아서 섬길자 들과 다음 여정으로 이동할 사람으로 나뉘어진다. 남기로 결정된 사람들이 다시 여정을 떠나는 차량들을 손을 흔들며 배웅한다.

과거 예수의 탄생을 기다리던 동방의 박사들은 별을 바라보며 이스라엘 베들레헴으로 향했다. 그곳에서 태어난 메시아, 유대인의 왕에게 황금과 유향과 몰약을 바치며 경배했다. 동방박사들은 예수의 '초림'을 유대 이스라엘에 알리고 그를 경배하기 위해 동방에서 찾아왔다.

몽골 밤하늘에 떠있는 수많은 별을 바라보며, 다시 올 그리스도를 마음에 사모하며 한 무리의 청년들이 초원을 달린다. 그리스도, 메시아 예수의 '재림'을 이스라엘과 유대인들에게 알리고, 그를 경배하고 복음을 전하기 위한 행렬이 다시 한 번 동방에서부터 이어진다. 만주와 몽골과 카자흐스탄과 유라시아 대륙을 횡단하며 가는 곳 마다 자유와 생명을 전한다. 중국공산당과 이슬람권의 장벽을 뚫고 다시 한 번 복음이 탄생했던 그곳을 향해 여정을 이어간다.

쌍용자동차의 G4 렉스턴이 일렬로 유라시아 대륙을 횡단하고 있다.
Ssangyong Motor's G4 Rexton crosses the Eurasian continent in a row.

그 유산을 이어갈 기적의 세대는 당신입니다

선명한 이미지를 심으면 미래는 만들어진다

현재 대한민국을 바라보는 시선에는 '감격'의 시선과 '저주'의 시선이 있다. 이 두 가지 시선은 과거 조선말 시점부터 지금까지 함께 존재해왔다.

아무것도 볼 수 없는 어두운 조선의 감옥에서, 선각자들은 대한민국을 꿈꾸며 그들의 생각과 말을 선명하게 심었다. 비록 그들 대부분은 자신이 심은 것이 싹틔우고 자라는 것을 보지 못하고 숨을 거두었지만, 우리가 그 씨앗이 자란 열매를 맛보고 누리게 되었다.

스스로에게 질문해보자. 조선에서는 꿈꿀 수 있었지만 대한민국에서는 꿈꿀 수 없는 것이 무엇인가. 우리에게 때로는 현실을 넘어서는 의지의 선포가 필요하다. 때로는 팩트를 넘어선 믿음이 필요하다. 보이는 것만 보며 들리는 것만 들을 때는 보이지 않는 소망을 붙잡을 용기가 필요하다.

당신은 오늘 당신 자신을 향해, 대한민국을 향해 어떤 말을 심고 있는가? 자기 스스로를 저주하는 말과 대한민국을 저주하는 말을 심고 있지는 않은가? 그러나 기억해야 할 것은 무엇을 심든, 심은 그 말이 당신과 대한민국의 미래에 자라고 열매 맺을 것이라는 사실이다. 지금 내가 심는 선포의 말은 1초 만에 공중에 흩어져 사라지는 소리가 아니라 닿는 자리마다 스며들어 내가 맞이할 10년뒤 나의 모습과 나의 조국이 된다.

계속되는 코로나 팬데믹의 절망스러운 상황 가운데 당장 먹고사는 생존의 문제만을 바라보며 소망이 없고 낙담되는 말들을 심을 것인지 아니면 낙담과 저주의 자리에서부터 일어나 나 자신과 국가를 향해 믿음의 씨앗을 심을 것인지 우리는 선택해야 한다.

대한민국에는 풀리지 않는 많은 상처와 아픔이 있다. 이 나라가 가진 기적이라고 불리는 짧은 역사 안에는 아무도 만질 수 없는 상처의 역사가 가득하다. 현재 대한민국은 이념갈등, 좌우갈등, 세대갈등, 남녀갈등, 노사갈등 등 사회 모든 영역이 수많은 갈등으로 분열되어 있다. 이 분열과 상처는 우리가 미래를 향해 한 발자국도 나아가지 못하도록 사슬로 묶고 있다.

이 나라는 서로를 혁명하고 다시 또 혁명하면서 진흙 속으로 가라앉고 있다. 과거의 아픔을 두고 진실을 규명하고 정의를 밝히고자 하지만, 그럴수록 더 깊이 가라앉는 것만 같다. 자신들이 살았던 과거를 두고 싸우는 그들의 대립 안에는 우리가 살아야 할 미래와 청사진은 보이지 않는다.

NOT REVOLUTION BUT RESTORATION

우리는 개혁이 아니라 회복이 필요하다고 믿는다. 개혁은 내 안에 선과 진리가 있다고 믿기에 새롭게 뜯어 고치고자 하는 것이고, 회복은 우리가 잊어버리고 멀어져버린 본질과 진리가 있다고 믿기에 원래의 상태로 돌이키거나 되찾고자 하는 것이다. 헤리티지 프로젝트는 '대한민국이 돌아가고 회복해야 할 모습과 원형이 무엇일까' 라는 질문으로부터 시작되었다.

우리는 어둠 가운데 건국을 꿈꾸기 시작했던 1900년대 독립운동가들의 정신, 건국의 아버지들의 정신, 전쟁 후 폐허에서 한강의 기적을 일군 세대의 정신, 그들의 유산이 무엇인지 발견하고자 하였다.

우리가 발견한 그들의 유산, 우리에게 상속되어야 할 유산은 그들의 '태도Attitude와 정신Spirit'이었다.

절대 쉽사리 불가능하다 말하지 않고, 무에서 유를 창조하며, 길을 찾지만 찾아도 없으면 길을 만들며, 자신의 세대에서 열매가 맺히지 않더라도 그럼에도 불구하고 씨를 뿌리는 정신이다.

그리고 재와 먼지밖에 물려주지 않았던 그들의 부모를 향해서도 무한한 가능성을 물려주었음을 고백하며 감사하는 그들의 정신이다.

여기, 상속되지 못한 유산이 있다. 그리고 그 유산은 당신의 상속을 기다리고 있다.

통일과 대한민국 재건의 키(Key)는 열린 상처를 봉합하는 '용서'와 '매듭'이다. 대한민국의 발목을 잡는 상처와 아픔을 용서로 매듭짓고 앞으로 나아가야 한다. 지금도 여전히 '자유'와 '인권'이 없는 북한 땅에서는, 소망의 빛을 들고 잠긴 문의 빗장을 부수고 잠긴 문을 열어줄 자들을 간절히 기다리고 있다.

감옥의 문은 밖에서만 열 수 있다. 이 땅은 링컨과 윌버포스의 뒤를 이어 북한노예해방이라는 시대적 사명을 이룰 자를 기다리고 있다. 민족의 아픔을 매듭짓고, 북한을 지나 대륙을 횡단하며 만주로, 몽골로, 카자흐스탄으로, 중동을 넘어 이스라엘로 뻗어나갈 통일 대한민국을 꿈꾸는 자들이 일어나야 한다.

'이 믿음의 유산을 이어갈 세대는 바로 당신입니다'

아무도 만질 수 없는 상처의 역사와
상속이 거절된 유산 사이에 서있을 때
혁명을 다시 혁명하며
끊임없이 진흙 속으로 가라앉을 때

추위에 떠는 아이들과, 건국자의 눈빛 속 그늘을 보자.
어둠 속에서 쓰여진 선각자들의 글과, 전쟁의 폐허 속 어머니,
불가능을 모르는 기업인과,
광장에 엎드린 중보자를 바라보자.

먼지 묻은 흙신은 아래에 벗어두고
고개를 들고 끝없는 초원을 향해, 걸어서 가자.
먼지 묻은 유산을 털어 가슴에 안고
걸어서 함께 가자.

오늘 당신은 어떤 씨앗을 심겠습니까?
오늘 당신이 심은 씨앗이 대한민국의 미래가 됩니다.

헤리티지 인터뷰
증언들

대한민국의 유산 | **차형규**

HERITAGE

청년들에게 해줄 말은 '나도 N포 출신인데 다른 곳 가지말고 기도실 가서 하나님을
진짜 만나라'는 거예요. 어떠한 환경에서든지 거기부터가 시작이고 하나님을 만나
면 가치관이 달라져요. 꿈이 달라져요. 그래서 하나님을 꼭 만나러 기도실로 가세
요. 기도가 유산이에요.

HERITAGE
CHA HYUNG GYU

다음세대 & 통일

KAM 선교회 대표
(주)물맷돌교육 대표
침례신학대학교 목회신학대학원 M.div 졸업

#1 KAM 사역을 하신 계기가 궁금해요.

29살에 부르심을 받았어요. 비전을 받기 전까지 저는 20대로서 생존을 위해 인생을 열심히 살았고 직장생활을 하다가 회계사 준비를 하고 있었어요. 그런 치열한 삶을 살고 있던 때 기도 중 이 시대에 대한 마음이 부어져 모든 것을 내려놓고 '마지막 신호'라는 책을 출판했어요. 또 기도 가운데 '하나님 나라 군대를 세우라'는 비전을 주셨어요. 처음에는 '하나님 나라 군대를 세우라'는 비전이 구체적으로 어떤 건지, 무엇을 하라는 것인지 전혀 감을 잡을 수 없었어요. 그러던 중 미국으로 첫 집회를 가게 되었는데 그곳이 바로 KOG(Kingdom of God Church)라고 하는 '하나님 나라 교회'였어요. 하나님 나라 군대를 세우라고 마음을 받았는데 미국 첫 집회가 하나님 나라 교회 였던 거예요. 당시 저는 KOG 담임 목사님 댁에서 약 1개월간 머물며 목사님과 하나님 나라(Kingdom)에 대한 깊은 교제를 했고 그 때의 인연이 계속되어 지금은 목사님과 동역 관계에 있어요. 그렇게 2009년에 비전을 받은 후, 1년 만에 KAM(Kingdom Army Ministry)선교 단체가 세워졌습니다.

#2 오래전부터 통일에 대한 비전을 선포해오셨어요. 통일에 관한 비전을 갖게 된 계기와 통일을 바라보는 목사님의 입장이 궁금해요.

2011년 1월부터 통일에 대한 비전을 갖기 시작했어요. 그 전까지는 통일에 대해 전혀 관심이 없었어요. '마지막 신호'라는 책을 2010년도에 출간 후 여러 집회에 초청을 받아 뉴욕으로 집회를 갔어요. 미국 집회를 하는 동안 어떤 선교 단체로부터 이스라엘 초청 메일을 받았어요. 그렇게 인생 처음으로 이스라엘을 가게 되었죠. 그게 2011년 1월이에요. 이스라엘에 도착해서 예루살렘의 골든게이트(Golden Gate) 앞에서 통일을 준비해야 겠다는 생각이 선명하게 들었어요. 처음에는 생각지도 못한 비전에 당황스러웠고 의아했지만 통일을 준비해야겠다는 생각이 점차 내 마음에 각인이 되는거 아니겠어요? 그렇게 북한에 대한 관심, 통일에 대한 하나님의 마음, 이스라엘과 북한의 연결고리를 하나씩 발견하게 되었죠. 저는 대한민국 중심의 자유민주적인 복음 통일이 되어야 한다고 생각해요. 그래서 북한에 신앙의 자유가 오게 하는 그런 통일을 한국이 주도해야 된다고 생각합니다.

#3 대한민국 청년 세대들이 바라보는 통일에 대한 부정적인 시선의 원인이 무엇이라고 생각하세요?

우리나라 교육 구조가 '통일'이라고 하면 비용 문제를 먼저 떠올리게 되어있어요. 통일이 되면 그 비용을 어떻게 감당을 할 것이냐는 식이죠. 청년들은 깊이 있게 통일에 관련된 책을 읽어볼 여유도 없고 그런 책자도 없으니 통일에 대해 부정적인 것 같아요.

우선 통일에 대한 선명한 비전을 마케팅 해야합니다. 통일이 되면 우리에게 정말 큰 기회가 옵니다. 예를 들어 태국은 캄보디아, 라오스, 미얀마 이렇게 3개 국가의 접경 지역이라 국가간 육로 이동이 자유롭습니다. 이와 같이 대한민국도 통일이 되면 오토바이 하나로 만주, 러시아, 유럽 등 대륙을 누빌 수 있는 시대가 옵니다. 한국은 삼면이 바다이고 북쪽은 북한으로 막혀있기 때문에 한국 사람들은 섬나라 같은 마인드에 갇혀 있어요. 통일이 되면 보다 넓은 견문과 비전을 가질 수 있을거예요.

#4 요즘 10대 학생들에게는 어떤 방식으로 통일교육이 이루어져야 할까요? 그리고 20대 이후의 청년층의 통일 인식개선을 위한 특별한 방법이 있을까요?

이번에 헤리티지 프로젝트를 통해서 낸 '대한민국의 유산, 헤리티지' 책을 만화나 애니메이션 등 아이들 버전으로 만들고 싶어요. 또 전국 교회를 대상으로 통일과 관련된 독서 활동을 하고 싶어요. 또 메타버스가 2~3년 안에 확산된다고 해요. VR로 미리 가보는 북한을 콘텐츠로 찍어서 10대 아이들에게 다양한 통일 미디어 콘텐츠를 제공을 해주고 싶어요. 그러면 아이들이 북한에 대해 좀 더 열린 시각을 가질 수 있을 것 같아요. 그리고 청년들을 위해서는 통일 이후 북한에서 어떤 창업을 하고 싶은지, 어떤 선교를 하고 싶은지와 같은 다양한 비전을 제시하는 대회를 열고 싶어요.

#5 그렇다면 통일 대한민국을 왜 꿈꿔야 하는지, 통일 이후 대한민국에 어떤 일이 일어날지, 목사님이 생각하시는 통일 이후의 기대효과가 궁금해요.

하나님께서 통일을 원하시기 때문에 우리는 통일을 위해 반드시 기도해야 한다고 생각해요. 통일이 되어야만 만주, 몽골, 러시아 등 내륙 선교를 폭발적으로 할 수 있어요. 저는 중국 지하교회 지도자들과 많은 만남을 가져왔어요. 그분들은 북한과 통일된 한국이 일본과 화해를 하고, 중국과 하나 되어 세계 선교를 매듭짓기를 기대하며 준비하고 계시죠. 저는 통일 이후 한국이 G1 국가가 될 것이라고 믿어요. 영국이 하나님 앞에서 기름 부어졌을 때 그 나라가 잘했고 못했고를 떠나 세계 강국이 되었고, 20세기에는 미국이 복음 선교에 앞장서며 지금의 G1 국가가 되었듯 말이죠. 20년 전 한국의 K-문화가 세계를 주도할 것이라고 하였을 때, 대부분의 사람들은 콧방귀를 뀌며 비웃었어요. 그렇지만 오늘날 대한민국이 무역과 교육, 엔터테인먼트와 선교 등 모든 분야에서 앞서 나가기 시작했어요. 정말 행복한 일이고 한반도 역사의 가장 강성한 국가가 될 수 있는 기회가 열려 있다고 생각합니다.

#6 현재 대한민국 청년 세대들을 N포세대라고 부릅니다. 이런 N포 세대의 핵심인 MZ세대가 회복되기 위한 선과제는 무엇일까요?

청년들이 포기했다라기 보다 불가능하다라고 생각했기 때문이지 포기하고 싶어서 포기한 친구들은 아무도 없다고 생각해요. 그래서 누군가가 무브먼트(Movement)를 일으켜야 해요. 낙심하고, 비판하고, 남 탓하고, '안 된다'라고 말하는 비판적인 시각을 걷어내고 요즘 청년들이 '저기 가면 생기가 있어. 저기 가면 살 것 같아'라고 흥미를 느낄만한 매력적이고 혁신적인 무브먼트 말이에요. 그 중에 2019년 200명의 청년들과 두물머리길 트레킹을 했던 것이 기억나요. 20km의 길을 걷는 것이 힘들었지만 다 같이 목표 지점에 도달했을 때 행복해하고 성취하고 감격스러워했어요. 이런 경험들을 통해서 청년들은 내면의 자신감을 회복하고 나도 할 수 있다는 생각의 전환을 경험한 거예요. 이렇게 공동으로 경험하는 것이 문화거든요. 청년들과 함께 이런 문화를 확산하고 싶어요.

#7 목사님께서는 다가올 통일을 위해 구체적으로 어떤 준비를 하고 계신가요?

저는 통일되면 콘텐츠가 있어야 한다고 생각해요. 그래서 물맷돌 수학을 하는 이유도 북한의 다음 세대를 잡을 수 있는 킬러 상품으로 교육이 있어야 된다고 생각했고 지금 3천 명의 물맷돌 코치 선생들이 준비되었어요. 또 북한에 2500여 개의 마을을 구체적으로 섬기기 위해서는 학원, 빵집, 패션 옷, 주택 등등 실질적인 콘텐츠들과 사람들이 필요해요. 그래서 현재도 캄스쿨로 인력을 훈련하고, 또 물맷돌 수학과 헤리티지 프로젝트도 같은 일환이에요.

그리고 대한민국의 60대에서 80대의 경륜이 있는 대한민국 탑 클래스 오피니언 리더(opinion leader)인 100명 이상의 어른 세대를 연결하기 위해 모임을 만들고 이 모임을 통해서 어른들의 마음과 자녀들의 마음을 잇는 일들을 하려고 합니다.

#8 북한이탈주민(탈북민)을 '미리 온 통일'이라고 부르죠. 북한이탈주민을 위해 진행 중이거나 기획 중인 프로젝트가 있다면 말씀해주세요.

현재 매년 약 2억 정도의 예산으로 북한 이탈주민들이 대한민국으로 들어올 수 있도록 돕고 있고 또 한국에 들어온 탈북민 단체들에게 캠프비, 선교단체 운영비를 지원하면서 섬기고 있어요. 그리고 북한에 대해서 전문적으로 공부할 수 있는 기회를 마련하기 위해 KAM선교회에서 탈북민과 탈북민 사역자 그리고 북한 전문 교수님들이 연합하여 12개 강좌 커리큘럼을 짰어요. 북한도 계급 사회이기 때문에 다양한 스펙트럼(Spectrum)의 생활상이 있어요. 북한에 관심있는 분들이 이 강의를 통해서 냉철하고 균형있게 북한을 바라보고 통일을 준비할 수 있도록 인터넷 강의를 예비하고 있어요.

#9 목사님이 꿈꾸는 대한민국에 세워질 다음세대의 모습은 어떠한가요?

첫 번째는 분명하게 복음을 만난 사람만이 하나님의 일을 할 수가 있어요. 복음을 만나면 한계가 사라진다라고 생각하거든요. 사람마다 다 한계가 있잖아요. 물론 나의 한계를 냉철하게 아는 것도 중요하지만, 성경의 모든 인물들을 보면 자기 능력으로 성취한 게 아니고 하나님의 능력으로 순종했을 때 하나님이 일하셨어요. 다음 세대들은 앞으로 한 번도 경험해보지 못한 시대를 살아가야 해요. 통일 대한민국과 동시에 가상현실 융합 시대, 탈 모더니즘과 같은 해체주의 시대에 굳건하게 복음을 가지고 현실을 뚫고 나갈 기독청년들이 일어나야 해요.

두 번째는 말씀으로 무장된 사람들, 말씀에 통달해야 해요. 자기가 기준인 시대이자 유튜브나 인터넷의 여러 정보들을 접할 수 있는 혼돈스러운 미혹의 시대에 살고 있어요. 우리의 분명한 기준은 내 느낌도 아니고, 감정도 아니고 진리의 말씀입니다.

세 번째는 하나님의 꿈이 나의 비전이 된 사람들. 저도 스물아홉에 하나님 앞에 생존이 아니라 부르심으로 턴(Turn)을 했기 때문에 지금 10년이 지나서 캄스쿨 졸업생들과 이렇게 인터뷰를 하는 거 아니겠어요? 다음 세대들은 그런 하나님의 꿈을 감당할 사람들이어야 해요.

#10 앞으로 다음세대를 이끌 차세대 지도자에게 어떤 역량이 필요하다고 생각하시나요?

위에서도 말했듯이 차세대 지도자의 핵심 역량은 예수님을 진짜 만난 사람이에요. 교회 생활 열심히 하는 사람들이 아닌 진짜 예수님 만난 사람이요.

두 번째는 관계 안에서 성숙함이 있는 사람이에요. 건강한 공동체 안에서 성장할 기회를 가져야 해요. 예수님을 인격적으로 만났는데 건강하게 성장하지 않으면 자신이 하나님을 만났다는 것에 치중하게 되어 미성숙할 수 있어요. 그래서 주변에 건강한 동료들을 통해서 깎이고 조율될 수 있는 사람이에요.

세 번째는 문제 해결 능력이 있는 사람. 세상에서 말하는 미래 인재는 문제 해결 능력을 우선으로 봐요. 하지만 우리는 하나님을 만나고, 관계에 성숙하고 그 다음 필요한 것은 문제 해결 능력이에요. 통일을 경험해 본 사람, 사회 혼란을 경험해 본 사람이 어디있겠어요. 그래서 어떠한 문제에 직면하든 창의적인 발상으로 문제해결을 해야해요. 그 창의력은 기도 가운데 하나님으로부터 오는 응답이죠.

#11 지금의 가치관과 신념을 형성하게 된 밑바탕은 어디에서 찾을 수 있나요? 특히 가치관의 전환을 맞게 한 의미 깊은 일화가 있으신가요?

저는 3대째 모태신앙이었기 때문에 기독교 문화와 가치관을 가지고 성장했어요. 한 20여 년을 종교인으로 성실히 살아오던 중 종교 생활만으로는 '무엇이 선한지 알지만 그걸 살아갈 수 있는 내면적인 힘이 없다' 라는 걸 발견한 거예요. 그래서 내 안에 있는 욕심, 갈망, 내적인 죄성을 해결하기 위해 치열히 고민했고 생존을 위해 발버둥치며 밑바닥에서부터 일하는 동안 사람들의 마음을 관찰하면서 깨달은 것이 있어요. 한 예로 대부분의 사람들이 자기가 할 수 있는 일에 제한을 두고 있어요. 저도 마찬가지였죠. 이전까지 국밥집에서 아주머니가 서빙할 때 한 번도 그분들의 수고나 애환에 대해서 관심을 가져볼 만한 성장배경이 없었어요. 그러다 집안이 부도가 나서 하루종일 돌솥을 닦는 설거지 등 온갖 아르바이트를 하면서 '내 스펙에 어떻게 이런 알바를 해'가 아닌 '나는 뭐든지 하나님이 시키면 감당할 수 있어'라고 아래 위로의 제한이 사라졌어요.

두 번째로는 선명한 복음의 능력을 알아야 돼요. 사역을 10년간 하면서 기독교 안의 다양한 스펙트럼을 경험했어요. 그렇게 집회를 많이 다니면서 한 목사님이 한 교단에서 평생 목회하시는 것과 다르게 국내 국외 초교파적으로 체험해보며 내린 결론은 '복음을 제대로 만나야 된다.'였어요. 복음 제대로 만난게 제 가치관 전환의 핵심이죠.

#12 목사로서 가진 본인의 사명은 무엇인가요?

올해 목사 안수를 받았어요. 며칠 전에도 아내하고 이런 얘기를 나눴었는데, 저는 선교사라는 호칭이 더 좋아요. 그리고 익숙해요. 아직 목사님이라는 호칭은 어색해요. 만약 전형적인 지역 교회의 목사로 부르심 받는다면 조용히 영혼들을 섬기는 작은 교회를 하고 싶어요.

#13 차형규 목사님 삶의 헤리티지/유업은 무엇인가요?

제 삶의 헤리티지는 십자가의 선명한 복음이에요. 대한민국을 살리는 것도 복음이고 나를 죽음에서 살리는 것도 복음이에요. 그리고 대한민국, 이 나라가 가야 될 그 하나님의 꿈 통일 대한민국이에요. 그러나 죽기 전까지 대한민국을 향한 하나님의 꿈의 성취가 내 세대에 이루어지지 않는다고 해도 다음 세대에게 그 메시지가 전달되도록 하는 것이 제 사명이에요. 복음과 대한민국이 제 삶의 유업이에요.

#14 대한민국 청년들에게 전하고 싶은 유산은 무엇인가요?

저는 지금 4명의 아이 아빠인데 저도 20대 때 결혼을 포기했어요. 취업도 포기했고 결혼도 포기했고, 부모님이 부도나고 재산은 커녕 파산 신청했는데 누가 연애하고 결혼하자고 하겠어요. 비자발적 N포 세대였죠. 그러나 어려웠을 때 다

른 데서 해결책을 찾으려고 하지 않았고 기도실
로 들어갔어요. 그게 지금 생각해 보면 하나님의
큰 은혜인 것 같아요. 아무것도 없는 차가운 지
하 기도실에서 진짜 하나님을 만나고 또 군대 기
도실에서 살아있는 하나님을 경험한 뒤로 두려
움과 걱정이 사라졌어요. 현실에선 달라진 것이
없고 해결된 것이 없는데 하나님을 만나고 나니
까 자신감이 생기더라구요. 그리고 사물을 다르
게 보게 돼요. 초 긍정의 에너지가 나온다고 해
야하나?

　서울 숲에서 6개월 동안 치킨 튀기고 새똥 치우
고 아르바이트 할 때 내 또래 애들이 연인들과
데이트하는 모습을 보기도 하고 산책나온 젊은
부부에게 커피를 내려주면서도 낙심이 안 됐어
요. '하나님이 나를 분명히 훈련하고 있어. 요셉
도 훈련했던 것처럼, 불평하지 않고 배울 거 빨
리 배우고 다음 단계로 가야 돼.' 그렇게 마음을
먹었어요. 처한 상황을 생각하면 불평과 원망이
나올 타이밍인데 절대 감사가 나왔던 것 같아요.
그래서 청년들에게 해줄 말은 '나도 N포 출신인
데 다른 곳 가지말고 기도실 가서 하나님을 진짜
만나라.' 어떠한 환경에서든지 거기부터가 시작
이고 하나님 만나면 가치관이 달라져요. 꿈이 달
라져요. 그래서 하나님을 만나러 꼭 기도실로 가
세요. 기도가 유산이에요.

대한민국의 유산 | 김형석

HERITAGE

저는 우파진영 인물, 좌파진영 인물 상관하지 않고 역사적 사실과 그분들이 어떻게
어려웠던 시대를 치열하게 살아갔는가를 조명하는 것이 중요하다고 생각해요. 거기
에 대한 평가는 독자들이 스스로 하도록 하는 대원칙을 가지고 있어요. 바른 역사적
사실을 밝히면 극단적인 진영 논리가 아닌 사람들은 수용한다고 생각해요.

HERITAGE
KIM HYUNG SEOK

역사

고신대학교 석좌교수
(재)대한민국역사와미래 이사장
대한민국역사문화연구원 원장
전) 총신대 역사신학 교수

#1 역사학자가 된 특별한 계기나 이유가 있으신가요?

나고 자란 환경이 자연스럽게 저를 역사학자로 만들었어요. 아버지의 한국전쟁 이야기를 들으며 역사의식과 역사에 대한 흥미가 싹 튼 것 같아요. 아버지는 6.25 전쟁 당시 서울대학교 공과대학 섬유공학과 1학년 학생이었죠. 아버지는 6.25 전쟁 중 서울이 함락되자 피난길에 오르셨고 수원에서 학도병에 자원하셨어요. 흔히 '인류의 역사는 전쟁의 역사다'라고 하죠? 아버지는 그 유명한 다부동전투, 용문산 전투 등 수많은 전쟁을 치르셨어요.

#2 원장님 블로그를 보면 대부분 근현대사 쪽으로 많이 집중이 돼 있더라고요. 근현대사에 집중한 특별한 계기가 있으신가요?

제가 역사학자이면서 동시에 기독교인이다 보니 기독교인이 한국 역사에 어떤 역할을 했는가, 기독교가 한국 사회에 어떤 기능을 했느냐에 관심이 갔어요. 어려웠던 환경 속에서 신앙의 선배들은 어떻게 살았을까를 연구하고 삶에 적용해

보고 싶다는 학문적 욕구가 일어났거든요. 역동적인 근현대사를 공부하다 보면 가슴이 뛰었고, 특히 그 가운데서도 기독교인으로서 역사적 인물을 만나면 설렜어요.

#3 블로그를 저도 봤는데 굉장히 글이 많더라고요. 그래서 칼럼을 게재하게 되신 이유와 또 블로그 구독자의 반응이 되게 궁금해요.

전문적인 역사 연구로 역사적 사실을 바르게 밝히는 것도 중요하지만 `역사의 대중화`가 필요하다고 생각했어요. 그래서 <김형석의 역사산책>이라는 블로그를 시작했어요. 어떤 때는 밤잠을 자지 않고 매일 하나씩 글을 올린 적도 있어요. 독자의 반응은 다양해요.

그 중 뿌듯했던 일은 일방적으로 비난받고 있는 한 인물에 대해 칼럼을 통해 새롭고 균형 있는 시각으로 대중의 시선을 바꾼 일화예요. 이화여대 김활란 총장이 역사의 이단자이자 친일파로 매도되고 있어요. 우리 세대는 그 분을 한국의 여성 독립운동가이자 대표적인 교육자로 배웠거든요. 그래서 오늘날 그 분을 어떻게 바라보아야 할지를 고민하며 '이화를 위한 순교인가? 입신을 위한 친일인가?'라는 제목으로 칼럼을 썼어요. 그런데 그 글을 브라질로 이민가신 이화여대 출신의 할머니께서 발견하시고 친구들에게 공유하셨다고 해요. 생전에 만났던 스승이 손가락질 당하고 있는 것에 대해 아픔이 있었는데 블로그를 통해서 오해가 풀린 거죠. 과거에는 약 800쪽이 넘는 책을 써도 도서관에서 먼지만 쌓이고 보는 사람이 없었는데, 블로그는 실시간으로 독자들과 만나게 되니 보람을 느껴요.

#4 근현대사에서 가장 왜곡되어 있다고 생각하는 역사적 인물과 그 이유는 무엇인가요?

고려대학교를 설립한 인촌 김성수 선생이지요. 대한민국 근현대 역사는 극단적인 진영 논리로 제대로 평가되는 경우가 많지 않기 때문이에요.

소위 좌측에 있는 사람들은 우파를 친일파로, 우측에 있는 자들은 좌파를 빨갱이로 매도하다보니 전체를 못 보는 거죠. 예를 들어 운동권의 핵심 인물이었던 정○○이라고 하는 언론인이 <나는 황국신민이로소이다>라는 책을 통해 인촌 김성수 선생을 친일파로 소개해요. 그런데 그 내용이 아주 이상합니다. 동아일보 이길용 기자가 베를린 올림픽에서 금메달을 딴 손기정의 가슴팍에 달려있던 일장기를 지워버린 '일장기말소사건' 때문에 동아일보는 조선총독부로부터 압수수색을 당했어요. 그 당시 김성수 선생이 했던 말이에요.

'그 얘기를 듣는 순간 정신이 없었다. 나는 얼마나 원대한 뜻을 가지고 국가와 민족을 위해 동아일보를 운영하는가. 그 젊은 기자는 순간의 혈기로 일장기를 지워버리는 철없는 행동을 하였다. 그 젊은 기자가 괘씸하다.'

정 씨는 그 책에서 인촌 선생에 대해 딱 여기까지만 썼어요. 일장기를 지운 그 기자를 괘씸하다고 말한 인촌 선생을 악질 친일파로 몬 것이죠. 하지만 그 책에는 실리지 않은 진짜 역사의 뒷이야기는 다음과 같아요.

'잠시 길가에 차를 세우고 신문을 사서 일장기가 지워진 그 모습을 보니 속이 다 후련했다. 나도 그런데, 우리 국민은 얼마나 더 속이 후련할까. 빨리 사태를 수습하고 그 젊은 기자를 보호해야지.'

저는 우파진영 인물, 좌파진영 인물 상관하지 않고 역사적 사실과 그분들이 어떻게 어려웠던 시대를 치열하게 살아갔는가를 조명하는 것이 중요하다고 생각해요. 그에 대한 평가는 독자들이 스스로 하도록 하는 대원칙을 가지고 있어요. 바른 역사적 사실을 밝히면 극단적인 진영 논리를 가지지 않은 사람들은 수용한다고 생각해요. 때로는 힘이 들고 욕도 얻어먹지만 우리역사 바로 세우기는 꼭 필요하다고 생각합니다.

#5 '역사는 반복된다'는 말이 있잖아요. 저희 대한민국에서 다시 반복되었으면 하는 역사와 반복되지 않으면 좋겠다고 생각하는 역사가 있다면 무엇일까요?

첫째, 사람답게 살아갈 수 있는 사회로 만들었던 역사들은 반복되어야지요. 자유롭고 평등해지는 사회 말이에요. 과거 우리나라는 유교의 영향으로 극소수의 사람만이 사람답게 살 수 있었어요. 그런 우리나라에 기독교가 들어온 이후 성별과 신분을 넘어선 자유와 평등에 대한 이해뿐 아니라 근대식 병원과 학교가 세워졌어요. 오늘날 우리 사회에도 고통 받는 많은 사람이 있어요. 국가가 그들의 든든한 안전망이 되어주었으면 좋겠어요.

둘째, 나만 옳다고 하며 다른 사람을 헐뜯는 분열과 갈등의 역사는 청산되면 좋겠어요. 타인의 잘못을 내세워 그것을 밟고 올라서려는 사람은 끊임없이 나라를 자중지란으로 빠뜨리는 것이죠. 조선시대 역사를 보면 끊임없는 당파 싸움의 연속이잖아요. 심지어는 왕비가 죽었는데 제사를 몇 년 지내야 하는지를 놓고서 사생결단의 싸움을 했고 결국 나라는 파국을 맞았죠. 이제 그런 면을 극복하면 좋겠어요.

#6 그렇다면 원장님이 생각하는 '바람직한 역사의식'은 무엇인가요? 또 현재 역사의식이 가장 바로 선 나라와 민족의 예가 있다면 들어주세요.

자유와 평등, 평화라는 기준점을 추구하며 발전하는 것입니다. 사회가 진보한 이유는 이러한 역사적 기준점들을 끊임없이 진전시켰기 때문이에요. 그 결과 신분제도의 억압 속에서 자유를 실현하고 평등화를 이루어냈고, 노력만 하면 누구나 경제적 자립을 할 수 있어요. 따라서 역사의 기준점에 역행해서는 안돼요. 예를 들어 공정하지 못한 경쟁을 해 다른 사람에게 피해를 준다든지, 특권의식을 가지고 지위나 부를 세습하고

자 많이 가진 기득권의 자녀에게 취업의 우선권을 준다든지 하는 등의 행태는 잘못된 역사의식의 발현이라고 생각해요. 역사의식이 바로 선 나라로는 이스라엘을 꼽을 수 있겠어요. 이스라엘 사람들은 어렸을 적부터 할아버지로부터 시편과 탈무드를 듣고 암송하는 독특한 민족 고유의 교육을 받으며 자랐어요. 그 결과 비록 인구가 많지 않고 아랍권 국가로 둘러싸여 있어도 독립을 유지하고 있으며, 오히려 세계를 이끄는 리더를 배출해요.

#7 블로그에 나오는 서재필, 안창호, 이승만 등 많은 건국의 일꾼들이 수많은 역경의 나날들을 견뎌냈습니다. 그럼에도 신념을 잃지 않고 대한민국에 엄청난 일들을 행하셨는데 이러한 원동력은 무엇이라고 생각하시나요?

강한 민족애와 국가관, 기독교가 기본 바탕이었던 것 같아요. 우리 선조는 국가가 열강의 세력으로부터 독립하고 우리 스스로 부강해야 한다는 독립정신과 국가와 민족을 위해 헌신하는 것이 올바른 삶이라는 기독교 이념을 믿고 실천했어요.

그리고 과거 아비세대들은 우리 민족이 무엇이든지 할 수 있다는 자신감이 있었어요. 비록 우리가 자본도 자원도 없지만 항상 밝은 미래를 꿈꾸면서 내 자녀들에게 빈곤과 가난을 물려주지 않겠다는 의지가 있었는데 요즘 젊은 사람들은 금방 포기해 버리더군요. 문제의식을 느끼고 무언가 하려는 의지가 있는 사람에게는 이미 그 문제를 극복할 수 있는 50%의 가능성이 열려 있어요. 그러나 포기해버린 사람에게는 그 가능성조차 없는 거죠. 그래서 나는 우리 사회가 자신감의 상실, 의지의 부족을 회복해야 한다고 생각해요.

#8 지금의 가치관과 신념을 형성하게 된 밑바탕은 어디에서 찾을 수 있나요, 특히 가치관의 전환을 맞게 한 의미 깊은 일화가 있으신가요?

남강 이승훈 선생님을 알게 된 일이에요. 훌륭한 선생 밑에 훌륭한 제자가 나오기 마련이죠. 군 시절 언론인이 되고 싶어서 신문 기자 준비를 했는데 제대할 때인 1979년이 유신 정권의 마지막 해라 언론인을 뽑지 않았어요. 그래서 신문에서 교사 공개 채용을 보고 지원하여 용산에 있던 五山중·고등학교 교사가 되었어요. 이북에서 피난 내려온 분들이 세운 학교인데 그곳에서 남강 선생을 만난 거죠.

동문들이 재산을 출연해서 남강 선생을 기리고 연구하는 남강 문화재단을 만들었고 제가 그곳에서 연구원을 했어요. 대한민국의 기라성 같은 어른들과 교제하면서 그 분에 대한 연구를 했어요. 한 예화로 부자이고 사회적으로 존경받는 남강 이승훈 선생이 3.1운동으로 오래 감옥살이를 할 때, 감옥에서 아무도 안 하는 똥 치우는 일을 직접 했어요. 신앙인이자 겸손하신 그 분의 인격을 볼 수 있는 사건인거죠. 그래서인지 누구나 다 인정하는 사람이 되어 그의 제자들 주기철·한경직 목사나 함석근 선생 같은 그 대단한 사람들이 자기 스승 떠올릴 때면 울면서 얘기를 하는 거에요.

역사에 쓰여진 잘못된 허물을 걷어 내고 진실된 모습을 통해서 우리가 배울 수 있는 게 뭔지를 알아가야 해요. 그 분의 잘한 것도 있지만은 실수도 있어요. 그럼에도 불구하고 그런 삶을 살았다는 것은 나처럼 부족한 사람도 보다 나은 인물이 될 수 있겠구나 하는 우리의 가능성과 자신감을 보게 되는 거 아니겠어요? 그래서 역사는 있는 그대로 공과 오를 동시에 밝혀야 됩니다.

#9 그렇다면 다음 세대들이 왜 역사에 관심을 가져야 할까요?

삶을 바로 살아가는 데 빛이 될 수 있는 대표적인 교훈서이기 때문이에요. 역사는 과거를 통해서 미래를 배우는 거죠. 과거 세계사에서 각 국가의 흥망성쇠의 과정을 통해 우리가 본받고 따르는 거예요. 이 세상을 어떻게 살아야 하는지, 어떻게 사는 인간이 존경받는 인물이고 어떻게 사는 인간이 우리가 가서는 안 될 길인지를 역사를 통해 배우는 거 아니겠어요?

#10 해외 교민을 대상으로 한국의 정신과 문화, 역사를 보급하기 위하여 대한민국 역사문화연구원을 설립하셨다는 소식을 들었습니다. 역사를 해외에 보급하려고 하시는 계기가 무엇인가요?

전 세계 210개국 가운데 180개국에 우리 교민들이 거주하고 있어요. 그 분들께 역사를 알려주어 미래의 비전을 나누면서 통일 한국을 위한 세계사적인 과제를 함께 감당하기 위해서예요.

어떤 정치사회학자는 어떤 국가에서 특정한 종족 집단이 그 나라의 지도자를 배출하려면 최소한 50만 명이 있는 집단이라야 지도자를 배출할 수가 있다고 해요. 미국, 러시아, 중국, 일본 등 강대국도 가지지 못한, 자기 민족 집단을 50만 명 이상을 가지고 있는 유일한 민족이 한민족이라는 거예요. 이는 정치적인 뜻이 아니라 그 만큼 전 세계에서 우리와 호흡할 수 있는 동일한 핏줄을 가진 사람들이 있다 것이고 이것은 엄청난 일이에요. 그 분들에게 바른 역사관을 전해주면 한국인의 역사적 과제를 함께 실천할 수 있는 중요한 하나의 자산과 에너지가 될 수 있어요. 그래서 해외에 있는 교민들은 미래의 통일 대한민국을 위한 세계사적인 과제를 함께 실천하기 위해서 꼭 필요한 일꾼들이죠.

유대인들은 전 세계에 흩어져 있지만 어디에 있든지 같은 민족의식을 가지고 한 역사의 방향을 향해 나아갑니다. 그래서 앞으로 우리도 전 세계에 있는 한인 집단을 향해서 한국의 역사와 문화 보급을 하면서 자연스럽게 서로 공동체 의식을 나눌 수 있는 기여를 하기 위해 역사문화연구원을 설립했어요.

#11 역사학자로서 가진 본인의 사명은 무엇인가요?

어렸을 적 어머니께서 제일 많이 하셨던 얘기가 '모세처럼 국가와 민족을 위해 바른 길을 제시하고 헌신할 수 있는 사람이 되라'였어요. 저는 3,40대 오로지 국가와 사회, 대학의 현장에서 제 사명을 위해서 열심히 살았어요. 정치인 뿐 아니라 교육자, 역사학자, NGO, 시민운동, 언론인 각자의 영역에서 이 땅에 하나님의 공의를 펼치기 위해서 할 수 있는 역할들을 감당한 것이 제 삶의 자취였어요. 목사가 된 지금도 지역 교회를 담당해서 전형적인 사역을 하기보다는 우리 사회를 변화시키고 이 땅의 하나님 나라에 의를 펼치는 일을 위해서 여러 방면으로 활동하는 데 주안점을 두고 있습니다.

#12 김형석 원장님 삶의 헤리티지/유업은 무엇인가요?

하나님 나라 백성으로서의 사명, 대한민국 국민으로서의 사명, 이 두 가지 사명을 잘 감당하는 것이 제 유업입니다. 공수래공수거, 빈손으로 왔다가 빈손으로 가는 인생입니다. 세상을 떠나 자녀들이 우리 아버지는 어떤 삶을 산 사람일까라고 기억했을 때 그 분의 삶이 많은 분들에게 존경받았고 '나도 그런 삶을 살고 싶다'라는 고백을 받는 것이 제가 추구하는 삶의 유업입니다.

대한민국의 유산 | 손명원

HERITAGE

제가 생각하는 걸레 정신은 눈에 띄지 않는 장소에서 묵묵히 기다리다가 주인이 필요할 때 제 역할을 하고 다시 제자리에 놓이는 것이에요. 걸레는 냄새나고 지저분한 곳을 깨끗이 치우지만 사용되고 나면 안 보이는 장소에 놓입니다. 이런 생활은 아무나 감당할 수 없다고 생각해요.

HERITAGE
SOHN MYOUNG WON

경제 & 독립운동

손정도 목사의 손자, 손원일 제독의 아들
현) 손 컨설팅 컴퍼니 대표이사
전) 현대자동차 사장
전) 쌍용자동차 사장
전) 현대 미포조선 사장
전) 현대중공업 부사장
전) 맥슨전자 사장

#1 현대중공업 부사장, 현대 미포조선 사장, 쌍용자동차 사장 등 국내 굴지 대기업에서 일하셨습니다. 기업인이 되신 계기가 있으신가요?

아버님이 독일 대사로 계실 때 저보고 너는 앞으로 독일의 고속도로 같은 것을 한국에 건설하라고 하셨습니다. 저는 고속도로 건설 기술자가 되려고 대학에서 토목을 전공하였습니다.

사회에 나와서는 설계와 현장 감독을 통해 토목구조 분야에서 경험을 쌓았고 이 분야에 경쟁력을 갖게 되었습니다. 그 경력이 한국에 현대건설, 현대중공업과 쌍용자동차 같은 기업과 연결이 되었습니다.

대기업들은 세계시장에서, 용서없는 경쟁에서 승자가 되어야만 생존하고 성장할 수 있다고 생각합니다. 이 치열한 경쟁 속에서 제가 한국 회사의 CEO로 도울 수 있어 다행이었습니다. 할아버님은 아버님에게 "우리가 독립하면 기술자가 필요해. 너는 기술자가 돼" 또 "기술은 국경선이 없다"고 하셨답니다. 이 말을 따라 아버님은 항해사가 되었고 이를 기반으로 한국 해군

창설의 비전을 갖게 되었습니다. 같은 맥락에서 아버님은 저에게 토목 기술자가 되라고 하셨습니다. 현대중공업과 쌍용자동차에서 일하며 기술기반으로의 기업가가 되었다고 생각합니다.

#2 기업인으로서 가장 뿌듯했던 순간이 궁금해요.

조선소를 떠난 지 8년차에 초청받은 자리였던 현대 미포 조선 창립 20주년 기념운동회에서 직원들의 큰 함성과 박수를 받았을 때입니다. 기념행사 중 사회자가 역대 사장들을 소개하기 시작했어요. '1대 사장님을 소개합니다.' 사회자의 말이 끝나자 직원들은 박수로 답했어요. '다음은 2대 사장님이 오셨습니다.' 모여있던 사람들은 다시 박수로 화답했어요. '다음은 3대 손명원 사장님을 소개합니다.' 사회자가 소개하자 운동장에 모여있던 미포조선가족들이 일어나 함성과 박수로 운동장을 가득 채웠습니다. 저는 일어나서 인사하며 이 함성을 들으며 놀라지 않을 수 없었어요. 이 때 뒤에있던 현대중공업 사장이 제게 '아직도 사장님을 사랑하는 사람들이 많네요.'라고 말했습니다. 그 날 행사가 끝나고 서울로 올라오면서 왜 함성과 박수의 선물을 주었을까 생각해봤어요. 미포조선에서 2년 반 동안 재직하면서 제가 그들과 함께한 날들을 돌아보게 되었습니다.

#3 할아버지이신 손정도 목사님은 대표적인 독립운동가, 아버지 손원일 제독은 초대 해군참모총장 이십니다. 대표님께서 기억하시는 할아버지와 아버지는 어떤 분이셨나요?

할아버지 손정도 목사님은 목회자로서 독립운동가로서 나라와 민족을 위해 일평생 바쳐 주님의 사랑의 계명을 실천하신 분이에요. 1915년에 정동 교회 4대 목사를 하셨고 2년 만에 신도가 700명에서 2천 300명이 되는 교회로 만드셨

죠. 그러다 목사직을 사임하고 상해 임시정부 수립에 산파 역할을 맡아 독립 운동을 하셨지요. 1931년에 고문 후유증으로 돌아가셨어요. 저는 왜 할아버님이 목사로 계시다가 독립운동가가 되셨는지 그리고 이것이 기독교 신앙과 어떤 연관이 있는지 의문이었어요. 교회의 목회는 사랑과 용서를 가르치는 일이고 독립 운동은 피와 투쟁과 죽음을 전제로 하는 일이니까요.

할아버님은 일제 치하의 어려운 시기에 목회 활동을 하면서 사랑의 설교를 많이 하셨다고 해요. 특히 '하나님 사랑이 나라 사랑이고, 나라 사랑이 민족 사랑이다.' 라는 메시지를 강조하셨는데 이러한 설교를 통해 이화 학당과 배제 학당 출신의 많은 젊은 독립 운동가들이 정동교회에서 배출되었어요. 또한 일본 제국의 밑에서 노예 생활을 하는 백성들을 해방시키는 것이 진정한 사랑의 실천임을 깨닫고 이를 위해서는 나라와 민족을 위해 설교만이 아니고 행동으로 옮겨 독립운동을 적극적으로 해야 한다는 결론에 도달하셨죠. 결국 할아버님께서는 그 분의 삶의 바탕이었던 기독교 사상을 독립운동으로 승화시키는 것을 몸소 보여주셨던거죠.

아버님 역시 할아버님의 영향을 받아 이웃 사랑을 마음에 새기고 사셨어요. 한 일화로 제가 유년 시절에 부산 제일부두에 있는 아버님 사무실에 들렀을 때에요. 그 때가 한창 6.25 전쟁 중이었는데 책상 뒤 벽에 걸린 액자에 붓글씨로 '국가와 민족을 위하여 이 몸을 삼가 바치나이다' 라는 문구를 보게 되었죠. 지금 되돌아보면 아버님의 해군 정신도 사랑의 계명에서 나온 것이 아닌가 하는 생각이 드네요. 희생 정신과 해군 정신, 그리고 주님의 사랑의 계명, 이 모든 것이 하나로 연결된 것이죠.

#4 할아버지와 아버지로부터 이어받은 또 다른 유업인 독립정신이 무엇이고 본인의 삶에 어떤 영향을 미쳤나요?

할아버지는 '스스로 판단하고 혼자 헤쳐나가는 힘을 키워야 삶의 큰 역경과 맞닥뜨렸을 때 이겨낼 수 있다'고 말씀하셨대요. 그리고 그 힘을 자신만을 위해 쓰기보다 다른 사람을 위해, 더 나아가 나라와 민족을 위해, 그리고 나라를 잃은 상황에서는 국가의 독립을 위해 사용해야 한다고 하셨죠. 이러한 주체성과 독립성을 강조하신 할아버지의 가르침이 아버지의 삶의 지침이 되었습니다. 그리고 이런 할아버지의 영향을 받아 아버지는 군인이 되었고 마침내 초대 해군참모총장까지 역임할 수 있었어요.

아버지는 항상 제게 '남자는 독립을 해야 한다'고 말씀하셨는데 정신적 독립뿐만 아니라 경제적으로도 독립해야 한다고 하셨어요. 독립적인 인간이 되어야 남을 도울 수 있다고 하셨어요. 제가 어려운 일이 생겨 아버님께 여쭈면 오히려 아버님은 '넌 어떻게 생각하니?'라고 물으셨어요. 아버님의 따뜻한 조언을 듣지 못한건 섭섭했지만 결국 이러한 가르침이 제가 홀로 설 수 있는 기반을 만들어주신 것입니다. 그래서인지 아버지는 대학 학비 이외에 어떠한 도움도 주지 않으셨어요. 19살부터 의식주 독립생활이 시작되었는데 그때의 경험들은 저로 하여금 어려움을 극복할 수 있는 사람으로 성장하는 데 도움이 되었다고 생각합니다.

#5 자립심을 기르기 위해 대학시절부터 독립 생활을 하셨는데 혹시 기억나는 아르바이트가 있으신가요?

재정 독립을 위해 대학 다닐 때 백과사전 판매원, 건설 현장 설치일, 수영장 라이프가드, 젖소 농장에서의 일, 식당 접시 닦기, 호텔 벨보이 등을 하며 무슨 일을 하든지 잘 할 수 있다는 자신감을 얻었어요. 그 시절 몸소 체험했던 일들은 사회에 나와 한 조직 전체를 보는 데 도움이 되었다고 생각합니다. 특히 젖소농장에서 소똥을 치웠던 일이 생각납니다. 주인과 저는 오물을 삽으로 퍼서 트레일러에 실었어요. 주인이 퍼서 던진 소똥이 퍽하고 튀어 제 얼굴에 덮혔었지요. 아무말 안하고 저는 얼굴을 소매로 닦았지요. 그래도 주인이 고마웠어요. 다른데서는 시간당 1.25전 주는데 이 주인은 내가 대학생이라고 1.50전을 주었어요. 주인이 오물을 트레일러로 운반해서 밭에 거름으로 뿌리고 오라고 하길래 운전석에 앉았지요. 운전을 하고 가는데 소나기가 내리기 시작하더라구요. 그 비가 소똥으로 얼룩진 제 얼굴을 씻겨주는 것 같이 고맙게 느껴져 하나님께 감사합니다라고 하늘을 보며 외쳤어요. 이 일 이후로 저는 세상 어디에 가도 무슨 일이든지 다 할 수 있다는 자신감을 얻었어요. 또한 일에 높고 낮음이 없다는 것을 마음 속 깊은 곳에서부터 깨닫게 되었습니다.

#6 지금의 가치관과 신념을 형성하게 된 밑바탕은 어디에서 찾을 수 있나요? 또는 가치관의 전환을 맞게 한 의미 깊은 일화가 있으신가요?

할아버님의 유업인 걸레 정신의 진정한 의미를 점차 깨닫게 된 것이에요. 20대 중반에 고모님으로부터 들은 걸레 철학의 뜻을 50년이 지난 지금 제 나름대로 결론을 내릴 수 있게 되었어요. 미국에서 대학을 졸업한 후 얼마 되지 않아 한국에 들어왔을 때 부산에 계신 고모님으로부터 만나자는 연락을 받았어요. 고모님과 점심 식사를 하면서 우리 집 가훈이 걸레 정신이라는 것을 처음 알게 되었죠. 이전까지 걸레를 더럽고 냄새나는 곳을 치우는 것으로만 생각하였는데 걸레정신이 가훈이라는 말을 듣고 무척 혼란스러웠어요.

가훈을 듣고 난 후 50년의 세월이 흐른 지금, 제가 생각하는 걸레 정신은 눈에 띄지 않는 장소에서 묵묵히 기다리다가 주인이 필요할 때 제 역할

을 하고 다시 제자리에 놓이는 것이에요. 걸레는 냄새나고 지저분한 곳을 깨끗이 치우지만 그 누구도 걸레를 응접실에 두지 않아요. 걸레는 사용되고 나면 보이지 않는 구석에 보관되었다가 필요할 때만 주인이 원하는 일을 하고 다시 안 보이는 장소에 놓입니다. 이런 생활은 아무나 감당할 수 없다고 생각해요. 저도 인생을 살아가면서 걸레 정신의 참 뜻을 깨닫고 살아내는 것이 얼마나 어려운 일인지를 알겠더라구요. 용기와 의지, 사랑과 용서와 겸손한 마음을 품을 수 있는 사람만이 이런 걸레 역할을 감당할 수 있는 것이죠.

제 삶도 그랬던 것 같아요. 의식적으로 매사에 걸레 정신으로 살아내고자 했던 건 아니지만 돌아보니 내가 걸레처럼 일을 했구나라는 생각이 들어요. 회사를 경영하면서 저의 개인의 이익을 생각하기보다는 회사가 세계시장에서 성장할 수 있도록, 일하는 직원들이 경쟁력을 갖추도록 정신적, 행동적으로 같이 일하는 것이 걸레정신 아닌가 생각합니다.

#7 기업가로서 본인의 사명은 무엇인가요?

남은 인생 동안 이제껏 쌓아온 인생의 경험을 남과 나누며 보내는 것이에요. 학생으로, 운동선수로, 사회초년생으로, 30여 년동안 CEO로서 많은 우여곡절과 위기를 극복하며 배운 지식과 지혜를 강연과 글을 통해 전하는 것이지요. 다음 시대를 살아갈 청년들에게, 그리고 산업 현장에서 기술 개발을 위해 고민하고 열정을 쏟는 기업인들에게 전하고 싶어요. 나라에 보탬이 되려면 기술력이 필요하다는 할아버님과 아버님의 조언에 따라 엔지니어로서 열심히 노력했습니다. 세계 일류 기업과의 경쟁에서 뒤쳐지지 않는 회사를 만들기 위해 최선을 다해 현대중공업, 현대미포조선, 쌍용 자동차, 맥슨 등에서 일했습니다. 전문 경영인으로서 새로운 길의 선택과 이에

따르는 어려운 일을 겪었고 그 과정에서 얻었던 교훈이 있을 터이니, 비슷한 환경에 처해있는 사람이라면 사소한 것부터라도 적용해볼만한 가치가 있을 것입니다. 인생의 중요한 선택을 앞둔 사람들에게 선택의 길잡이가 되었으면 합니다.

#8 손명원 회장님 삶의 헤리티지/유업은 무엇인가요?

어딜 가서도 제가 떳떳하게 '우리 할아버님은 손정도 목사입니다, 우리 아버님은 손원일 제독입니다.'라고 말할 수 있는 것입니다. 두 분의 삶이 자신에게는 엄격했지만 남에게는 한없이 관대하고 인자했던 것 같이 저도 그 참사랑을 실천하고 싶습니다.

할아버지이신 손정도 목사님이 1931년에 돌아가셔서 올해로 작고하신지 90년이 되었는데 아직도 많은 분들이 추모 예배식에 참석합니다. 여전히 목사님의 생전의 활동들을 기리며 추억하고 배우고자하고 그리워합니다. 저한테는 이것이 유산이에요. 물질적으로는 받은 유산은 없지만, 정신적으로는 남이 상상하기 어려울 정도의 큰 유산을 받았습니다.

#9 대한민국 청년들에게 전하고 싶은 유산은 무엇인가요?

대한민국이 G11에서 G1으로 올라서야 합니다. 앞으로의 기술 발전 가능성과 한국인의 열심이 바탕이 된다면 G5도 넘을 수 있기 때문이에요. 1960년대부터 2016년까지의 역사를 보면 약 50년 사이에 경제가 350배로 성장했어요. 국민 소득이 80달러에서 2만 8천 달러로 성장한 나라는 전 세계에서 우리밖에 없습니다.

더 나아가 남북이 통일되면 대한민국이 세계 2위 경제 대국으로 올라설 가능성이 클 것이라고 뉴욕 타임즈는 전망해요. 그 뿐 아니라 전구와 같이 전 세계에 통용되는 국경없는 기술을 개발함과 동시에 발전된 과학 기술력으로 향후 2,30년 안에 노벨과학상을 받는 것에 우리 모두가 동참한다면 G1이 되는 것이 꿈 같은 이야기가 아니고 충분히 가능한 일입니다.

그래서 대한민국 청년들이 앞으로 10년 후에 '난 무엇을 하고 싶다, 어떤 사람이 되고 싶다' 하는 목표를 설정해야 합니다. 확실한 꿈이 있는 사람은 꿈대로 갑니다. 목표가 확실하면 전략이 생겨요. 목표가 없으면 전략도 없어요. 목표가 있으면 결국 달성합니다. 확실한 꿈을 세우고 그 목표달성을 위해 최선의 노력을 해달라는 부탁을 다시 한 번 드립니다.

대한민국의 유산 | 이영일

HERITAGE

대한민국을 자랑스럽게 여기고 앞으로 통일을 주도해야 할 나라라는 확신을 가진
젊은이들이 한국 정치의 주역이 될 때 이 나라의 발전의 궤도가 정상화될 것으로 믿
습니다.

HERITAGE
LEE YOUNG IL

정치 & 자유

3선 국회의원(11,12,15대)
민정당 전두환 총재 비서실장
국토통일원 통일연수원장
한중정치외교포럼 대표
헌정회 통일위원장

#1 3선 국회의원이십니다. 정치인의 길을 걷게 된 계기가 있으셨나요?

여러 네트워킹 속에서 제 역할이 재정의 되어가면서 새로운 길이 열려 정치인이 되었어요. 저는 국토통일원 재직 당시 국회통일외무위원회에 불려나와 항상 국회의원들한테 브리핑하는 입장이었는데 어느 날 국회의원이 되어 국회외무위원회에 배속되고나니 이젠 브리핑을 받는 입장으로 변해지더라구요.

저는 서울대학교 정치학과를 졸업했어요. 전남 광주에서 말단 공무원의 아들로 자라서 광주일고를 졸업하고 서울대 정치학과를 선택, 진학한 것은 6.25 사변을 겪은 후 분단 국가에서 태어난 젊은이로서 통일의 문을 여는 데 공헌해야겠다는 문제 의식을 가졌기 때문이에요.

그런데 정치학과를 나왔다고 해서 바로 정치를 할 수 는 없지요. 대게 뉴스 리터러 즉, 기자가 되느냐 아니면 뉴스 메이커, 정치인이 되느냐 혹은 고등고시에 합격해서 관료가 되느냐하는 몇 가지 선택지가 나와요. 그런데 대학에서 학생 운동을 하다가 두어 차례 투옥되었다가 나와 보니까 신원조회에 걸려 대학 졸업장이 있어도 취업이 안되는거에요. 졸업 후 아무것도 할 일 없어 도서관에 틀어박혀 그간 소홀히 했던 공부에 열중하면서 실력을 가르는 한편 당시 명성이 있던 월간 사상계, 정경연구 등 월간지에 기고, 생계를 근근이 유지했죠. 그러다 동양 통신에서 외신부 기자로 일하게 되었고 그 후 남북 학생 회담을 제의했던 경력이나 시국평론 활동 등이 평가되어 신설된 국토통일원에서 일하게 되었어요. 그 곳에서 한반도에서 평화적으로 통일이 이루어질 수 있는 단계적 접근방안으로 평화 통일 대계라는 것을 2년에 걸쳐 만들었어냈고 그 공로를 평가받아 통일원 수석국장인 정치외교정책담당관(2갑)으로 발탁, 승진했습니다. 동시에 통일원 대변인을 맡아 브리핑도 하고 기자회견도 하니 어느새 뉴스메이커가 된 거 아니겠어요. 그렇게 살면서 정치인의 길을 걷게 되었죠.

#2 4.19에 참여하게 된 계기가 궁금합니다.

대학 3학년 당시 실시된 1960.3.15 정부통령 선거는 최악의 부정선거였기 때문에 젊은 대학생으로서 울분을 참을수 없어 학우들을 선동, 거리로 뛰쳐나왔지요. 불의와 부정에 대한 항거였지요. 당시는 대통령 부통령을 미국식의 런닝메이트제가 아니고 정부통령을 각기 따로 선출하는 제도였지만 때문에 이승만 대통령은 라이벌인 조병옥박사가 선거운동 중 병사했기 때문에 무투표당선이 확정되었지만 부통령이 대통령과 다른 당에서 선출되는 것을 막기 위해 당시 여당이었던 자유당이 경찰과 공무원을 앞세워 조직적인 부정선거, 심지어는 대리투표까지 감행하는 엄청난 부정선거를 자행했지요. 부정선거에 대한 규탄이 전국적으로 일어났을 때 대학생들이 불의와 부정에 항의하기 위해 4.19에 광화문에 모였습니다. 경찰과 대치하던 중 저는 경찰봉에 맞아 눈에 피가 나는 부상을 입고 서울대 병원에서 응급치료를 받았지만 경무대(지금은 청와대)로 몰려간 시위대원들 중 183명의 대학생들이 경찰발포로 목숨을 잃었습니다. 이후 시위가 폭동으로 변해서 학생뿐만 아니라 일반 시민도 가담하게 되어 서울 전체가 무정부 사태가 된 거예요. 정부는 계엄령을 선포했지만 시위대는 계엄군을 환영하면서 부정선거규탄시위를 이어가자 이승만 대통령은 불의에 항거하는 젊은 대학생들의 애국심에 감복했다면서 혁명적 사태에 대한 모든 책임을 지고 하야했어요.

#3 4.19 투쟁과 군사 재판 후 1년 간의 감옥 생활로 이승만, 박정희 대통령에 대해서 부정적인 인식을 가질 것 같아요. 그런데 의외로 최근에 내신 <미워할 수 없는 우리들의 대통령>을 보면 이 두 대통령에 대해서 전혀 다른 시각을 갖고 계십니다.

<미워할 수 없는 우리들의 대통령>은 장점으로 본 역대 대통령들의 이야기입니다. 사람들은 누구나 장단점이 있는데 우리 나라 국민들은 지도자들의 단점만 보지 장점은 잘 보려고 하지 않아요. 물론 잘못된 것은 있는 그대로 지적해야겠지만 공은 공대로 평가해서 그 분들의 업적과 공헌에 제대로 알려야겠다는 생각을 했습니다. 국민들에게 균형있는 현대사 교육이 필요하다는 판단하에 집필했어요.

4.19 50주년을 맞아서 이승만 박사를 재평가할 기회가 생겨 집중적으로 공부해보니 이승만 박사가 없었다면 오늘같은 자유민주 국가로서의 대한민국은 없었다는 결론이 나왔어요. 또한 각 국의 선례들을 통해 후진국의 국가 건설이 얼마나 힘든지, 이승만 박사가 얼마나 어렵게 대한민국을 세웠는가를 알게 되었어요. 가장 큰 업적으로는 모든 국민이 재산을 가질 수 있고 공부할 수 있는 시대의 문을 연 것입니다. 과거 조선시대에는 양반만이 재산을 소유할 수 있었는데 이승만의 건국을 통해 재산을 누구나 가질 수 있게 만들었고 의무교육제를 실시, 전국민을 교육시켜 한국 발전의 기반을 닦는 데 씨를 뿌린 것입니다. 또한 국제사회에서 주권 행사가 제한된 위성 국가의 길을 거부하고 자주 독립 국가의 길을 택했던 거예요. 운동권들이 이승만의 권력야욕 때문에 통일되어야 할 나라가 분단되었다면서 그 분을 민족분열주의자로 모략했었고 저도 그런 줄 알았어요. 그것이 독재 타도의 원인이었는데 건국의 역사를 깊이 연구해 보니까 정반대였어요. 사실이 아니었어요. 이런 훌륭한 애국자를 모르고 무조건 타도하고자 했던 내 자신에 대한 반성을 토대로 4.19 혁명 50주년을 이승만 박사의 공과 과를 밝혔습니다. 공이 7이면 과는 3정도로 봐야겠지요. 이승만 박사에게 잘못이 있었다면 딱 하나, 후계자를 국민에게 정하게 하지 않고 자기 마음에 드는 사람을 택하려고 했던 것이에요. 그러나 이승만 박사는 부정 선거에 대한 책임을 지고 대통령직에서 물러났기 때문에 정치적인 책임을 다한 것이고 그것으로 끝냈다고 볼 수 있습니다.

나는 감옥에서 5.16혁명의 진행 과정을 신문으로 자세히 살폈고 석방 후 현대 후진국의 정치 역사를 연구하면서 박정희 대통령이 펼쳤던 국가정책들이 나라 발전을 위한 시의적절한 조치임을 인정하게 되었어요. 박 대통령은 민주당 정부로는 당시 60년대의 시대정신인 근대화를 주도할 능력이 없다고 판단해 가장 훈련된 집단인 군인들로 근대화과업을 추진했습니다. 그 시기 국민들의 지식, 문화 수준, 역사와 전통에 비추어 바로 미국식 민주주의를 그대로 정착시키기가 힘들다고 판단했겠지요. 특히 경제적 기초가 튼튼하지 못한 상태에서는 민주주의가 발전하기 힘들다고 판단한 후 한국의 경제를 발전시키기 위해 많은 기업가들을 인위적으로 키워냈어요. 오늘날 그 기업들이 주체가 되어 오늘의 한국경제를 이루어 낸거예요. 국민들은 그 분을 독재자라고 평가하지만 개발독재를 통해서 국력을 배양했고 한국에서 민주주의가 꽃필 수 있는 경제적 기초를 마련한 점은 평가받을 만합니다. 또한 그 분은 다른 나라의 독재자들과는 달리 권력으로 사적인 이윤추구를 일체하지 않고 모든 권력을 국가 발전과 국력신장에만 집중시켰다는 점입니다.

#4 다음 세대들은 대한민국의 정치에 너무 지쳐 있습니다. 현 한국 정치의 가장 큰 문제가 무엇이고 이를 위해 필요한 개혁은 어떤 것이 있을까요?

법치가 안 되고 있는 점이 가장 큰 문제입니다. 헌법을 마음대로 위반하기 때문에 현 한국 정치에 어려움이 있는 거에요. 따라서 정치 개혁의 가장 핵심은 법에 의한 정치입니다.

선진 국가의 특징은 법치로써 미국과 영국은 철저히 지켜지고 있어요. 반대로 법치가 아닌 인치를 하는 국가가 중국이에요. 공산당은 항상 그 법을 마음대로 바꿀 수 있다보니 인치가 되었어요. 이 인치를 법치로 바꿔야 해요. 우리나라가 현재 굉장히 괜찮은 나라가 되었는데 더 좋은 나라는 법치 국가에요. 그리고 나중에 법에 문제가 있으면 합리적으로 법을 고치면 되는 거에요. 요즘 사람들이 공정과 상식에 목말라 있는데 법치가 되면 저절로 해결되는 거에요.

#5 앞으로의 민주주의의 발전을 위해서 필요한 과제는 무엇이라고 생각하세요?

1인이 아닌 다양한 주체들이 참여해서 각자의 전문성으로 지혜를 모아 논의하는 협치가 필요합니다. 각 분야별로 제도화가 정착되었고 시스템의 역할이 커졌기 때문에 대통령 1인의 결정에 의해 국가의 중요정책이 좌우되는 시대는 지났기 때문이에요. 현재 한국에는 대통령 1인에게 너무 많은 권력이 몰려있어요. 이러한 권력의 집중화 때문에 중국 공산당의 개인의 능력과 성적으로 임용하는 자격임용제보다도 더 수준이 떨어지는 정실인사, 즉 업무를 사사로운 인정에 끌려서 배치하는 관습은 여러 문제를 일으킵니다. 이 점에서 정당과 조직이 중시되는 헌법 개정과 4차 산업혁명을 이끌어갈 새로운 국가적 리더십이 요구됩니다.

#6 1960년대의 시대정신을 '근대화'라고 표현하셨습니다. 2022년 대한민국이 가져야할 시대정신은 무엇이라고 생각하시나요?

실리외교입니다. 이웃 국가들과는 사이 좋게 지내면서 안보 면에서는 강대국과 동맹을 맺는 동맹외교가 필요합니다. 우리나라가 현재 산업화와 민주화에 성공한 국가다, 세계 랭킹 10위다, 그렇게 자부심을 갖지만 동북아에서는 가장 약한 국가입니다. 중국, 미국, 러시아, 일본 그 틈바구니에 끼어 있는데다가 분단까지 돼 있어요. 우리가 만일에 동남아시아에 있다면 동남아 중 강국일꺼예요. 유럽으로 가면 독일 이상으로 강한 국가일 것입니다. 그러나 동북아라고 하는 위치에 있으면 우리는 가장 약한 나라에요. 옛날 중국 속담에 이웃은 바꿔도 이웃 나라는 못 바꾼다는 말이 있죠. 이웃이 마음에 안 들면 자기가 이사가도 되고 그 이웃 사람 이사 보내도 되지만 이웃 국가는 옮길 수가 없다는 의미에요. 그렇다면 동북아 세력구조에서 제일 약한 국가인 한국이 살아남는 길은 무엇인가. 과거 우리가 동맹 맺을 나라가 없을 때는 중국한테 조공을 바쳤어요. 임금이 결정되면 중국한테 승인을 받는 책봉이 있었고 좋은 특산물을 보내는 관례가 있었죠. 또 여자가 필요하다고 하면 공녀를 바쳤어요. 정신대의 시작이 중국이지 일본이 아니에요. 그런데 해방 후 한미동맹을 맺으면서 처음으로 조공 없이 주권 국가로 대접받는 나라가 되었어요. 따라서 주변에서 우리를 지켜줄 수 있는 강대국과 동맹을 맺어야 하는 거에요. 그 점에서 한미동맹은 굉장히 중요합니다.

#7 **대한민국이 통일되어 남북한 주민 모두 자유를 누리며 살기 위해선 어떤 방법이 가장 바람직할까요? 이를 위해 대한민국 청년들이 준비해야 할 것은 무엇인지 궁금합니다.**

통일에 대해 관심을 가져야 합니다. 강대국에 둘러싸여 있는 나라가 주변 정세에 대응하기 위해서는 분단 상태보다는 통일 상태가 더 좋기 때문입니다. 그래야 6.25 사변과 같은 비참한 전쟁도 피할 수 있어요. 김일성이 스탈린의 지시대로 일으킨 대리 전쟁으로 우리 민족이 또다시 불행해지지 않기 위해서는 우리가 통일 문제에 관심을 가져야 합니다. 남북이 유엔에 각기 가입, 별개의 국가로 갈라져 살아온지 70여년이 흘렀습니다. 변화된 현실에 맞는 통일을 모색해야 합니다. 지금 북한에는 수령에게만 주권이 있고 북한 동포들은 주권이 없는데 그들도 이젠 주권자가 되도록 해야하고 외부세계와 차단된 북한이 외부 세계와 호흡을 같이 할 수 있도록 변해서 북한도 한국처럼 잘 살게 되어야 합니다. 그러한 상태에서 남과 북이 서로 협력해서 이루는 '새 통일'(New Unification)이 되도록 지금부터 노력해야 합니다.

#8 **정치가로서 가진 본인의 사명은 무엇인가요?**

대한민국의 존속과 발전은 남의 문제가 아니라 항상 자기 자신의 문제라고 여기는 것입니다. 특히 국가의 안전과 통일 문제는 남의 문제가 아니라 제 문제에요. 그래서 지금도 필요하면 강연도 하고 SNS에 글도 올려요. 현재는 정치 현장에 있지 않지만 제게 능력 주시는 분 안에서 할 수 있는 일을 찾고 실천하는 삶에 아직도 큰 비중을

두고 살고 있어요. 그것이 제가 해야 할 일이죠.

#9 **이영일 의원님 삶의 헤리티지/유업은 무엇인가요?**

내 자신이 옳은 일을 위해서 쓰임 받는 존재가 되고 싶어요. 나치가 망하기 며칠 전에 플로센베르크 형무소에서 교수형 당한 유명한 철학자가 항상 강조했던 말이 있어요. "Being for others." 다른 사람을 위한 존재, 자기를 위한 존재가 아니라 타자를 위한 존재에요. 저한테는 그 말이 굉장히 깊이있게 다가왔어요.

#10 **대한민국 청년들에게 전하고 싶은 유산은 무엇인가요?**

제일 중요한 것은 국가가 민족을 발전시키지 민족이 국가를 발전시키지 않는다는 이 사실을 빨리 각성해야 합니다. 한국은 선진국인데 북한은 지구 최빈국입니다. 민족은 같은데 이런 차이가 나는 것은 국가가 다르기 때문입니다. 모든 발전의 주체는 민족이 아니라 국가입니다. 우리가 가장 경계해야 할 것은 "우리 민족끼리" 라는 허구에 속지 말자는 것입니다. 후진국의 근대화 과정 연구, 국회에서의 경험 등을 통해서 느낀 점은 주권이 국민에게 있는 대한민국에 태어나기를 잘했다는 거에요. 그렇기 때문에 민족이라는 신화를 버리고 '국민'의 입장에서 역사를 평가하는 것이 현대사에서 가장 중요한 개념입니다. 현재 전 세계적으로 한국만큼 발전한 나라가 없어요. 그런데 지금 주사파들은 대한민국을 헬조선이라고 거짓을 진실로 오도합니다. 그러나 현실은 정반대죠. 북한은 위성국가로써 오히려 좌익 기회주의자가 정권을 잡았고 인권 보장이 최하위인 나라입니다. 따라서 대한민국을 자랑스럽게 여기고 앞으로 통일을 주도해야 할 나라라는 확신을 가진 젊은이들이 한국 정치의 주역이 될 때 이 나라가 정상화될 것으로 믿습니다.